W9-CYT-573

EL *NUEVO TEATRO* ESPAÑOL Y LATINOAMERICANO

PUBLICATIONS OF THE SOCIETY OF SPANISH AND SPANISH-AMERICAN STUDIES

Luis T. González-del-Valle, *Director*

MANUEL SOSA-RAMÍREZ

EL *NUEVO TEATRO* ESPAÑOL Y LATINOAMERICANO
UN ESTUDIO TRANSATLÁNTICO: 1960-1980

SOCIETY OF SPANISH AND SPANISH-AMERICAN STUDIES

© Copyright, Society of Spanish and Spanish-American Studies, 2004.

All rights reserved. No portion of this book may be reproduced, by any process or technique, without the express written consent of the publisher. The book may be quoted as part of scholarly studies.

The Society of Spanish and Spanish-American Studies promotes bibliographical, critical and pedagogical research in Spanish and Spanish-American studies by publishing works of particular merit in these areas. On occasion, the Society also publishes creative works. SSSAS is a non-profit educational organization sponsored by the University of Colorado at Boulder. It is located in the Department of Spanish and Portuguese, University of Colorado, UCB 278, Boulder, Colorado, 80309-0278. U.S.A.

International Standard Book Number (ISBN): 0-89295-112-5.

Library of Congress Control Number: 2003110570.

Printed in the United States of America.
Impreso en los Estados Unidos de América.

This text was prepared by Sandy Adler, Foreign Language Communications Support Specialist for the College of Arts and Sciences, University of Colorado at Boulder.

... Con mucho cariño y afecto
para mi madre y hermanos,
mi esposa y tres hijos,
por su incondicional apoyo amoroso.

ÍNDICE

Reconocimientos.. viii

I. Introducción. Perspectivas teóricas sobre el *Nuevo Teatro* español
y latinoamericano: textualidad, estilización y texto........................ 1

II. El *Nuevo Teatro* español: en busca de los límites de la teatralidad
en la dramaturgia de José Sanchis Sinisterra 13

    Los *realistas*.. 15
    Los *Simbolistas* o *Nuevos Autores* y el *Teatro Independiente*.. 18
    Cambio de paradigma: el teatro de los 80 29
    El teatro de José Sanchis Sinisterra...................................... 34

III. El *Nuevo Teatro* latinoamericano: del compromiso a los múltiples
rostros en la dramaturgia de Enrique Buenaventura................... 57

    El *Nuevo Teatro* (NT).. 65
    Buenaventura y la creación colectiva....................................... 69
    Del compromiso a los múltiples rostros 76

IV. América en la dramaturgia de Buenaventura y Sanchis Sinisterra:
reapropiación de la memoria y reescritura de la historia............. 97

    Buenaventura: Colón y Las Casas 109
    Sanchis Sinisterra y la *Trilogía Americana* 119
    A manera de conclusión.. 135

V. Festivales y censura: re-definiendo la noción de
Iberoamericanidad 143

    España.. 146
    Chile... 149
    Argentina 152
    América Latina: festivales y dogmatismo político.................. 156
    España, América Latina y el Iberoamericanismo 165
    Conclusiones 173

Obras citadas 181

vii

RECONOCIMIENTOS

De antemano se sabe que la escritura de un libro es un proyecto colectivo, múltiple esfuerzo mancomunado, despliegue de energía mental y, por supuesto, física. En este respecto, expresemos nuestro agradecimiento a aquellos que se lo merecen (pido disculpas si olvido algún nombre). En primer lugar, gracias a Elaine Sosa-Ramírez por su paciencia y apoyo continuo. En segundo, gracias al profesor Dru Dougherty, por su cuidadosa lectura del manuscrito, invaluables consejos y sugerencias e incondicional apoyo de largos años; a los profesores Laura Pérez, por sus excelentes consejos a distancia, Alex Zaragoza, Manuel Aznar Soler y José Ramón Prado Pérez. En tercero, gracias a Gaspar de Pórtola Catalonian Studies Research Fellowship (UC Berkeley) por la beca concedida, la cual facilitó mis investigaciones en las ciudades de Barcelona y Madrid en el verano de 1998. Gracias al Department of Spanish and Portuguese of the University of California, Berkeley (1999) and the Office of the Provost (2000) por las becas concedida que me permitieron concentrarme en la escritura. Finalmente, gracias al Department of Romance Languages & Literatures of the University of Notre Dame du Lac por su ayuda financiera en la publicación del manuscrito.

ÍNDICE

Reconocimientos... viii

I. Introducción. Perspectivas teóricas sobre el *Nuevo Teatro* español
    y latinoamericano: textualidad, estilización y texto....................... 1

II. El *Nuevo Teatro* español: en busca de los límites de la teatralidad
    en la dramaturgia de José Sanchis Sinisterra............................... 13

    Los *realistas*.. 15
    Los *Simbolistas* o *Nuevos Autores* y el *Teatro Independiente*.. 18
    Cambio de paradigma: el teatro de los 80................................. 29
    El teatro de José Sanchis Sinisterra... 34

III. El *Nuevo Teatro* latinoamericano: del compromiso a los múltiples
     rostros en la dramaturgia de Enrique Buenaventura................... 57

     El *Nuevo Teatro* (NT)... 65
     Buenaventura y la creación colectiva...................................... 69
     Del compromiso a los múltiples rostros 76

IV. América en la dramaturgia de Buenaventura y Sanchis Sinisterra:
    reapropiación de la memoria y reescritura de la historia.............. 97

    Buenaventura: Colón y Las Casas... 109
    Sanchis Sinisterra y la *Trilogía Americana* 119
    A manera de conclusión.. 135

V. Festivales y censura: re-definiendo la noción de
    Iberoamericanidad 143

    España.. 146
    Chile.. 149
    Argentina 152
    América Latina: festivales y dogmatismo político.................. 156
    España, América Latina y el Iberoamericanismo.................... 165
    Conclusiones 173

Obras citadas 181

RECONOCIMIENTOS

De antemano se sabe que la escritura de un libro es un proyecto colectivo, múltiple esfuerzo mancomunado, despliegue de energía mental y, por supuesto, física. En este respecto, expresemos nuestro agradecimiento a aquellos que se lo merecen (pido disculpas si olvido algún nombre). En primer lugar, gracias a Elaine Sosa-Ramírez por su paciencia y apoyo continuo. En segundo, gracias al profesor Dru Dougherty, por su cuidadosa lectura del manuscrito, invaluables consejos y sugerencias e incondicional apoyo de largos años; a los profesores Laura Pérez, por sus excelentes consejos a distancia, Alex Zaragoza, Manuel Aznar Soler y José Ramón Prado Pérez. En tercero, gracias a Gaspar de Pórtola Catalonian Studies Research Fellowship (UC Berkeley) por la beca concedida, la cual facilitó mis investigaciones en las ciudades de Barcelona y Madrid en el verano de 1998. Gracias al Department of Spanish and Portuguese of the University of California, Berkeley (1999) and the Office of the Provost (2000) por las becas concedida que me permitieron concentrarme en la escritura. Finalmente, gracias al Department of Romance Languages & Literatures of the University of Notre Dame du Lac por su ayuda financiera en la publicación del manuscrito.

I. INTRODUCCIÓN.
PERSPECTIVAS TEÓRICAS
SOBRE EL *NUEVO TEATRO*
ESPAÑOL Y LATINOAMERICANO:
TEXTUALIDAD, ESTILIZACIÓN Y TEXTO

Definir acertadamente el concepto de *Nuevo Teatro* en los contextos de España y América Latina de los sesenta y setenta exige una serie de reflexiones teóricas tendentes a prevenir las infecundas disparidades. Este juicio es inevitable si discurrimos que las definiciones de términos tan ambiguos como el que nos ocupa varían en función de los distintos intereses de los opinantes. Si previamente no se instituyen los parámetros de manejo del término peligra caer en la polémica redundante que con frecuencia obstaculiza toda vía de diálogo. En una difícil situación como esta se encuentra buena parte de la crítica al mostrarse incapaz de lograr acuerdos en torno a los preceptos y orientación ideológica que deberían guiar la justa definición del movimiento innovador de la escena que surge en los años cincuenta, se fortalece en Latinoamérica en los setenta y en España a mediados de los ochenta del pasado siglo.

En lo que concierne a América Latina, el problema se complica aún más cuando aflora la pregunta de si en verdad ha existido un teatro continental al que, al margen de su adscripción puramente geográfica, pueda calificarse de Latinoamericano. Indudablemente, no es un secreto que esta clase de planteamiento, al igual que la búsqueda de una identidad nacional a través de la cultura, fueron consideradas legítimas reivindicaciones socio-políticas por parte de las izquierdas latinoamericanas de los sesenta y setenta. Sin embargo, dada la marcada heterogeneidad de los sistemas ideológicos que imperan hoy en día resulta difícil ratificar propuestas globalizantes que reclaman la existencia de un teatro continental homogeneizado sin caer en ligerezas reduccionistas y en supra-nacionalismos panamericanistas ya pasados de moda. En definitiva, al momento de evaluar el corpus de significaciones que conforman la categoría denominada *Nuevo Teatro* los discernimientos suelen ser variables pero no por eso menos enriquecedores.

Un dictamen sobre el cual no existe duda es aquel que confirma que a partir de la Revolución Cubana (1959) comienza a ser evidente el contexto socio-político del *Nuevo Teatro*. Efectivamente, el triunfo de la Revolución agudizó los conflictos de clases en la mayoría de los países de la región y expuso las graves tensiones que subyacen en toda relación de dependencia política y económica; hizo posible a su vez el advenimiento en territorio americano de pensamientos liberadores (como el marxista) que absorbidos por las agendas políticas de los distintos grupos apostaban por el reordenamiento de las sociedades. Las oligarquías locales, por su parte, temerosas de todo lo que huela a cambio, tornaron sus gobiernos en Estados policiales; promulgaron constituciones coercitivas que eliminaban los derechos civiles de los ciudadanos e intervinieron la educación y la cultura apostando por el continuismo. No obstante, a pesar del gradual deterioro del entorno socio-político latinoamericano, para los trabajadores de la cultura eran estos los momentos de pasar revista a las gastadas nociones de Estado, Cultura, Historia y de reexaminar el rol social del teatro. En suma, considerando el raudal de enunciaciones que existen sobre la noción de *Nuevo Teatro*, en este trabajo ventilaremos sólo algunas de las propuestas que han captado la atención de la crítica y que han sido cardinales en las tareas de periodización e historización de las prácticas teatrales latinoamericanas. De igual manera, inspeccionaremos el marco político que hizo posible el surgimiento, desarrollo y consolidación de un teatro alternativo-contestatario en los contextos español y latinoamericanos de los 60 y 80 del pasado siglo.

Según el carácter teórico de nuestra investigación valga decir que el manejo de la noción de *Nuevo Teatro* no alude a una modalidad teatral específica sino a un conjunto de prácticas innovadoras (estilísticas, ideológicas, metodológicas y metacríticas) que surgieron en los contextos y época señalados. *Nuevo Teatro* se denomina a un discurso abierto y sintetizador a la vez, que incluye múltiples tendencias y estilos, pero que tiene poco o nada que ver con el pluralismo desideologizado que se atribuye a la "condición" postmoderna. Mas bien, el *Nuevo Teatro* constituye un marco productivo de teatristas que rechazan los modelos de autoridad en todo orden del saber; de teatristas que favorecen el trabajo colectivo como método de creación; que escriben desde la escena – a partir del discurso actoral y crítica de público – o escenifican a partir de materiales no pensados para el teatro.

Nuestro estudio consta de cinco capítulos. En el primero establecemos un marco de análisis teórico y examinamos brevemente algunos de los factores que posibilitaron el surgimiento de la nueva discursividad dramática. En el segundo, revisamos las tendencias teatrales y dramatúrgicas que a pesar de las múltiples adversidades políticas que enfrentaban suscitaron la ruptura y transformación de la escena española de entre los sesenta y ochenta. En este respecto, escrutamos parcialmente la obra y trayectoria de los escritores llamados *realistas* y *simbolistas*, del *Teatro Independiente* y algunos de los proyectos teórico-dramáticos de José Sanchis Sinisterra. En el capítulo tercero, examinamos la obra dramática y propuestas teóricas del director y dramatur-

2

go colombiano Enrique Buenaventura, lo mismo que las contribuciones críticas de incontables intelectuales latinoamericanos en torno al desarrollo del *Nuevo Teatro*; el multiperspectivismo que le caracteriza y la serie de reformulaciones que experimenta a partir de los ochenta. En el capítulo cuarto, analizamos tres de los textos históricos de Sanchis y dos de Buenaventura que proponen una revisión crítica de la historia que ha marcado los destinos de España y América Latina a partir del descubrimiento y conquista. El estudio de esta sección se sustenta en los aportes críticos de numerosos académicos dedicados al examen de las relaciones coloniales y postcoloniales que han prevalecido entre ambos espacios geográficos. En capítulo quinto, inspeccionamos la trayectoria de los Festivales Internacionales e Iberoamericanos de Teatro, cuya celebración periódica a partir de los sesenta contribuyó al quiebre de las barreras culturales y lingüísticas que aislaban a Hispanoamérica, España, Brasil y Portugal posibilitando el encuentro y diálogo permanente entre los teatristas.

Textualidad, estilización y texto

En alguna ocasión Enrique Buenaventura ha dicho que "el teatro no es un género literario" aunque advierte que muchos de los textos escritos para el teatro forman parte del corpus literario de las distintas épocas y lugares al igual que otros textos no dramáticas. En efecto, el teatro prescinde de la relación binomial texto-lector precisamente porque al momento del encuentro con el público – dado un conjunto de circunstancias espacio-temporales específicas – lo que ocurre es una relación viva y fugaz. Para que exista el teatro no siempre se necesita de un texto. Este hecho lo comprueba el género pantomima y algunas obras de la vanguardia tardía como son *Acto sin palabras* y *Fin de partida* de Samuel Beckett. Estas propuestas dramáticas que renuncian a la palabra y que se apoyan en la fluidez de la imagen referencial, si bien emplean algún tipo de "texto" en el plano espectacular, lo meramente literario no es factor esencial. Estos razonamientos conducen a pensar en la innegable disparidad que existe entre teatro y literatura, un tema decisivo para nuestro estudio ya que algunos de los textos examinados, si bien se conciben en el marco de estructuras meramente literarias, se inscriben más adecuadamente en el espacio del juego escénico o performativo. En el crucial estudio de Roland Barthes *From Work to Text* (1972), se afirma que los dispositivos que constituyen la categoría *texto* deberían ser vistos como entidades flexibles y ambiguas que no están forzo-

3

samente subordinadas a las leyes de orden y coherencia que gobiernan los *trabajos literarios* (*Works*) (167). Para Barthes, la transferencia de los principios que rigen un *trabajo escrito* hacia los propios del *texto*, se asemeja a la traslación que ocurre entre los fundamentos de la física de Newton y los de la teoría de la relatividad de Einstain. Es decir, un *trabajo escrito*, cuya masa puede ser virtualmente sostenida en la palma de la mano y presenta una realidad tangible, equivale a las jerarquías fijas de Newton en su interés por explicar su concepción del universo. En cambio, la categoría *texto*, cuyas características se expresan únicamente a través del lenguaje, existen como formas transitivas de discurso y muestran tener una actividad constante, corresponde a la visión relativista de Einstain.

Para Barthes, un *trabajo escrito* es sustancia fragmentaria que ocupa el lugar reservado a los libros, el *texto* en cambio ocupa un espacio metodológico; el primero puede ser contemplado en librerías, catálogos y bibliotecas, el segundo es un proceso abstracto en constante desarrollo que se estructura de acuerdo a ciertas reglas. La *textualidad* no se reduce a espacios físicos, finitos, sino que transciende; implica entrecruzamiento en despliegue constante y engloba múltiples trabajos escritos. *Texto* es un espacio heterogéneo, multivalente y paradójico, que rechaza la inflexibilidad de las sistematizaciones.[1] En oposición a un *trabajo escrito* que depende de significados únicos, el *texto* puede ser interrogado y experimentado en toda su riqueza sígnica y polivalente. La *textualidad* es pluridimensional (no una simple co-existencia de significados), un cruce de fronteras, que posibilita la difusión de sentidos. Las obras literarias son productos derivados de "fuentes" e "influencias" – lo que demuestra una obsesiva búsqueda del origen y necesidad de pertenencia (Barthes 169);[2] la *textualidad*, en cambio, no precisa certificación de fuentes acreditadas (o licencia de un padre). Ante las obras literarias, u objetos destinados al consumo, la *textualidad* constituye una práctica abierta, lúdica, que se alimenta de la interacción con el receptor (171). En suma, la actividad textual, contrario a lo meramente literario, es para Barthes un proceso dialéctico-productivo, de múltiples dimensiones y en desarrollo constante (168).

Las reflexiones del teórico francés, en regla con las nociones del post-estructuralismo sobre la entidad del *texto*, son corroboradas por las formulaciones que dentro del mismo campo ofrece la semiótica moderna y la Teoría de Recepción. Esto es, el desentrañamiento de las potencialidades polisémicas de un trabajo escrito se mide según los circuitos de interacción que se establecen con el lector "real" o "modélico" (un juicio que pone en entredicho la creencia común en las presuntas cualidades inherentes del texto mismo). Según estos criterios, un trabajo escrito

4

deviene texto únicamente cuando sus referentes o significantes entran en contacto con la "actitud lúdica" que caracteriza al lector "modélico"; esta interacción única, diría Barthes, es la que en definitiva transfigura la naturaleza del texto (170-171). En el espacio del teatro, visto éste como juego escénico, estas apreciaciones no resultan ser nuevas. La propensión esencialmente lúdica del teatro excluye toda probabilidad de simple mimesis o traslado mecánico de una propuesta textual y/o espectacular al escenario. Para Buenaventura la transferencia maquinal de un texto al espacio escénico (si es que fuera posible)

no da cuenta de las operaciones significantes que tienen lugar durante la práctica del montaje.

Esta es una práctica significante que, en relación con el texto literario, con el espacio, los objetos, la música y otras materias significantes, crea el texto del espectáculo el cual es el verdadero texto teatral siempre y cuando en él participe el público porque sin esta participación el texto no existe. ("*La dramaturgia en el Nuevo...*" 36)[3]

Lo anterior significa que las funciones receptivas e interpretativas de actores y público, lo mismo que el comportamiento de los distintos lenguajes dramáticos, en los márgenes de la escena se enderezan esencialmente hacia la actividad performativa y no a la lectura mecánica de textos que se fomenta en otros ámbitos. Las obras concebidas para el teatro, sean "guiones" o "libretos", no constituyen un fin en sí mismo sino simples "pre-textos" que posibilitan el juego de las acciones (improvisaciones situacionales, pruebas de vestuario y maquillaje, juego de tramoyas, de telones y decorados, etc.). Indudablemente, la dispersión que establece Barthes en torno a lo estrictamente literario y textual sí se efectúa en el seno del teatro, específicamente, en la interrelación público y espectáculo; por esta razón podemos afirmar que la acción performativa propia del discurso escénico coincide con la actividad textual que Barthes descubre en el espacio literario.

En nuestro estudio procuraremos demostrar de que manera las reflexiones teóricas y propuestas dramáticas de Sanchis y Buenaventura se aproximan en un nivel primario a las nociones de Barthes, particularmente, cuando este afirma que un trabajo deviene texto al ser afrontado lúdicamente por el lector. Decimos un nivel primario dada las funciones de lectura que originalmente ejercen ambos autores – esto es, receptores en actitud de juego reordenando los significantes del texto-base de sus obras – y los actores, no sólo por ser estos el principal dispositivo de la puesta en escena, sino por ser además los primeros destinatarios del texto y parte integral del proyecto escénico (Sanchis, *"Taller de..."* 40). En un segundo nivel, situaríamos los propios textos de los autores (los textos resultantes) que más que escuetos ejercicios de escritura constituyen la base de la *textualidad* espectacular. No obstante, a pesar de que el resultado último de estos textos es la escena, razón por la que se les considera espectáculos potenciales, si no establecen contacto con sus destinatarios a través de la representación, no exceden los límites del plano literario (Works). En fin, las obras analizadas en nuestro trabajo obedecen casi todas ellas a la modalidad que Sanchis denomina "manipulaciones más o menos perversas" de textos no pensados para el teatro (*"De la chapuza..."* 123);[4] piezas que deliberadamente no ocultan su origen pero que reclaman su propio espacio de operatividad discursiva.

Es claro que para el teatro y la dramaturgia contemporáneos el rol del espectador constituye un soporte fundamental en la producción de sentido. El *Nuevo Teatro* parte de la premisa de que un texto dramático es un simple enunciado que si bien tiene significación, todavía no tiene sentido; adquiere sentido cuando deviene discurso, en cuanto se establecen las bases de su producción y recepción. A esto se debe que el teatro aspire a incorporar al espectador en la creación textual y espectacular, lo mismo que la literatura reclame hacer lo propio con el lector en el proceso de escritura. En este respecto, Ann Ubersfeld asegura que en el proceso de transferencia de un texto dramático (diálogo) a uno representado, no puede hablarse de traducción ni interpretación sino de producción de sentido (78), algo que se logra únicamente a través de las funciones facultativas de un receptor activo. Para la semiótica moderna, el espectáculo – entendido como la transición de un trabajo literario a uno espectacular – es una "producción de sentido" que no deviene "texto" (según las nociones de Barthes) sino hasta que se integra al universo del receptor-espectador.[5] Consciente de esta relación dialógica, Sanchis declara que, dada la fugacidad e irrepetibilidad del evento, no hay más remedio que intensificar la presencia, la incandescencia del actor en escena, lo mismo que la presencia del receptor, la vivencia participativa del espectador en la sala a la hora de la representación (*"Por una teatralidad..."* 9).

Según Sanchis, la noción de copresencia entre actores y público comprende la necesidad de "investigar los mecanismos de retroalimentación de ese 'sistema efímero' que es el encuentro teatral" (9).[6] El propósito es examinar sistemática y profundamente la naturaleza del influjo que se realiza a raíz del intercambio entre escena-sala y viceversa (*"Por una teatralidad..."* 10). De acuerdo a estos preceptos, un espectáculo es en esencia un flujo constante de signos y pulsaciones cuyo efecto en los espectadores depende menos del discurso transmitido por los códigos escénicos – verbales o no – que del modo en que estos códigos organizan los procesos de comunicación e interacción entre sala y escenario. Sanchis atestigua que el teatro en su condición de encuentro

> no es una emisión unilateral de significados; una experiencia compartida, no un saber impartido; una confrontación pactada, no una pasiva donación de imágenes. La escena "propone" las condiciones de este encuentro, experiencia o confrontación; la sala "responde" o no a esta propuesta. Diálogo de presencias vivas y activas; emisor y receptor – actores y público – se interdeterminan. Si es arduo el trabajo del actor también el del público debe serlo. ("*Taller de...*" 42)

Concisamente, las ofertas dramático-espectaculares de la nueva teatralidad se planean atendiendo al menos dos factores: la presencia de un receptor interactivo y la conciencia de encararse a la condición infinita y polisémica del discurso teatral.[7]

Otra de las preocupaciones de la nueva teatralidad es el lenguaje. En no pocos círculos académicos se asegura que la crisis de la cultura occidental se agudizó a partir del último tercio del siglo pasado. El suceso se hizo evidente a raíz de la creciente desconfianza en las ideologías y el discurso verbal que las expresa. La lingüística y la semiótica, por su parte, han contribuido a la pérdida de credibilidad del lenguaje al juzgar la palabra como un instrumento al servicio del ocultamiento más que de la comunicación. En respuesta a la citada suspicacia, el teatro contemporáneo ha seguido dos claras vertientes: una que concibe el texto como un simple enunciado – esto es, un espacio que conlleva intrínsecamente las condiciones específicas de su enumeración – ; otra que surgida como un repudio al teatro de texto fundamenta su expresión en el bombardeo de imágenes visuales y la estridencia de registros sonoros.[8] De estas dos modalidades la que nos interesa es la primera.

En los últimos años, el criterio que sostiene que la palabra carece de suficiencia expresiva encontró acogida en numerosos círculos teatrales. Este sentir se hizo tan profundo que incluso el lenguaje asignado a los personajes – el cual fue considerado siempre palabra plena y vehículo de expresión ideológica del autor – se volvió inestable y engañoso. Las voces que promulgaban que un texto dramático entraña una realidad que aguarda ser transferida a los registros del teatro, de pronto enmudecieron. En contrapartida del presunto desgaste de los códigos lingüísticos, surge una estética teatral renovadora basada en una palabra que no dice sino que hace, que no revela sino que oculta; una estética en

7

cuya "condensación [lingüística], el silencio se vuelve tan expresivo como el discurso" (Sanchis, *"Por una teatralidad..."* 10). La nueva teatralidad se propone atenuar o, incluso, eliminar la "función explícita de un discurso", esto es, liberarse de la carga que presupone la transmisión de un mensaje. Entre los arbitrios que se emplea para lograr estos propósitos sobresalen el presentar la "discursividad de forma obvia, evidente, acentuando la incertidumbre y la ambigüedad de los contenidos transmisibles, en lo verbal como en lo no verbal"; de esta manera, afirma Sanchis, se "obliga al espectador a escribir, rellenar, lo que el espectáculo deja en la penumbra", certificando a la vez su propia cooperación activa y creadora (*"Por una teatralidad..."* 11).

En lo que respecta a las metodologías de trabajo, ambos autores procuran delimitar una estética globalizadora pero singular a la vez, una estética que incorpora las novedades discursivas de las distintas áreas del saber a la vez que se ocupa de la problemática cotidiana. El proceso de búsqueda de nuevas formas expresivas condujo a Buenaventura a formular el método de *Creación Colectiva*, un sistema que a pesar de sus múltiples inconsistencias asimiló las distintas tendencias dramáticas de la época y supo expresar con veracidad el complejo entretejido ideológico de las realidades latinoamericanas. El método se popularizó rápidamente en casi todo el continente, en grado tal que en los sesenta y setenta fue considerado en amplios sectores como la forma más acertada de hacer teatro en América Latina. Sanchis, por su parte, consolidó una estética de trabajo denominada de *teatralidad menor*, a través de la cual se busca la reducción, el despojamiento y empobrecimiento de los recursos escénicos. Una modalidad teatral que sigue las directrices planteadas por los autores minimalistas y que parte del principios de que en la escena "lo menos es más". Con esta modalidad, asegura Sanchis, busca cumplir tres premisas: reducir los parámetros de la representación, devolver al espectador sus funciones creativas y combatir "la tendencia a la pasividad que las sociedades 'democráticas' cultivan en los ciudadanos" (*"Manifiesto de..."* 88).

Uno de los temas que interesa a ambos autores es la revisión crítica de los procesos de la Historia, la desmitificación de eventos que en esta se privilegian, el peso que el pasado ejerce sobre el presente, etc. En su examen del devenir histórico latinoamericano comenzando por la conquista española, Buenaventura, por ejemplo, se vale de las teorías introducidas por los estudios postcoloniales para mejor comprender la ordenación de las actuales realidades socio-políticas del continente. Sólo de esta manera, señala el autor, se puede contribuir, al menos desde la escena, a desarticular y posiblemente modificar la serie de mitos que pueblan el documento oficial de los vencedores. Sanchis, asimismo, se interesa por la revisión crítica de los acontecimientos históricos que han forjado (o desnaturalizado) las relaciones entre España y América Latina. En varias de sus obras descuella la firme decisión de desvelar las profusas ambigüedades que discurren en la versión oficial de los hechos, sea en lo que concierne al territorio español únicamente o en nexo con su homólogo latinoamericano. En consecuencia, la coincidencia de intereses en la obra de ambos autores, a pesar de la disparidad de estilos y rigor crítico, se extiende al menos a las siguientes áreas: impulso renovador en las formas y contenidos, desmitificación histórica, reivindicación de caracteres y discursos periféricos, revisión crítica de la imagen de los considerados "grandes héroes", reflexión sobre el diario acontecer en la vida de las sociedades modernas.

Las propuestas teórico-dramáticas de Sanchis y Buenaventura son claros ejemplos de una teatralidad que ambiciona superar el estado de paralización en el que el arte y la cultura de ambas territorialidades habían incurrido en la época mencionada. Nos enfrentamos a un teatro que más que someterse al impacto mercantil estimula la investigación y experimentación en las distintas áreas del saber. Lo anterior no significa desestimar las ventajas que ofrece el teatro comercial o el éxito de público; de hecho, la proyección dramática de los últimos años indica el interés de ambos autores en estas alternativas. No obstante, la discrepancia entre un teatro meramente comercial y uno de carácter investigativo, como el que aquí estudiamos, reside esencialmente en los objetivos a cumplir al momento de procesar los materiales, discernir los métodos de trabajo y satisfacer las necesidades del público. La nueva teatralidad, además, se cuida de caer en el error de querer cambiar las cosas desde la escena ofreciendo respuestas a la problemática que aqueja a los individuos y sus sociedades. En lo que si se interesa es en abrir el debate sobre esa problemática, en hacer señalamientos y plantear interrogantes. En cuanto a sus planteamientos de trabajo, es claro que predomina la política de puertas abiertas a todas las variantes discursivas por sobre el sectarismo; su designio no es sustituir otras formas de hacer teatro sino ser una más. Criterios de esta índole aclaran el por qué las propuestas del *Nuevo Teatro* se ofrecen casi siempre como productos inacabados e infinitos, en donde atañe al espectador rellenar o inventar los referentes que la escena le oculta.

9

NOTAS

1. En opinión de Barthes, el texto se posesiona por encima de cualquier opinión generalizada – un criterio que remite directamente al concepto de "paradoja" (168).

2. Barthes apunta, "The author is reputed the father and the owner of his work: literary science therefore teaches *respect* for the manuscript and the author's declared intentions, while society asserts the legality of the relation of author to work [...] As for the Text, it reads without the inscription of the Father" (169).

3. Coincidiendo en buena medida con las reflexiones de Barthes, Buenaventura sostiene que "Un texto literario escrito convencionalmente es un género cualquiera que nace de una matriz de texto, bien para sumarse a la tradición y desarrollarla, bien para cuestionarla y transgredirla, engendrando una nueva tradición, unas nuevas convenciones." Enseguida agrega, contrario a un texto literario, "un texto teatral, reafirma o cuestiona y transgrede unas convenciones teatrales. Un concepto de 'nueva dramaturgia' consistiría en entender que la dramaturgia es el texto del espectáculo compuesto de muchos textos, entre ellos el de la relación con los espectadores" (*"La dramaturgia en el..."* 36).

4. La "manipulación textual", según Sanchis, es una actividad que se orienta a la subversión de la teatralidad a partir del trabajo textual mismo, esto es, cuestionando la condición especular atribuida a los códigos escénicos. En las tareas de manipulación son dos los procedimientos que se utilizan: cuando se parte de un texto único se dispone de una matriz que el autor denomina "expansiva"; cuando se trata de una multiplicidad de textos, la matriz es "cohesiva". Ejemplo de teatralidad "expansiva" serían *Ñaque de piojos y actores*, obra que parte de un solo texto y *El viaje entretenido* (1603), del escritor áureo Agustín de Rojas. Las piezas de *La trilogía americana* son ejemplos de teatralidad "cohesiva" debido a que todas ellas presentan como matriz las *Crónicas de Indias*, abundantes versos, romances, cuartetas asonantadas, redondillas y quintillas de variada procedencia y algunos de los textos de Cervantes.

5. Este tema se desarrolla con más profundidad en el transcurso de nuestro estudio. Por ahora diremos únicamente que en lo que respecta al sistema de Creación Colectiva, uno de sus objetivos principales es la confrontación de sus obras directamente con el público, es decir, a través de los "foros" o debates teóricos que se celebran al final de las representaciones. Por ejemplo, las observaciones del público fueron cruciales en la revisión, alteración y re-montaje de *A la diestra de Dios padre* y *Soldados*, las cuales fueron sometidas a cinco versiones cada una; *La denuncia* y *La orgía*, tres versiones (todas obras de Buenaventura). En el caso de Sanchis se cuenta con las piezas *El retablo de Eldorado*, *Ñaque* y *¡Ay, Carmela!*, cuya constante confrontación con el público les ha valido innumerables modificaciones.

6. Con el propósito de intensificar la presencia del espectador y cultivar la interacción entre escena/público, el autor opta por una estética que denomina "empobrecedora"; asimismo, como respuesta al vicio de "despilfarro" que caracteriza al teatro comercial, Sanchis propone su discurso dramático que denomina "teatralidad menor".

7. Las reflexiones de Bajtin, en especial las relacionadas con sus conceptos de *Chronotope* y *Unfinalizability*, son tan útiles como las de Barthes en torno a sus categorías de *Work* y *Text*. Asimismo, las nociones de Bajtin con respecto al género novela resultan ser aplicables – con sus respectivas matizaciones – a los dominios del teatro, sobre todo, en lo que se refiere a la producción de sentido. Como ejemplo del llamado "teatro de imágenes visuales-sonoras" se recomiendas las producciones de los últimos años de los siguientes grupos españoles: *La fura dels Baus, La Cubana, La Cuadra de Sevilla*.

II. EL *NUEVO TEATRO* ESPAÑOL: EN BUSCA DE LOS LÍMITES DE LA TEATRALIDAD EN LA DRAMATURGIA DE JOSÉ SANCHIS SINISTERRA

Los estudiosos del teatro español de la etapa comprendida entre la Posguerra y los años sesenta del pasado siglo suelen catalogarlo con adjetivaciones que exceptúan las ambivalencias: estaticismo, decadencia, inmovilismo, frivolidad, mediocridad, etc. En 1963, Ricardo Doménech afirmaba que el teatro, al igual que otros módulos de la cultura, languidecía en manos de una burguesía que le imponía simple y tácitamente "una marca y un destino", esto es, que había sido diseñado para ofrecer a su público una "imagen irreal y halagadora de sí mismo y, en la medida en que estas dos valoraciones se intensificaban, mayor era su éxito" (4-8). Por la misma época, el crítico José María de Quinto repulsaba con aspereza lo que él consideraba "mínimas exigencias culturales" y lamentaba la "deplorable mediocridad" en las que el teatro de los 60 solía manifestarse. Entre "las miserias políticas y escénicas", de Quinto señalaba la censura, el reaccionarismo estético-ideológico del público burgués y de la profesión teatral, el mercantilismo del arte y el provincianismo de la cartelera dramática (9).

Ante la creciente situación de crisis, innumerables *Manifiestos* hicieron su aparición. En un extenso documento de T.A.S. (*Teatro de Agitación Social*, 1950), por ejemplo, firmado por Alfonso Sastre y José María de Quinto, se expresaba enfáticamente: 1) que el teatro no podía reducirse a la simple contemplación estética de una minoría refinada, "el teatro lleva en su sangre la exigencia de una gran proyección social"; 2) que la renovación del instrumental artístico no sólo era una necesidad sino que debía estar al servicio de la función social; 3) que hubiera sido ideal trabajar únicamente con materiales españoles pero estos no existían, "con gran dificultad hemos conseguido reunir algunos títulos". En un impulso por corroborar sus intenciones de promover "un teatro español de gran altura", T.A.S. hace suya una de las célebres frases de Bertolt Brecht – "la política es la superación de la estética" – expresando que "LO SOCIAL, en nuestro tiempo, es una categoría superior a lo artístico" (García Lorenzo, *Documentos*... 85-88). En 1960 Sastre y De Quinto lanzan otro *Manifiesto*, esta vez bajo el nombre de *Grupo de Teatro Realista* (G.T.R.), en el cual se ratifican sucintamente las declaraciones expuestas por T.A.S. diez años atrás.[1]

Otro sector que condenaba el estancamiento del teatro estaba integrado por algunos de los críticos que reseñaban en los periódicos después de los estrenos. Sobre la temporada madrileña de 1965, Juan Mollá matizaba con desolación: "Un panorama completo del teatro español... Un buen pasado, un presente mediocre y ningún indicio del porvenir. Nuestro teatro actual se agota en sí mismo, carece de proyección y de trascendencia" (17). Dos años después – a pesar de los exitosos estrenos de *Tragaluz* (Buero Vallejo), *Oficio de tinieblas*, (Sastre) y *Noviembre y un poco de hierba* (Gala) – Mollá declaraba una vez más, "1967 no ha sido un gran año para el teatro español... no hemos visto ninguna pieza dramática excepcional" (28). No obstante, la producción de Buero Vallejo, Alfonso Sastre y Miguel Mihura, entre otros, contribuiría decisivamente a la superación del estaticismo del teatro de la posguerra posibilitando el surgimiento de un teatro alternativo que se iría fortaleciendo con el tiempo.

A la par de estas y otras innovaciones, comienzan a publicarse ensayos críticos que exigen la inmediata transformación de la escena. En 1969, el crítico y autor dramático José Sanchis Sinisterra, bajo el rubro de *limitadoras peculiaridades*, censuraba lo que él consideraba una exacerbada dependencia de la literatura por parte del teatro. Decía que un teatro sometido a la inflexibilidad de la palabra renunciaba a la "dimensión visual y sonora, física y espectacular" que hacen del hecho escénico "una síntesis de medios expresivos, de lenguajes, capaz de penetrar por múltiples vías de acceso en la conciencia del espectador" (*"Presente..."* 61); reconvenía las "demasiadas ataduras" que el llamado teatro "significativo" mostraba tener de un "mal entendido realismo" y sancionaba la creencia común en que las situaciones de la vida real en las que este teatro se interesaba debían ser resueltas exclusivamente a través del simple verbalismo. Lo que en el teatro hacia falta, indicaba el crítico, era "imaginación escénica" y una "mayor dosis de espíritu investigador sobre las posibilidades expresivas del teatro y sobre las relaciones del espectáculo con el público" (*"Presente..."* 63). A pesar de sus fuertes palabras, Sanchis sabía que las profundas transformaciones en la complexión del teatro sólo eran posibles "cuando las mismas estructuras político-sociales se transformaran"; o a la inversa, "únicamente alterando las segundas podría conseguirse sustanciales modificaciones en las primeras" (*"Presente..."* 59). Finalmente, indicaba Sanchis que el inmovilismo al que el teatro español se veía sometido sólo podía ser superado si éste era capaz de "escoger entre el pasado y el futuro, entre una sociedad que fue y que quiere seguir siendo, y una sociedad que será y que ya quiere ser" (*"Presente..."* 61).

El propósito de este capítulo es examinar las coordenadas políticas y culturales en las que hizo su aparición en la España de los sesenta una nueva modalidad teatral que poco a poco se iría transformando hasta desembocar en un discurso dramático de suma complejidad y heterogeneidad como es el que caracteriza a los autores de la década de los ochenta. Debido a que nuestro estudio tiene un carácter cronológico, examinaremos primero las propuestas dramáticas de algunos de los autores llamados *realistas* tomando en cuenta el contexto político-social en que éstas fueron concebidas. Enseguida, examinaremos las circunstancias en que ocurrió el llamado *milagro económico*, fenómeno de suma importancia que, entre otras cosas, posibilitó el surgimiento a finales de los sesenta de otra nómina de autores llamados *simbolista* y del movimiento de *Teatro Independiente*. En la última parte, estudiaremos parcialmente la obra teórico-dramática de José Sanchis Sinisterra, la cual se inserta en el marco productivo de los escritores asociados al período de la Transición-Democracia.

Los *realistas*

Según acuerdo general de la crítica con *Historia de una escalera* (1949), de Antonio Buero Vallejo, se inicia el fin de la crisis que afectaba al teatro español de la posguerra. Otros textos del mismo autor se sucederán – *En la ardiente oscuridad* (1950), *Las meninas* (1950), *Un soñador para un pueblo* (1958), etc. – y la escena española a partir de 1949 ya no será la misma. La producción de otro importante autor, Alfonso Sastre, confirma el fenómeno: *Escuadra hacia la muerte* (1953), *La mordaza* y *Tierra roja* (1954) y *La cornada* (1960). Otros escritores dramáticos que surgen por la misma época – aunque sus estilos y posturas críticas se orientarán por rumbos imprevisibles – harán causa común con el esfuerzo renovador iniciado por Buero y Sastre.[2] La producción de todos estos autores será fructuosa y, a pesar de las drásticas imposiciones de la censura, mantendrá un robusto perfil a lo largo de los setenta. La estructura y estilo de sus obras se inscribe en el llamado *realismo social* o *realismo crítico*, modalidad estética e ideológica en la que el teatro de la época encuentra su sustento (especialmente el *teatro alternativo* o *contestatario*). El *realismo* de estos escritores, no obstante, discrepa en gran medida del realismo-naturalismo que caracterizó al teatro europeo de finales del XIX, el cual exhibía una clara tendencia hacia la reproducción de lo que parecía ser, o, según sus propios principios, a lo que percibía como real. Una de las diferencias que ofrece el teatro de los sesenta estriba en la necesidad de incorporar al espectador en la propuesta escénica; esto es, ofreciéndole una imagen de la fábula que, gracias a la "actividad simbólica y lúdica" que le caracteriza, le permita acceder a los mecanismos sociales de la realidad que se le presenta (Pavis 381).[3]

La nómina de autores españoles que surge a partir de Buero Vallejo será conocida desde entonces simplemente como *generación realista.*[4] Para Cesar Oliva el concepto de *generación* es vago y problemático; dice que éste no aclara con justo criterio los fenómenos a los que alude sino que simplifica la complejidad multifacética del trabajo de los escritores en cuestión. Para el crítico, sería más justo llamarla *tendencia* ya que se trata de un grupo de intelectuales que surgen en su época con el único propósito de cuestionar, de "forma realista", la pobreza teatral de su tiempo (*El teatro desde...* 225). A pesar de la disparidad de criterios en las clasificaciones es indudable el enorme esfuerzo de estos autores, considerando la férrea censura que enfrentaban, en lo que respecta a la amplitud de sus cuestionamientos que rebasando los límites puramente teatrales se hacen extensivos a las áreas de lo político, social, histórico, cultural e institucional.

En lo puramente escénico, los *realistas* aspiraban a enmendar la pobreza ética y estética asociada a la comedia burguesa de posguerra. Sus propuestas se caracterizan por una intensa búsqueda de nuevos lenguajes expresivos y la implementación de una estética renovadora capaz de levantar el teatro español del "letargo" e "inmovilismo" en que se encontraba (Pérez-Stanfield, 105). Eran estos los tiempos en que reinaban el *Astracán* de Muñoz Seca y el *Torradismo* de Adolfo Torrado, géneros cómicos (degradados para muchos) que en su afán de partir de risa al espectador se valían de los más intrincados subterfugios (Pérez-Stanfield 105). Los *realistas*, además, aspiraban a la reactivación del llamado "teatro de compromiso", el cual desde mucho antes de la guerra civil había sido dejado en el olvido. Tarea de igual envergadura habían querido cumplir escritores como Valle-Inclán, Lorca, Alberti y Unamuno, al querer reintegrar la dignidad perdida del teatro de su tiempo – seriamente amenazado por los efectos perniciosos del último naturalismo – y revestir la escena de un profundo contenido ético que sus propias convicciones les dictaban.

En lo político, los *realistas* convenían en que los asuntos de la vida diaria del ciudadano común debían ser tratados desde la escena. En *Historia de una escalera* – pieza en que se pone en entredicho los esquemas expresivos dominantes y los cimientos ideológicos de la jerarquía de poder – es precisamente esta voluntad la que prevalece. En un intento de desmitificar la supuesta reciedumbre de la España del momento, Buero Vallejo se sirve de la metáfora del cuerpo enfermo para mostrar la fisonomía lacerada del cuerpo social. En las particularidades técnicas y de montaje, la pieza renuncia al colorismo bullicioso que tanto fascina a la comedia burguesa y opta por la sobriedad del espacio vacío o semivacío. Lo que el espectador observa en el medio del escenario es una sucia escalera de barrio humilde colmada de historias que contar sobre sujetos marginales y anónimos. Alrededor de esta simbólica alegoría de la España franquista transcurren treinta años de vidas fracasadas de sujetos indolentes, incapaces, incluso, de encauzar sus propia existencia.

Temas como la culpabilidad, la expiación, la injusticia y la explotación (*Escuadra hacia la muerte*) se reiteran en la obra de estos autores. En *La camisa*, de Lauro Olmo, por ejemplo, se inquieren las circunstancias que posibilitaron la presunta bonanza económica de los sesenta; un fenómeno ampliamente publicitado por el régimen y mejor conocido como el *milagro económico*. La pieza de Olmo exhorta al espectador a dirigir la mirada hacia la "otra" cara de la moneda: la masiva emigración de familias pobres en busca de empleo. El marco de las acciones es en un infortunado barrio de Madrid. En este contexto, se escrutan las vidas miserables de unos vecinos que moran alrededor de la chabola de Juan y Lola – una humilde pareja que para subsistir ha tenido que enfrentar todo tipo de vicisitudes económicas. Al cabo de incontables sufrimientos la pareja no ve más remedio que separarse; Lola se ve forzada a marchar dejando atrás a su marido e hijos a quienes posiblemente no volverá a ver. Los otros moradores tarde o temprano no tendrán más remedio que seguir el ejemplo de Lola. Entre otros aspectos, la pieza intenta probar que el constante desmembramiento de familias será el factor esencial en el surgimiento de una generación de sujetos anormales y desarraigados. En *Los inocentes de la Moncloa*, Rodríguez Méndez pone de relieve las profundas deficiencias que plagaban los programas de bienestar social y seguridad ciudadana de la dictadura y explora los niveles de dificultad que enfrentaban los sujetos más pobres para conseguir aunque fuese un mediano empleo en el Madrid de la posguerra.

Uno de los medios expresivos más eficaces de los *realistas* era el drama histórico. Las piezas de este género se ceñían a un proceso de selección de situaciones históricas, que emparentadas con estructuras homólogas del presente, permitían desbaratar ante los ojos del espectador los fundamentos engañosos de la realidad percibida como normal (Ruiz Ramón, *Estudio sobre* 176). Se priorizaban las fórmulas híbridas y la mixtura de recursos estilísticos de distinta procedencia: la tragicomedia grotesca, el esperpento, el expresionismo, el naturalismo, etc. Pero a pesar de la insistencia en el empleo de estas fórmulas, la finalidad no era la búsqueda de un esencialismo ortodoxo o el resultado de una teoría estética sino más bien una necesidad ética (Ruiz Ramón, *Estudio sobre...* 186). Par Oliva, no obstante, el proyecto estético de los *realistas* era mucho más complejo de lo que Ramón señala; en principio, porque el realismo de estos escritores era excesivamente heterodoxo. Su concepción del realismo debía ser entendida según el marco referencial de quien lo manejara y definiera ya que no entrañaba las mismas connotaciones estéticas para cada quien. La manera más justa de precisar la estética de cada autor es reparando en el adjetivo que se adjunta al término *realismo*: Buero Vallejo lo llama *realista*; Sastre, *social*; Martín Recuerda, *poético* o *ibérico*; Olmo, *popular* y Muñiz, *expresionista*. El adjetivo busca precisar lo que de impreciso tiene el término (Oliva, *El teatro desde...* 224).

La influencia de los *realistas* se hizo sentir hasta principios de los ochenta, fecha en que sus fórmulas dramáticas fueron quedando en el olvido. Las transformaciones de la escena que la nueva sociedad democrática exigía y las políticas culturales del gobierno socialista contribuyeron a la desautorización del modelo realista. Unos pocos autores continuaron compartiendo espacios en las carteleras y tuvieron la suerte de ver el estreno de algunos de sus textos inéditos. No obstante, la nueva fase libertaria venía acompañada de su propia problemática y el teatro español de los ochenta y noventa tomaría rumbos inesperados. La naturaleza insospechada de los cambios contribuiría a que no pocos escritores se sintieran desencantados y hasta traicionados por el nuevo orden; entre otras cosas, se decía que la nueva sociedad no ofrecía el entorno de sostén y apertura que por tanto años se había añorado. Finalmente, entre los méritos del teatro *realista* español deben destacarse: 1) el espíritu crítico e innovador que mantuvo aún en los años más duros de la dictadura; 2) la permanente búsqueda de nuevas metodologías y lenguajes escénicos; 3) la firme decisión de reivindicar al gran teatro español de antes de la guerra civil.

Los *Simbolistas* o *Nuevos Autores* y el *Teatro Independiente*

Hemos dicho que el llamado *milagro económico* de los sesenta significó además una importante apertura político-cultural en la sociedad española. Por primera vez el ciudadano común tuvo la oportunidad de ver las obras (no sin recortes de censura) de escritores vanguardistas europeos y norteamericanos tales como Ionesco, Pinter, Miller, Beckett, Brecht y otros. Asimismo, se llevaron a la escena algunos de los textos de autores nacionales largamente proscritos: Valle-Inclán, Lorca, Casona, Alberti y Arrabal. Pero, sobre todo, fue el surgimiento de una nueva

18

nómina de autores, llamados *simbolistas* o *Nuevos Autores*, y del movimiento del *Teatro Independiente* el fenómeno que singularizó la novedad en el teatro. Ambas tendencias se mostraban hostiles a la frivolidad de la comedia burguesa, lo mismo que a las iniciativas ideológicas y estilísticas de los *realistas*. El surgimiento de los *Independientes*, modalidad distinta de los anteriores Teatros Universitarios (*Teus*) y Teatros de Cámara y Ensayo, "no supuso sólo un cambio de orientación en cuanto al repertorio a exhibir...ni [tampoco] sustituir unos autores por otros, unos textos por otros"; lo que estos grupos se proponían y en gran medida consiguieron fue fundar una variante escénica alternativa que rompería la esclerosis de las tendencias dramáticas imperantes (Diago 82-83).[5] La trayectoria de estos grupos, comenta Rodríguez Buded, guarda estrecha relación con las nociones de "improvisación", "experimentación" y "suicidio"; esto se debe a que por verse sometidos a la tristemente célebre "representación única nacían y morían en cada representación" (15). Además, las subvenciones económicas que recibían estos grupos eran tan precarias que su propia existencia se veía amenazada constantemente; los pocos éxitos que se apuntaban se debía más que todo al titánico esfuerzo de sus integrantes que "luchando contra viento y marea, ofrecían sus representaciones, las más de las veces, en condiciones que rozaban la heroicidad" (Buded 15).

El *Manifiesto* del grupo *Los Goliardos*, aparecido en 1970, se considera crucial en la fundación del *Teatro Independiente*. Entre los muchos puntos del documento, se impugnaba la noción de autoría, el sistema empresarial, los métodos comunes de enseñanza teatral (considerados obsoletos), el "culto a la estrella" y la política de precios de salas y localidades (Diago 83). Igualmente, se establecía límites entre lo que debería entenderse por teatro y literatura dramática – separación que para algunos significó un franco atentado a la "muerte del autor" en beneficio del espectador[6] –; o sea que el teatro se relacionaba directamente con lo preformativo y la literatura dramática con todo lo demás. En cuanto a la "liquidación" de la figura del autor, en la práctica de los grupos ésta era más simbólica que real; el autor en ningún momento dejó de existir sino que sus funciones se ampliaron por encima de ser un mero generador del discurso escénico. Lo que desaparece es su nombre, como sujeto y entidad, en beneficio de la creación colectiva. Del mismo modo, en un intento de extirpar los "vicios" que entraña la noción de "estrellato", se trueca el concepto de "artista" por el de "obreros del teatro" o "trabajadores de la cultura". Estas nomenclaturas, según se decía, entrañaban mejor la naturaleza del trabajo.

Los *Independientes*, además, eliminan la vieja costumbre de los "actores profesionales al viejo estilo" y el rol de los actores que en el

19

teatro comercial trabajan como invitados en las funciones regulares. El propósito de la exclusión es hacer constar que en la nueva teatralidad "ya no se solicita la esporádica presencia de nadie por el simple hecho de su peripecia" (Monleón, *"Del teatro de cámara..."* 12-13). En cuanto al repertorio, este se introduce como la "expresión" discursiva de todo el colectivo; una estrategia que favorece a los *simbolistas* e *Independientes* por igual debido a la igualdad de circunstancias que ambos enfrentaban y porque los primeros por lo general estrenaban en el seno de los segundos (Monleón, *"Del teatro de cámara..."* 13). Era práctica común en estos grupos revelar sus producciones rodeadas del anonimato y ambigüedad del nombre que las firmaba: *Els Joglars, Els Comediants, TEI, Tábano, Ditirambo, La Cuadra, Akelarre, Los Goliardos, Teatro Libre, Bululú, Cátaro, Teatro Estudio Lebrijano* y muchos otros.

El anonimato cumplía vitales cometidos en el entorno de la dictadura y en las prácticas productivas: primero, era un resguardo en contra de las hostilidad policial; segundo, contribuía a la desclasificación de rango de los integrantes y concertaba los aportes creativos de cada quien. La dinámica de un eje central o director nunca fue descartada pero si variaron sus funciones. Habrían de pasar muchos años, por ejemplo, para conocer las identidades de los artífices de los grandes espectáculos colectivos españoles de los setenta: Fermín Cabal, Guillermo Heras, Ángel Facio, Luis Margallo, Salvador Távora, Albert Boadella, José Luis Alonso de Santos y otros. En lo relativo a sus creaciones, los *Independientes* eludían el simplismo mimético al incorporar materiales de procedencia diversa: del *teatro de la crueldad* (Artaud), *teatro pobre* (Grotowski), *Living Theatre*, la *Creación Colectiva* (Buenaventura), del teatro *Bread And Puppet*, etc.[7] Los *Independientes*, además, aspiraban a consolidar el diálogo permanente entre escenario y público; el teatro épico sirvió de modelo para extraer numerosas experiencias en lo que se refiere a la política y la relación publico-espectáculo. De tal manera que el espectador dejó de ser un elemento adicional para convertirse en un dispositivo integral de la propuesta escénica. Los resultados no se hicieron esperar, múltiples hibridaciones que anunciaban las complejas caracterizaciones del teatro del futuro fueron apareciendo con el tiempo.

La justa definición del trabajo de los *simbolistas* o *Nuevos Autores* resulta ser tarea difícil, dada la multiplicidad de estilos y orientaciones ideológicas que los caracteriza. La complejidad de su producción comienza a ser evidente, incluso, a raíz del vasto cúmulo de nombres al que se hicieron acreedores: teatro *soterrado, desvinculado, Underground*[8], y, por lo menos, veinticinco denominaciones más; este hecho han conducido a Alberto Miralles a decir que son muchos los nombres "para algo indefinido" (*Nuevo teatro...* 33). Pasados los años y aunque de nuevo esta modalidad dramática ya tiene muy poco, se convino llamar a sus autores *Generación simbolista* o *Nuevo Teatro*. Oliva, una vez más, asegura que el concepto de *generación* es impreciso, debería llamársele "tendencia" o "inconformistas" ya que en general sus autores representan "más un gesto que otra cosa" (*El teatro desde... 348*). Para Vilches de Frutos, sin embargo, los *simbolistas* son en verdad un "grupo generacional". El testimonio que ofrecen los muchos artículos de periódico que se ocupan de sus obras, los cuantiosos "análisis textuales" aparecidos en revistas especializadas y su "devenir temporal" como grupo, suministran un marco definitivo para hablar de generación ("*La generación... 128*). Entre las características que mejor definen a estos autores destacan una ostensible inclinación hacia "una estética vanguardista opuesta a la que guiaba a los autores de la llamada generación realista" (López Mozo, *El 'Nuevo Teatro'... 17*)[9] y un franco espíritu crítico y celo político para con el régimen.

Tanto *simbolistas* como *realistas* coinciden en ciertas formalidades temáticas a la hora de elaborar sus textos, pero resultan obvias las diferencias de estilo, metodología e influencias en ambos grupos. Asimismo, la postura ideológica de los *simbolistas* fue desde un principio hostil a los preceptos del *realismo social*, sobre todo, a la exigencia de que el teatro debía ser un reflejo fiel de la realidad y vehículo portador de mensajes. Para los *Nuevos Autores*, la estética realista era anacrónica y obsoleta, un mustio reducto de la estética naturalista que dominó la escena europea de finales del siglo XIX. Para los simbolistas, la búsqueda de nuevos lenguajes debía tomar en cuenta los axiomas estilísticos e ideológicos ofrecidos por las vanguardias teatrales de mediados de siglo XX: el *teatro del absurdo*, de la *crueldad*, el *drama post-brechtiano*, el *teatro total* (según los tipos de Valle-Inclán, García Lorca y Artaud), el *teatro pánico* de Arrabal, etc.[10] Casi todos los *simbolistas* estrenan en el seno de los *Independientes* dándose ampliamente a conocer en certámenes, premios y festivales; todos se pronuncian abiertamente en contra de las injusticias que oprimen a la sociedad española y a la humanidad entera. Pero el rasgo más distintivo, según Miralles, es que en la historia del teatro español esta ha sido la "generación más premiada y la menos representada" (Oliva, *El teatro desde... 342*).

Aparte de las vanguardias, los *simbolistas* sacan ventaja de la rica tradición del teatro español de todos los tiempos[11] – el teatro calderoniano, la comedia moratiniana, el teatro reflexivo de Unamuno, el esperpento de Valle-Inclán y la tragedia lorquiana – la cual combinan con otros materiales como son el teatro absurdista de Jarry (*ubuismo*), Ionesco y Beckett. Su estética totalizadora rastrea los límites de la expresión misma y los registros de recepción, escarneciendo al mismo tiempo

21

el panoptismo de la censura. Para explicitar mejor su beligerancia y disposición deconstructivista, las fórmulas dramáticas de estos autores se estructuran alrededor de un texto único que esconde otro texto (subtexto); a este texto se suministra una forma que a su vez oculta otra (Pérez-Stanfield 286). Según puede verse, se trata de una modalidad metatextual y autorreferencial, una estrategia que presupone la elaboración de un texto como totalidad dramática y su ulterior validación como espectáculo. Efectivamente, como asegura Vilches de Frutos, la puesta en escena de los textos *simbolistas* es un factor clave; esto es así debido a que "el soporte lingüístico" de las obras sólo alcanza su punto máximo cuando entra en contacto con los otros lenguajes escénicos – corporal, luminotécnico, escenográfico, etc. – y con el horizonte de expectativas del espectador (*"La generación..."* 128-29). Sobre el lenguaje de los textos, Ruiz Ramón afirma que este por lo general es "parabólico", "elíptico" y "referencial", constituyendo un sistema de multiplicidad sígnica y de pluralidad de lecturas que se presenta ante el receptor con el objeto de ser descodificado (*Estudio sobre...* 191).[12]

Otras de las tácticas de comunicación que se emplean son la alegoría, la connotación y el subtexto. Los planos de la alegoría se cotejan de varias maneras: una fábula común es reformulada en un lenguaje sencillo, a este se agregan nombres de objetos, personajes y animales que se ajustan a abstracciones tales como el poder, la miseria, la tecnología, la especulación económica, etc. En una segunda fase se confeccionan planos de interacción entre estos materiales y el marco de lo político-social (Ruiz Ramón, *Estudio...* 190-193).[13] El manejo de las jerarquías espacio-temporales no obedece a regla alguna, éstas se adecuan a los caprichos del autor y no a una linealidad cronológica. Las secuencias de acción de las obras se acomodan a los preceptos del teatro completo, cuya intención es solazar y estimular la conciencia reflexiva del receptor.[14]

Los *Independientes*, de igual manera, tomaron lo propio de las vanguardias para la configuración de sus textos verbales y espectaculares, aunque debe aclararse que para estos grupos la labor textual (escrita) carecía de importancia en comparación a la espectacular. Efectivamente, en el marco de la Creación Colectiva, método de trabajo de estos grupos, el lenguaje verbal (texto) fue siempre un "pre-texto", un elemento despojado de valor intrínseco al momento de la creación. Para los *simbolistas*, en cambio, la organicidad del texto es virtualmente el espectáculo (al menos potencialmente). La actitud de los *Independientes* ante el texto verbal y su productor, se acerca en gran medida a las cavilaciones de Foucault en torno a su concepto del *autor-función*.[15] Según él, el "autor-productor de textos", por esas trampas de los procesos históricos e ideológicos, tiende a perder momentáneamente su lugar privi-

22

legiado y unívoco en la creación discursiva. Su "persona jurídica" pasa a ser un elemento más, una función plurivocal de la estructura performativa y de la escritura. En el método colectivo, la discursividad, status jurídico y persona del autor, por una serie de discernimientos ideológicos y metodológicos, pasan a ser una de las tantas sombras o notaciones que confluyen en escena. Resultan claras las semejanzas entre *Independientes* y *simbolistas* en lo que a pautas dramáticas y metodológicas se refiere; la disparidad reside en el designio de sus producciones: para los primeros la disposición del "texto espectacular" es empresa prioritaria; para los segundos la "escritura textual" constituye un fin en sí mismo.[16]

Para estrenar, los *simbolistas*, lo mismo que los *realistas*, tuvieron que someterse a las absurdas reglamentaciones de la censura, esto es, la llana mutilación de sus textos. Ricard Salvat comenta que en festivales como el de *Sitges* (en su primera etapa, 1967-77), a causa del error que cometían los organizadores de asignar "por decreto" las obras y los grupos que realizarían los montajes, era común escuchar las quejas de los escritores sobre los "destrozos hechos a su texto por el director de montaje". Este último, según Salvat, se limitaba a responder que desde el "abecedario" del autor se "desconocía el lenguaje teatral" (*Apuntes para* 10). La desolación de los escritores ante tales arbitrariedades era total, pero eran conscientes de que bajo la dictadura sus oportunidades de subir a los escenarios eran casi nulas. Otras posibilidades de estreno, aparte de las que ofrecían los *Independientes* y uno que otro festival, era en el seno de los teatros universitarios. Los *Teus*, no obstante, cuando así lo deseaban, prescindían de los textos o confeccionaban los propios. A pesar de las adversidades y de las restricciones institucionales, no fueron pocas las tentativas conjuntas que surgieron entre los *Independientes*, universitarios y *simbolistas*. Prueba de ello son los trabajos conjuntos entre Luis Matilla, García Pintado y Fermín Cabal, para nombrar unos pocos, con el grupo *Tábano* (Oliva, *El teatro desde...* 423); Miguel Romero Esteo hizo algunos estrenos con el grupo *Ditirambo*; Miralles y López Mozo lo hicieron con los *Independientes* a finales de los sesenta (Ragué-Arias 63), etc. Las constantes experimentaciones conjuntas consolidaron importantes colectivos tales como los *Cátaros* y festivales como el de *Sitges* (Oliva, *El teatro desde...* 349).

A la demoledora labor de la censura, que se ensaño particularmente con los *simbolistas*, habría que agregar dos elementos más: la mediocre recepción de la crítica y la desidia de un público poco experimentado. La primera, ya sea por favoritismo ideológico o falta de lucidez, tildó este teatro de oscuro y obsoleto.[17] Al segundo, ya sea por pereza mental o exigua familiaridad con las vanguardias, este teatro se le pasó desapercibido. En la fase de la *Transición* (1975-1982) pudo verse una significativa transformación en la visión del teatro. El cambio fue notorio a raíz del *destape*, una especie de "revolución sexual" tardía en la que era rutina la "explosión de desnudos" en casi todas las obras que subían a escena (O'Connor, *"La primera década..."* 117). La llegada de la democracia trajo consigo grandes expectativas, pero los tan esperados "buenos tiempos" nunca llegaron, al menos para el teatro.[18] Los grupos independientes, de la manera que se conocieron en los setentas, y pese a una fiera lucha por la supervivencia, poco a poco fueron desapareciendo.[19] Los *simbolistas*, a pesar de algunos claros momentos de notable éxito, continuaron siendo víctimas de la frustración y el desencanto.

Parte de las aspiraciones de *Independientes* y *simbolistas* era la formación de un público más diestro receptivamente. Este público "ideal" estaría integrado por espectadores "modelos", similares a los "lectores modelos" concebidos por la Teoría de Recepción, cuyo sofisticado "horizonte de expectativas" permitiría descodificar sin problemas la pluralidad de referentes proyectados desde la escena, a la vez que fomentar un refinado gusto por lo estético (Jauss, *"Estética..."* 22). El objetivo no pudo cumplirse debido a que no se contaba con los recursos y mecanismos idóneos para efectuar una tarea de tal magnitud. Con la excepción de un reducido grupo de fieles espectadores – compuesto generalmente de profesionales y estudiantes depositarios ambos de alguna formación política y artística, que encontraban en este teatro los beneficios culturales que el sistema negaba – al gran público nunca se le conquistó.[20] Otro designio que no se cumplió fue la instauración de un circuito de exhibición distinto al de los locales de costumbre. El plan consistía en realizar giras periódicas por pueblos y barrios periféricos en donde vivía un público que posiblemente nunca había visto una representación teatral.[21] La falta de patrocinio, la vigilancia de la censura y el descrédito político al que estos grupos vivían expuestos obstaculizaron la planeada proyección. A estos reveces habría que agregar dos más: primero, el escaso público que se logró reclutar perdió el interés inicial y se incorporó a las filas del teatro comercial; segundo, el cierre de las pocas salas alternativas que funcionaban en la *Transición* fue una clara muestra de rechazo para con los *Independientes* y *simbolistas* por parte de las autoridades (Oliva, *El teatro desde...* 355-56).

Tampoco se logró consolidar la tan ansiada relación dialógica entre espectador y espectáculo. Al igual que en el teatro de Brecht, el propósito era forjar un público que fuese capaz de experimentar un efecto dual de repulsa y reflexión a la vez al momento de enfrentar la propuesta escénica. A partir de una actitud crítica distanciada, el receptor sería capaz de rellenar de sentido los espacios en blanco o de "indeterminación"[22] dejados por el autor intencionalmente en el texto-montaje. Lo no dicho o representado, pero sugerido en la organicidad del discurso, debería ser completado por el cúmulo de expectativas del receptor. Para el teatro contemporáneo es pieza fundamental la relación dialógica apuntada, lo mismo que lo es para los estudio de la Estética de Recepción (de Toro, *Semiótica...* 129). Efectivamente, a la hora de la *mise en scène* el teatro actual no puede ignorar la inevitable reciprocidad de influencias entre escenario y auditorio, la acción doble que fusiona el efecto producido "por la obra de arte y el modo en que su público la recibe" (Jauss, *"Estética..."* 22). En relación a la literatura (lo cual vale asimismo para el teatro), Jauss sostiene que el concepto de Recepción, en tanto noción estética, transporta un doble sentido, "activo y pasivo a la vez"; cualquiera que fuese la actitud del sujeto lector (o espectador) al momento de organizar sus respuestas ante el producto observado, este no pierde su libertad de decisión. Es decir, el objeto observado podría ser digerido, criticado, admirado o rechazado; podría experimentarse placer ante sus formas y contenidos, "suscribir una interpretación conocida o intentar una nueva" o incluso responder con un producto nuevo. De todas formas, afirma Jauss, se cumple el circuito comunicativo de la historia literaria, o sea que el receptor, al igual que el escritor, es también un productor de sentidos a partir del momento en que entra en contacto con el texto (*"Estética..."* 22). En el caso del teatro, las funciones señaladas por Jauss se cumplen al momento en que el espectador re-inscribe la pluralidad de correspondencias que el escenario le comunica en los espacios de indeterminación del texto espectacular. Esta sucinta esquematización de los circuitos de recepción constituye uno de los cimientos de la producción dramática del grupo de autores que surge en España a partir de los ochenta; su obra dramática y espectacular alcanza inapreciables resultados debido a una resuelta incorporación del público.

En las propuestas *simbolistas*, el encuentro escenario-público debía cumplir una importante función: desmantelar los códigos que regulan los procesos mentales de los individuos a la hora de percibir la realidad. Entre las maniobras empleadas en los textos está el vaciar de sentido algunos de los esquemas dramáticos de fácil reconocimiento e insertar en los espacios vacíos contenidos más afines a la iniciativa del autor. El producto resultante finge respetar los convencionalismo del teatro cuando en verdad propone algo distinto. En este respecto, el carácter híbrido del producto, aunque irregular en las formas y contenidos, no oculta la complexión de los dispositivos básicos; al contrario, la organización de la nueva propuesta resulta familiar al marco cognitivo del espectador. Según señala Colin Counsell, la noción de "familiaridad" en lo distinto es parte fundamental de los métodos expresivos del llamado *Arte Moderno*. Advierte el crítico que debido a que los métodos perceptivos del sujeto moderno responden aún a los sistemas de signos y mecanismos ideológicos inculcados por el arte y la cultura de etapas anteriores, en especial la del siglo XIX, la representación de una realidad distinta a la considerada "normal", una que busque desbaratar los sistemas culturales que aún gobiernan las mentes de los individuos, debe hacerse a través de patrones no del todo ajenos, sino, más bien, de fácil acceso, aunque alterados substancialmente en la base y ordenamiento de sus componentes estéticos e ideológicos. El principio de "familiaridad", como parte integral de la propuesta, garantiza la efectiva recepción de un espectador condicionado culturalmente a buscar sentido en todo lo que observa.

Considerando estos criterios, podríamos inferir que la dramaturgia de los *simbolistas* o *Nuevos Autores* arranca de dos supuestos: primero, la realidad del mundo es una fabricación cultural cuyo propósito es la subordinación de los individuos; segundo, la realidad es accesible únicamente a través de los mecanismos conceptuales proveídos por la misma cultura. Por tanto, si la realidad exterior no es distinta de una realidad "textual" (léase ficcional), esta puede ser alterada empleando los medios suministrados por la propia cultura, uno de ellos es el teatro. En el teatro se cuenta con los dispositivos necesarios para modificar cualquier noción de realidad que se maneje, desarmar discursos privilegiados o legitimar discursos "otros". Esta operación de trasvase es posible si se toma en cuenta que el espectador en ningún momento pierde la noción de su realidad circunstancial (al menos completamente), ni cree que es el ejercicio dramático que observa posee veracidad científica. Esta certitud es confirmada por el aquí y ahora de la representación, por los decorados, las luces, la música y los actores. El receptor podrá carecer de las herramientas necesarias para afrontar la maraña de símbolos que le arroja el escenario, pero el compendio de la propuesta escénica resulta "familiar" a sus códigos receptivos. Lyotard advierte con precisión lo que podría ser la clave de las técnicas del *Arte Moderno*:

> Modern aesthetics is an aesthetic of the sublime, though a nostalgic one. It allows the unpresentable to be put forward only as the missing contents; but the form, because of its recognizable consistency, continues to offer to the reader or viewer matter for solace or pleasure... (*The Postmodern...* 81).

Según Lyotard, la estética moderna reconoce que en el sistema cognitivo que poseemos existen estructuras conceptuales juzgadas "irrepresentables"; éstas, no obstante, no resultan ser del todo extrañas a pesar de que se presentan problematizadas. La familiaridad de los géneros en que es factible insertar estos contenidos vacíos conduce al lector–espectador a los dominios de lo conocido (lo "nostálgico"), a la experiencia del placer y el entretenimiento. Para Lyotard, en el arte moderno existen por lo menos dos posibilidades de representar lo "irrepresentable": el arte vanguardista y el postmoderno. En la vanguardia – pongamos por caso el teatro del absurdo – se aspira a representar los artificios que escapan a los códigos de representación en los sistemas comunes de significación y demostrar que hay causas que quedan fuera de toda posible representación en nuestro sistema reproductor de significados. El arte postmoderno, en cambio, es mucho más extremo: niega toda forma o fórmula cultural reconocible, lo irrepresentable pasa a ser la representación misma. Contrario a la vanguardia, que propone el sinsentido como forma de sentido, el arte postmoderno, según Lyotard, opta por la total ausencia de sentido y rechaza todo recurso disponible de interpretación.[23] En definitiva, el teatro, entendido como un arte esencialmente de lo vivo, resulta ser un marco factible para este tipo de formulaciones y experimentaciones.

En el clásico del absurdo *Esperando a Godot* (1955) de Beckett, se resuelve que toda suerte de significados en la realidad perceptible es una mera fabricación. Contrario al enfoque teleológico que no sólo dictamina el ordenamiento del mundo sino que reclama significación y procedencia de todo lo existente, en el universo beckettiano no hay un poder divino u orden racional que genere tales significados. El texto de Beckett posee su propio lenguaje y racionalidad: la entelequia de su realidad interior es curiosamente un espacio vacío carente de toda dimensión conceptual. El "minimalismo" de la puesta en espacio de la obra (un árbol, un camino, una noche) sugiere un paisaje desolador, despojado de todo rasgo de vida y de sentido, poblado de sombras deformes que más que presencias parecieran agujeros inmersos en otros agujeros. Aparte de la imagen-concepto sugerida por el "árbol" o el "camino", el único signo de confianza que indica el "otro" virtual lugar de la obra es el espacio físico en que suceden las acciones. Enfrentado a este cúmulo de perplejidades, el espectador debe inventar sus propios niveles de sentido colmando los espacios en blanco dejados expresamente por el autor. A través de este ejercicio de manipulaciones y reconversiones, el teatro del absurdo intenta demostrar que, efectivamente, hay aspectos de la realidad que escapan a los sistemas comunes de significación y proclama el sin-sentido como única forma de sentido. Paradójicamente, y contrario a sus propios fundamentos ideológicos, la "verdad" del absurdo evidencia que la realidad del mundo, de la manera que la discernimos, está regida por procesos de fabricación de sentido.

Esta visión del absurdo, aunque en un grado menor de intensidad en cuanto a formas y contenidos, se hace evidente en algunos de los textos *simbolistas*. En *El hombre y la mosca* (1968) de José Ruibal, por ejemplo, llama la atención la curiosa mixtura de lo incongruente con temas tales como la imposibilidad de perpetuación en el poder de un régimen político; las complejidades que existen en la relación amo-esclavo; el mito del héroe degradado y la auto-inmolación como resultado de la iniquidad. La obra de Ruibal, planteada como una alegoría de la España de los sesenta, establece un diálogo histórico con otros textos que asimismo se han ocupado del tema del dictador: *Tirano Banderas* de Valle-Inclán y la figura mítica del rey-esclavo, Christophe, en *El reino de este mundo* de Alejo Carpentier.[24] La tres secciones en que se divide la obra – "El transplante del valor", "La confusión del yo" y "El verbo se hizo doble" – permiten analizar las causas históricas, las conductas humanas y la ideología que autoriza un poder absoluto. En un espacio anómalo de realidad fantástica, propia del surrealismo francés,[25] pero blandiendo una actitud de compromiso crítico, el autor ausculta la psicología de un dictador obsesionado con la idea de eternizarse en el poder.

El personaje del *Hombre*, quien durante setenta años ha sometido a base de terror a una nación, decide secretamente aleccionar a un *Doble* para que a su muerte le suplante en el poder. Por razones de seguridad de Estado, el intercambio de sujetos debe hacerse en el más profundo secreto. El personaje del *Doble*, no obstante, resulta ser lo opuesto del *Hombre*: joven, fino, débil, inexperto, indeciso; representante fiel de un presente que niega el pasado que tanto obsesiona al dictador. Las diferencias entre ambos se acentúan aún más cuando al suplente se le ocurre introducir cambios en el mundo del dictador para quien toda perturbación es un horror. La enfermiza resistencia a lo nuevo y la avidez de imponer sobre el presente las glorias del pasado conducen al fracaso la quimera del dictador. La tesis de Ruibal declara que "el sistema que niega todo el proceso histórico, anclado en una realidad pretérita, conlleva una contradicción que al cabo le será fatal" (Berenguer 207).

La cúpula de cristal en la que el *Hombre* y su *Doble* se refugian y desde la cual escudriñan los contornos, se erige grotescamente sobre un monumento fálico-funerario consagrado a las osamentas de los opositores. La trama de la obra gradualmente van desvelando los artificios brutales de que se vale una maquinaria de poder para conseguir sus propósitos. Para aminorar la pesada carga política, Ruibal emplea algunos ardides del teatro de Beckett, los que a su vez favorecen el clima absurdista de la pieza. Por ejemplo, desde uno de los cajones de la mesa del dictador se escucha constantemente la voz del "experto norteamericano" que prescribe remedios políticos a los pupilos que se encuentran en aprietos. La táctica de la voz en *off* conecta directamente con las nociones de fragmentación y mutilación que interesan a Beckett; o sea, las voces que en sus textos casi siempre aparecen desprovistas de cuerpo, deshumanizadas: "una grabación", "una mano", "una voz", etc. El desenlace de *El hombre y la mosca*, se propone verificar que las grandes fortalezas por indestructibles que parezcan por fuera no están exentas de peligros por dentro: la cúpula al final se viene abajo por efectos de una pequeña mosca (referencia a la confrontación bíblica entre David–Goliat) que venciendo el miedo desafía a un enemigo superior y lo derrota. Al sucumbir el *Hombre*, el *Doble* no es capaz de infundir el terror en que se instituía la ley del otro. Abandonado por sus seguidores y sin la protección del amo, la torpeza del *Doble* provoca su propia caída; en un arranque de furia el monigote arremete en contra de la mosca que ha traspasado su refugio de cristal, pero todo lo que consigue es derribar su propia estructura de poder. De esta manera, Ruibal intenta desarticular el mito del poder eterno y demostrar que es una quimera el querer detener los procesos de la Historia.

Cambio de paradigma: el teatro de los 80

Lo que en España se denomina la transición política comprende dos hitos históricos: la muerte de Franco (1975) y la subida al poder del PSOE por voto popular (1982). En esta etapa suceden al menos tres acontecimientos que merecen mención: 1) la eliminación por decreto de la censura (1978); 2) las llamadas "reconversiones", que tuvieron un efecto negativo en la labor de los *Independientes* y en el regular funcionamiento de algunos recintos teatrales;[26] 3) la implementación de las llamadas *Operación rescate* y *Operación restitución*. Aparte de estas exiguas novedades, en el teatro de la Transición lo que se impuso fue una subcultura del erotismo llamada *destape*.[27] En esta época el teatro devino "teatro" simplemente, nos dice Oliva, su designio era satisfacer las demandas de erotismo del ciudadano común ("*El teatro...*" 436). Los únicos ganadores en el fructífero negocio de la sexualidad fueron algunos empresarios oportunistas y una nómina de escritores de tercera fila.

En lo tocante a la *Operación rescate*, el proyecto gravitaba en torno a la escenificación de obras de autores anteriores a la Guerra Civil, los declarados "malditos" en la posguerra y condenados por decreto al olvido: Valle-Inclán, García Lorca, Alberti, Casona, Arrabal y otros (Ruiz

Ramón, "*Apuntes...*" 92). Sin embargo, a pesar del generoso gesto reivindicativo el proyecto fue todo un fracaso debido al mediocre interés de empresarios, teatros y público. La *Operación restitución*, continuación de la de *rescate*, consistía en poner en escena algunos de los textos más representativos de los autores vivos que habían padecido aislamiento en los sesenta y setenta. En opinión de Oliva, las *Operaciones* no eran más que "un pago por servicios prestados al autor español...Una forma de cubrir la mala conciencia de cuarenta años de silencio" ("*El teatro...*" 438). El fracaso de ambas empresas aumentó la frustración que ya sentían los escritores implicados; en una encuesta aparecida en la revista teatral *Pipirijaina* (1978), las opiniones no podían ser más desalentadoras. Tanto *realistas* como *simbolistas* admitían de que las cosas no habían cambiado a pesar de las transformaciones. Algunos, incluso, manifestaban que en los peores momentos de la dictadura, sus trabajos habían tenido mejor recepción. Uno de los grandes culpable de la penosa situación, según Ruiz Ramón, era el público de la transición política, el cual no estaba dispuesto para otras experiencias que no fueran las que le ofrecía la comedia burguesa o un realismo anodino ("*Apuntes...*" 96-97).

Desde una perspectiva empresarial, la complacencia del líbido garantizaba mejores negocios que un teatro de reflexión social. Al público se le daba lo que al decir de algunos éste quería ver: desnudos. Según apunta O'Connor, eran estos los tiempos en que "parecía obligatorio enseñar por lo menos una teta por obra – más, si se podía justificar, o también si no se podía justificar – para demostrar la modernidad de la pieza, autor, y empresa, y para que el público acudiera" ("*La primera...*" 117-18). En opinión de los fustigadores del "teatro de compromiso", la inapetencia del público era la respuesta a la fascinación casi obsesiva que algunos de los cultivadores de esta modalidad mostraban tener en sus obras con la imagen del poder político. Aserciones de este tipo se cimentaban en la tesis sociológica que proclama que la psiquis de un pueblo que ha sido sometido a un extremado confinamiento lucha por liberarse de los fantasmas que la acosan al momento en que la oportunidad se presenta. En este sentido, era un craso error el querer revivir los aspectos más traumáticos de una sociedad que se alistaba para el cambio democrático.

En este ambiente político surge una nueva nómina de autores que será conocida entre otros nombres por la *generación de la democracia* o *neorrealistas*.[28] Los proyectos dramáticos de este grupo mantienen cierta reciprocidad dialógica con la obra de los *realistas*, pero su estética se distingue por investir un alto grado de complejidad en sus formas y contenidos. Las siguientes declaraciones de Fermín Cabal, dramaturgo asociado al nuevo grupo, resumen de manera concisa los nuevas premisas de trabajo:

> estamos tratando de encontrar una sintaxis nueva, jugar con el tiempo, con el espacio, con la incorporación del pensamiento teórico, (...) con toda esas rupturas de las tradiciones estilísticas, el teatro que estamos escribiendo hoy sigue siendo profundamente realista, en el sentido de que busca una referencia real subjetivizada, un referente que ya no tiene pretensión de objetividad y pasa por el filtro de asumir la propia palabra del autor, y eso tiene que ver con el mundo contemporáneo. (*El Público* 91, 1992)

Entre las particularidades de estos escritores destacan: casi todos nacen alrededor de 1940; ninguno fue víctima directa de las atrocidades de la guerra civil, ni fue afectado por el trauma de los primeros años de posguerra. Razones de esta envergadura serán claves en el afianzamiento de la producción de estos autores que aunque inician su labor escrituraria a finales de los cincuenta, no es sino en la transición política y primeros años de los ochenta cuando se dan a conocer.[29]

Según Floeck, estos escritores están marcados por la pérdida de las utopías de izquierda, la caída del bloque socialista y el colapso de la Guerra fría (*El teatro español...* 32). El desencanto con los discursos de izquierda es tan profundo que parecieran convencidos de que el paraíso tantas veces prometido a los pobres ya no es posible en la tierra. El dramaturgo José Sanchis Sinisterra, por ejemplo, un importante miembro de este nuevo grupo de autores, expresa con elocuencia:

> El error en que caímos todos los hombres de teatro de aquella época fue creer que había una relación directa entre la praxis teatral y la socioeconómica y política...Y otro error fue pensar, típica pedantería religiosa de los marxistas de esa época, que éramos poseedores de una verdad y que transmitiéndola al pueblo íbamos a producir su despertar, su desalienación, cuando el arte, si enseña algo se lo enseña al que lo está creando... (Fondevila, "*El teatro no es...*" 43)

Sin embargo, a pesar del temporal desaliento la confianza de encontrar algo nuevo no admite el pesimismo. Agrega Sanchis:

sabemos que el paraíso no existe, la utopía es precisamente aquel no-lugar que nunca puede hallarse porque no existe, pero que precisamente por eso no hay que dejar nunca de buscar, imaginar, de instaurar, incluso en esa breve navegación conjunta que es la representación [teatral]... (*"Cambio de folio..."* 91)

Más que apostar por la ilusión de cambiar el mundo, estos teatristas estiman que la transformación del individuo es el primer paso hacia la transformación de su entorno social. Este enfoque de la realidad no expresa que el compromiso social haya desaparecido de sus obras, al menos completamente. La valoración crítica de los asuntos sociales persiste aun pero dada la complejidad de los planteamientos formales y de contenido de sus textos no es fácil capturar en su totalidad el estímulo transgresor de sus propuestas. Entre las innovaciones temáticas y de estructura en sus obras sobresalen la total renuncia al maniqueísmo de las acciones; esto es, los conflictos de intereses ya no suceden entre buenos y malos, como ocurre en el teatro de épocas pretéritas, sino que se precia el multi-perspectivismo. Esto significa que los representantes de las fuerzas antagónicas ostentan el derecho de exponer sus motivaciones en igualdad de proporciones, lo mismo que ser juzgados desde los distintos ángulos por el ojo crítico del juez-espectador. De esta manera, la nueva teatralidad busca distanciarse del didactismo sermonario que caracterizaba a algunas de las obras del *realismo social*, o sea, la predicación, la prescripción médica o terapéutica para corregir los males sociales. Lo que se exhibe desde el escenario es el cuerpo social, con toda su problemática e imperfecciones, pero a través de una opción escénica estilísticamente enriquecedora y lingüísticamente balanceada.

La temática de este teatro tiene que ver con la gran ciudad: la subcultura de la droga, la violencia de pandillas, la marginación y la pobreza, la prostitución entre adolescentes, la homosexualidad, el racismo, la xenofobia y la migración. El justo tratamiento de estos temas requiere códigos lingüísticos propios que se organizan de acuerdo a la textualidad y polisemia del lenguaje coloquial de los suburbios. La representación de las interrelaciones entre los distintos planos de la realidad se supera los esquemas situacionales de "lógica coherente", en su lugar se potencia la ambigüedad, la plurivalencia de interpretaciones. Del mismo modo, se incorpora masivamente distintos recursos técnicos tales como el cinematógrafo (la ralentización y la sucesión rápida de escenas), los modernos medios informáticos (a través de los cuales se avizora la agitación de la vida urbana y sus nuevos hábitos de percepción), la televisión, el videoclip y la sonorización.

No hay duda que nos enfrentamos a un grupo de teatristas formados e inspirados tecnológicamente, lo cual lleva a pensar en una "generación tecno" más que en otra cosa. Otro de los aspectos que interesa es la indagación de los planos de la alteridad y la marginación que padecen algunos individuos. La mayoría de las obras abren sus registros para que el llamado "otro" articule su propia imagen textual; de esta manera, según se dice, se contribuye a la desmitificación de los paradigmas de representación que sobre el "otro" han forjado los discursos culturales dominantes. El teatro de los 80, además, reinstala al autor y el texto en el lugar que había perdido por efectos de la *creación colectiva*; debe decirse, no obstante, que la reconquista no habrá de durar por mucho tiempo, al menos en el ámbito español. A mediados de la década, la figura del autor se verá sustituida por la del "director-estrella", por los grandes nombres asociados al llamado "teatro de despilfarro" o de altos costes (Casas 10). El escritor, como tantas otras veces, no tendrá más remedio que acomodarse a las nuevas exigencias y confiar en su suerte para en un futuro subir a escena.

La comicidad es otro de los recursos que se pondera. Pero, a diferencia del humorismo ingenuo que fascina a la comedia burguesa, el humor de este teatro se aquilata en una mixtura de auto-ironía y humor negro que incita al receptor a la auto-reflexión sobre la problemática de la vida y sobre las verdades que el poder dominante intenta ocultar. Floeck manifiesta que en el teatro de los 80 el humor tiene las características de una expresión dual distanciada que busca observar el mundo y observarse a sí mismo críticamente (*El teatro español...* 35).[30] Los planos de la alucinación, lo estrambótico, la irracionalidad y la reapropiación de la memoria son recursos que también se trabajan. Este último tema se profesa través de la "inscripción de estructuras, temas, personajes, materiales [y] procedimientos retóricos del pasado" en el seno de un nuevo texto; la actitud paródica del texto resultante se obtiene a través de una "doble codificación articulada en pasado-presente" (F. de Toro, *"Elementos..."* 30).[31] Toda esta matriz de recursos, a la vez que introduce patrones distintos de representación, problematiza la transparente separación que para algunos existe entre realidad y fantasía.

En última instancia, podemos asegurar que a pesar de las complejas reformulaciones metodológicas y de estilo, el teatro de estos autores continúa contando historias y extrayendo sus temas de la realidad habitual; planteando conflictos situacionales que juegan con tópicos y caracteres reales y ficticios; transformando cualquier espacio en lugar de representación; haciendo uso de la nueva tecnología; interrogando la palabra desde los distintos ángulos de inflexión; desarticulando las tácticas narrativas que emplea la Historia para fabricar sus propios discursos legitimadores. La nueva teatralidad, además, abre sus puertas a las distintas disciplinas del saber relacionadas con la semiótica, lingüística, psicoanálisis, post-estructuralismo, teoría de la recepción, estudios post-coloniales, feminismo, etc. Es claro que el interés de estos autores es el afianzamiento de una teatralidad asentada en una poética de lo cotidiano, tanto social como histórico.

El teatro de José Sanchis Sinisterra

José Sanchis Sinisterra nace en Valencia en 1940. A los dieciocho años es nombrado director del Teatro Español Universitario (TEU) de la Facultad de Filosofía y Letras de la Universidad de Valencia. En su carrera profesional Sanchis ha combinado la docencia, la investigación, el ensayo crítico, la dirección escénica y la dramaturgia (su producción supera ya los cincuenta títulos). Desde sus inicios se destaca como investigador y teórico de mucho rigor, exigente en la autocrítica, iconoclasta teatral e indiferente a la "espectacularidad" gratuita del fenómeno teatral. Para él, la brillantez del gran espectáculo es sinónimo de montaje caro, carencia de investigación y de sustancia interna. Su opción estética es el experimentalismos en la creación y la reducción de aditamentos innecesarios en el espacio escénico. Su preocupación constante ha sido la búsqueda de los límites de la teatralidad, de las fronteras que median entre el teatro y otros espacios.

Entre 1960 y 1966 Sanchis funda y codirige el Aula de Teatro de la Facultad de Letras de Valencia, mejor conocida como Grupo de Estudios Dramáticos (GED). En este centro de formación de nuevos prospectos se estimula el análisis de textos – dramáticos y no dramáticos – desde diversas perspectivas a la vez que se procura dar respuesta a las interrogantes teóricas y prácticas de la escena contemporánea. De los primeros resultados del GED descuellan la puesta en escena de autores tan disímiles como lo son Shakespeare, Dragún, Saroyan, Arrabal, Anouilh, Pirandello y los clásicos del Siglo de Oro español. Sobre los textos de estos últimos, se busca desentrañar la "españolidad de la burla" y las causas que mejor testimonian la "epicidad" de la tradición popular. El examen de los materiales, afirma Sanchis, se hacia entonces a partir de un enfoque dialéctico-marxista; de esta manera se evitaba el peligro de caer en la "desprestigiada" modalidad de "el teatro por el teatro", permitiendo a la vez la revisión de las llamadas "creaciones ideológicas" desde la perspectiva enriquecedora de una sociología objetiva".[32] Más adelante, las experimentaciones fueron acogiendo otros métodos de análisis y abriendo sus puertas a otros materiales. Sanchis, por su parte, en esta primera fase de formación, a la par de estar vinculado al GED, será miembro activo del movimiento de teatro independiente, autor de ponencias teórico-dramáticas en coloquios nacionales[33] y director de numerosos montajes.

La producción del autor puede dividirse en dos épocas: una claramente influenciada por la poética de Brecht, que él llama su etapa "dialéctica", y otra de influencias múltiples que engloba escritores y teatristas tales como Beckett, Joyce, Kafka, Pinter, Melville, Cortázar, Sábato y los clásicos españoles. Podría asegurarse que Sanchis es uno de los primeros intelectuales españoles que mejor asimila el teatro épico en una etapa temprana.[34] Afirma el autor que enfrentarse a Brecht no fue tarea fácil, pero al hacerlo "[descubrí a] mi padre, [en sus escritos] descubrí a un autor que conciliaba las preocupaciones estéticas y la constitución de una poética con la lucha política" (Fondevila, L'espai...132). El brechtianismo de Sanchis, no obstante, se sobrepone al dogmatismo metodológico en que otros se enmarañan; lo que a él interesa no es la aplicación mecánica del método sino la resemantización personalizada de sus principios en el contexto español de la época. Comenta el autor, "Nunca he tenido muy buena prensa entre los brechtianos ortodoxos porque a mí no me interesaba la aplicación automática" de sus ideas (132). La novedad de Sanchis reside en combinar los axiomas teóricos del teatro épico con el espíritu crítico del teatro "popular" del Siglo de Oro. Esta fórmula faculta la confección de formas cercanas al "teatro concreto", un paradigma a través del cual se ambiciona reproducir la realidad en su versión más directa, "una especie de neorrealismo muy crítico, muy esquemático" (132).

Es irrefutable la importancia del teatro épico para con la escena europea de la época. Entre otros hechos, contribuyó al perfeccionamiento del concepto lukacsiano de *realismo* y sirvió como un preámbulo del conjunto de relaciones espacio-temporales que exhibían las contradicciones que desgarraban al mundo. En opinión de Sanchis, a pesar de que en el enfoque brechtiano el presente y el futuro no dejan de ser categorías irresolutas son éstas las que mejor explicaban la realidad del mundo. Adecuando los razonamientos de Brecht, Sanchis se sobrepone a la ortodoxia que impregnó al *realismo social* de la España de los sesenta expresando ya en su obra temprana que la lucha por un mundo mejor no se limita a la inexorable separación entre buenos y malos, ni implica un final feliz; el trazado de estos asuntos, según procura demostrar en su obra, es mucho más complejo que eso. En este respecto, Sanchis previene a todos los que por razones de coyuntura social malinterpretan las propuestas de Brecht: "no se trata de convertir la escena en cátedra, estrado o púlpito sino de ver en términos dramáticos las complejas relaciones de los individuos en un mundo igual de complejo" (Aznar, "Introducción" 18).

Asimismo, en esta primera etapa de trabajo el autor amplía un proyecto denominado "teatro concreto", el cual consistía en la formación de equipos de trabajo – integrados por un sociólogo, un director escénico y un autor dramático – que se encargaban del análisis exhaustivo de algunos textos e iniciativas metodológicas. Entre estas últimas estaba el monólogo o cuasi-monólogo épico-brechtiano, sobre todo, las tácticas narrativas que formula. El enfoque inicial era asumir que el monólogo, más que un drama individual condensado, proyecta toda una dimensión histórica a la vez que devela un complejo entretejido de relaciones psicológicas que amolda la conducta de los caracteres involucrados. El texto base del experimento no podía ser más alegórico a la realidad socio-política de la España franquista: *Terror y Miseria en el III Reich*, texto clave en el repertorio de Brecht que exhibe los horrores perpetrados por la Alemania nazi.[35] De los hallazgos de "teatro concreto" sobresalen la formulación del llamado "melodrama épico" – una modalidad híbrida que surge de la mezcla del melodrama popular (según el concepto aristotélico de "catarsis") con expedientes del teatro épico (en especial, el efecto de distanciamiento). Estas experimentaciones dramatúrgicas, puestas en escena y escritos teóricos de franco contenido social pertenecen a la primera fase del autor, o sea la dialéctico-brechtiana.

Sanchis comienza a escribir alrededor de 1957 pero su primera obra, *Tú, no importa quién*, se da a conocer hasta 1962. En el texto de *Midas* (1963) – un combinado de clases-estudio con dirección escénica y escritura, cuya temática se ciñe a las pautas del realismo social – se escudriña críticamente el rol del intelectual-tipo en una sociedad de consumo. En el esbozo de la pieza se quiere demostrar que la ceguera ideológica que caracteriza a este sujeto le impide ver los mecanismos que las fuerzas económicas utilizan para manipular el comportamiento del colectivo social; pero, sobre todo, que dada su presunta irracionalidad y escasa conciencia, resulta ser él mismo un promotor e instrumento de la ideología dominante. *Demasiado frío* (1965) es un "melodrama épico" y, según el autor, es quizás la obra que mejor represente su primera etapa creadora (Aznar, "Introducción" 23). Esta pieza, tanto como *Midas*, encuentra un cercano parentesco con algunas de las propuestas dramáticas de los *realistas*.

La obra examina algunos de los temas más candentes del momento: la pobreza, el bienestar social, la propiedad privada, el abuso de autoridad y de las leyes. El argumento gira en torno a las graves dificultades que enfrenta una familia pobre para obtener carbón y hacer frente a la intensa ola de frío que ataca la ciudad. Presa de desesperación, la familia no ve más remedio que allanar la casa vacía de una familia adinerada que se encuentra de vacaciones y disponer de algunas de las provisiones. Al ser sorprendidos, la policía les acusa de robo y violación de la propiedad privada, y, sin ser escuchados, el jefe de familia es enviado a la cárcel y el resto echado a la calle. Al enterarse el padre de que su sobrinito ha muerto de hambre y de frío, se abalanza furiosamente sobre los guardias a quienes acusa de asesinos; éstos le matan impunemente. La trágica situación contradice la triunfalista campaña publicitaria del régimen que proclama a todos los vientos haber derrotado la ola de frío valiéndose de una eficiente política de protección ciudadana.

En *Algo así como Hamlet* (1967-70) se cotejan en un plano único materiales dramáticos y no dramáticos de procedencia variada: enunciados marxistas, estructuralistas y del psicoanálisis con propuestas épico-brechtianas.[36] Por la misma época, como lo hicieran los *simbolistas* en su debido momento, Sanchis impugna las fórmulas expresivas dominantes calificándolas de obsoletas e instiga al teatro a desvincularse del "prestigio de la palabra", de los "convencionalismos realistas" y de la rigidez de los moldes que aniquilan la imaginación. Su llamado en beneficio de la emancipación del teatro del lenguaje verbal conlleva el mismo espíritu crítico de Artaud, para quien la palabra tiranizaba la expresión dramática. Sanchis, del mismo modo, reprueba a los escritores que optan por ignorar en sus propuestas dramáticas la problemática social y objeta la escisión que algunos establecen entre teatro y sociedad.

En 1971 el autor se establece en Barcelona, ciudad que a la sazón gozaba de un ambiente de complacencia cultural y democracia. Es aquí donde su brechtianismo se fortalece como lo manifiestan algunas de sus propuestas escénicas: *Testigo de poco* (1973), *Tendenciosa manipulación del texto de la Celestina de Fernando de Rojas* (1974), *Historia de tiempos revueltos* (1978), *Escenas de terror y miseria en el primer franquismo* (1979), etc. En *Testigo de poco* Sanchis inquiere en los territorios artaudianos del ritual y la ceremonia, tanteando con lenguajes múltiples para así restar importancia a la palabra. A su vez, el autor explora las vías de creación del teatro del absurdo con la finalidad de encontrar fórmulas estéticas que faculten la representación de los sucesos juzgados irrepresentables (recuérdese las nociones de Lyotard sobre el teatro moderno), es decir, las abstracciones que escapan a las leyes de representación de los métodos comunes de significación. En este sentido, las cavilaciones de Sanchis se enfocan en paradigmas retóricos tales como "la palabra no es la cosa", "el mapa no es el territorio", "los sonidos no

37

pueden hacer escuchar los silencios", "¿Cuántas palabras caben en una mirada?", etc. (Aznar, *"Introducción"* 29).

Tendenciosa manipulación es un ejercicio dramatúrgico que yuxtapone tres poéticas escénicas distintas – épica, dramática (aristotélica) y ceremonial – con el objeto de examinar el texto de Rojas en el marco político del franquismo. El tratamiento que se aplica al texto celestinesco es de perspectiva invertida, es decir, los incidentes que desencadenan la tragedia son vistos a través de la mirada de los personajes 'otros', los menores: Pármeno, Sempronio, Celestina y Areúsa. En la versión de Sanchis, el elemento que causa la muerte de los tres primeros es la codicia que suscita la cadena de oro – objeto-símbolo de riqueza y poder – que Calixto da a Celestina en pago por servicios. La venganza de Areúsa, móvil que conduce a la ruina de Calixto y Melibea, se aventura como "la clave de la catástrofe". El trazado de la obra incita a pensar en las posibles derivaciones que la propuesta de Rojas podría tener en el plano de una realidad cualquiera; o sea, en qué medida factores claves como la astucia, la deslealtad y el engaño son parte integral de la alteridad y "atributos de una nueva conciencia social aún por nacer" (Aznar, *"Introducción"* 30). A partir de estas experimentaciones comienzan a hacerse evidentes dos factores básicos en la dramaturgia de Sanchis: una notada inclinación hacia los sujetos juzgados "menores", "marginales" o "periféricos" y la singularidad de los temas. De esta manera, el autor expresa su repudio por todo lo que se considera "pureza de sangre" en los dominios de la cultura, favoreciendo en su lugar el escrutinio minucioso de lo incógnito, el "envés de la historia, los héroes anónimos, los perdedores de las contiendas, los géneros deleznables..." etc. (Sanchis, *"Los dramaturgos..."* 57).

Para Sanchis, la crítica de la propia producción dramática es tarea necesaria, pero ésta debe de hacerse extensiva a contornos más amplios. En este respecto, el autor culpa al teatro español de las últimas décadas de padecer de un mal endémico: la "pobreza de horizontes" de la gente que hace teatro. Pobreza que se deriva de un discurso teórico que ha querido ignorar toda la epistemología dramática posterior a Brecht. A este hecho se suma la actitud de acomodo de algunos teatristas a la "política teatral dominante que valora el éxito por la cantidad de público" (Sanchis, *"Los dramaturgos..."* 57). Para que el teatro español pueda redimirse del estado de mediocridad en que se encuentra, afirma el autor, éste debe establecer sólidas conexiones con otros territorios de la cultura. El hecho cultural no tiene que ser una eventualidad dispersa sino que debe ser un conjunto, una fuente de creación. El procedimiento que Sanchis propone es la investigación, el riesgo, inclusive, el derecho al fracaso en la creación; por el momento lo que debería existir es un espíritu de investigación seria que estuviera encauzado "hacia lo que tendría que ser el nuevo teatro [en] una situación de libertad, [en] una situación de democracia" (Fondevila, *L'espai...* 136). En suma, la muerte del franquismo debería ser para la gente que hace teatro un punto de partida para la experimentación y la búsqueda de nuevos medios de trabajo.

En 1977 Sanchis funda *El Teatro Fronterizo* (ETF). En el *Manifiesto* de creación se declara que el espacio operativo de la nueva agrupación constituye "un lugar de encuentro, de investigación y creación, una zona abierta y franqueable para todos aquellos profesionales del teatro que se plantean su trabajo desde una perspectiva crítica y cuestionadora" (Aznar, *"Introducción"* 270-71). Los objetivos de trabajo del grupo se orientan hacia la indagación de las "fronteras de la teatralidad"; la conversión de "los mecanismos perceptivos del espectador" y la consumación de una política de "reducción" y "despojamiento de los elementos de la teatralidad" (Monleón, *"Entrevista con Sanchis"* 94).

Declara Sanchis que existe una cultura de fronteras

> que se produce en la periferia de las ciencias y las artes, en los aledaños de cada dominio del saber y la creación, una cultura fronteriza que es una cultura centrífuga, aspirante a la marginalidad, aunque no a la marginación, que es a veces su consecuencia indeseable, y a la exploración de los límites, de los fecundos confines. (Aznar, *"Introducción"* 271)

Como puede verse, la "teatralidad fronteriza" considera una necesidad el establecer circuitos de interacción entre el arte y otras áreas del saber que se ignoraban mutuamente. De lo que se trata, comenta el autor, es de localizar los espacios de confluencia de una serie de materiales dispersos; de manipular de forma "perversa" textos preexistentes y de formular opciones dramáticas "a partir de la intertextualidad establecida con el teatro mismo, o con otras formas no teatrales de expresión, populares, literarias o humanísticas" (Serrano, *"Introducción"* 9). La noción de "intertextualidad" asiente que todo texto es absorción y transformación creativa de otros textos o discursos, esto es, una obra literaria está habitada por las sombras de obras precedentes que conforman el imaginario colectivo, osificado en la ideología y encarnado en el lenguaje.[37] El escritor, en tanto que sujeto receptor y reproductor a la vez, constituye una "función", una instancia de articulación de series variables (Sanchis, *"La chapuza..."* 125). En este respecto, la tarea que Sanchis denomina "manipulación textual" no es una simple operación de adaptación, ni un traslado maquinal de un texto a los convencionalismos del teatro, sino de "efectuar una doble traición: desterrar el texto original de sus primitivas coordenadas... para resituarlo en el contexto de la escena como un objeto anómalo, foráneo, aunque no exótico; reconocible pero no familiar en las fronteras de la alteridad" (*"La chapuza..."* 123). El texto resultante es "un dispositivo literario que finge respetar los códigos del teatro vigente y los condicionantes ideológicos pero sólo para posibilitar en el trabajo de puesta en escena un juego de distorsiones y substracciones tendente a subvertir las expectativas y los hábitos perceptivos del público" (*"La chapuza..."* 124).

En las piezas de Sanchis, según sus propias palabras, "el contenido está en la forma". En el pasado, afirma el autor, las tentativas de renovación de la escena española sólo afectaban los contenidos ideológicos de los textos, no se tomaba en cuenta que una contextura conservadora y reaccionaria volvía conservadores y reaccionarios los contenidos progresistas (Fondevila, *L'espai...* 137). Aunque para algunos los criterios de Sanchis obedecen a un puro formulismo estructuralista, éste asegura que se trata de una opción consciente:

> El teatro, vamos a decir, progresista, incluso en la época del franquismo, se basaba en una concepción de la teatralidad como mucho valleinclanesca, como lo más moderno, o utilizando formas como la revista musical... Me decía que no debe pensarse de una manera radical la naturaleza de la teatralidad. Es verdad que el foco de atención estaba en los aspectos formales; parto de la ecuación de que una forma nueva es susceptible de crear no tanto unos contenidos nuevos como una actitud receptiva nueva. Para mí, la modalidad que el teatro puede ejercer en la sociedad no sólo es a nivel de transmitir contenidos, sino modificar el modo de percibir la realidad. (Fondevila, *L'espai...* 137)

Entre los núcleos temáticos de sus obras se localizan los siguientes: las acciones casi siempre ocurren en teatros (teatro en el teatro) o en espacios marginales carentes de lo más mínimo. En estos lugares casuales, llenos de peligro y a la vez de magia, "sucumben algunos de sus personajes".[38] Del mismo modo, la gran mayoría de sus personajes son marginales (o marginados), ínfimos cómicos "de mucho camino andado, mucho camerino con cucaracha [y] meada en la pared" (Casas 15). En los confines de la "teatralidad residual" del autor, tierra de nadie y de todos a la vez, "los ecos del poder no llegan"; todo es percibido desde la "otra" orilla (Fondevila, *L'espai...* 139). En estos espacios de la ambigüedad y la dispersión, todas las luchas reivindicativas son válidas, las de antes y las de ahora. Lo que se renueva constantemente son las tácticas de enfrentamiento.

En el teatro de fronteras hasta los mismos fundamentos sistémicos e ideológicos del teatro son sometidos a enjuiciamientos. No hay que olvidar, alega el autor, que lo que hoy se designa *teatro* no es más que una forma particular del hecho cultural, "una estructura sociocultural generada por y para la burguesía en una etapa de su evolución histórica" (Aznar, *"Introducción"* 34). Si en verdad se quiere erigir un teatro de genuina raíz alternativa, no basta el simple roce con el pueblo ni la mudanza de los tenores ideológicos de las obras, "la ideología se infiltra y se mantiene en los códigos mismos de la representación, en los lenguajes y convencionalismos estéticos". Sólo alterando "la teatralidad misma puede el teatro incidir en las transformaciones que engendra el dinamismo histórico".[39]

La respuesta de Sanchis ante este orden de cosas ha sido incursionar en los espacios de la alteridad, en las orillas de la teatralidad, en los lugares de desencuentro en donde se aquilata el trabajo dramatúrgico sobre textos no pensados para el teatro. Esta última empresa, según comenta Pérez-Rasilla, ha ocupado buena parte del tiempo del autor y le ha obligado a indagar en los territorios de la física quántica, la teoría del caos, la teoría general de los sistemas, la narratología, la lingüística pragmática, etc. (*"Introducción"* 14). El proceso de transferencia de un texto no dramático a los registros del teatro, reitera el autor, se efectúa a través de la confección de una propuesta textual cuyos dispositivos sistémicos se encuentran en correspondencia directa con los bloques escénicos redimibles de la interioridad del texto base; es decir, lo que se busca es establecer una especie de contraste entre "narratividad" y "teatralidad". El producto final se logra a través de un proceso denominado de "condensación" y "manipulación dramática" (Sanchis, *"Beckett dramaturgo..."* 8-18).[40] Esta faena, por lo que tiene de trabajo artesanal, posibilita esa cierta objetividad entre lo intuitivo y lo racional, entre el "pensamiento mágico" y el "conocimiento científico" que Lévi-Strauss atribuye al artista lo mismo que al *bricoleur*.[41]

Teoremas de esta índole constituyen la esencia del trabajo de ETF a partir de los ochenta. Algunos de los proyectos escénicos que se insertan en la discursividad fronteriza de Sanchis son *La noche de Molly Bloom* (1979), *Ñaque, o de piojos y actores* (1980) y *¡Ay, Carmela!* (1986). Los siguientes textos también se incluyen en la nueva dramaturgia, aunque presentan algunas variantes de estilo: *El gran teatro natural de Oklahoma* (1982) (dramaturgia sobre textos de Kafka); *Informe sobre ciegos* (1982) (dramatización de un capítulo de la novela *Sobre héroes y tumbas* de Ernesto Sábato*);* *Moby Dick* (1983) (dramati-

41

zación basada en la novela de Melville); *Bartleby, el escribiente* (1989) (dramaturgia del relato del mismo título, de Melville); *Primer amor* (1985) (dramaturgia sobre un texto de Beckett); *Carta de la Maga al bebé Rocamadour* (1986-87) (dramaturgia basada en *Rayuela*, la novela de Cortázar) y otros textos en su mayoría inéditos.[42] A partir de sus primeros montajes ETF ponen en marcha los principios expuestos en el *Manifiesto* fundacional. En *La leyenda de Gilgamesh* (1978), por ejemplo, se ausculta la génesis de la teatralidad y los procesos de articulación de lo teatral a partir del juego dramático y la narración oral (Aznar, *"Introducción"* 37).[43] En *Historias de tiempos revueltos* (1979), se resemantizan dos textos claves de Brecht: *El círculo de tiza caucasiano* y *La excepción y la regla*; el propósito era indagar la interdependencia que existe entre narración oral y representación dramática, lo mismo que extraer la "gama de matices intermedios [situados] entre la epicidad y la dramaticidad" (Fondevila, *L'espai...* 138). En *La noche de Molly Bloom* (1979), tercer montaje del *Fronterizo*, Sanchis escamotea algunos de los ingenios que ofrece el monólogo interior brechtiano. La pieza es una dramatización del último capítulo de *Ulises*, un largo monólogo impuntuado que cierra la novela de Joyce. El argumento gira en torno a la agitada interioridad de una mujer que se debate en soledad en una noche de insomnio. La expresión escenográfica, a diferencia de la complexión del texto, se ajusta a la perspectiva minimalista del teatro de Beckett: una actriz, el bulto de un hombre dormido, una cama, unos cuantos sonidos y la penumbra de una habitación.[44]

El cuarto montaje, *Ñaque, o de piojos y actores*, constituyó un giro decisivo en la trayectoria dramatúrgica de Sanchis. En primer lugar, el autor obtuvo el Premio "Artur Carbonell" del FIT de Sitges de 1980 – lo cual supuso un merecido reconocimiento al esfuerzo de largos años de dificultades y de mínimo respaldo oficial. Segundo, la particularidad del montaje significó un "punto de inflexión" que habilitó la irrupción en los dominios del metateatro o autorreferencialidad del teatro (Aznar, *"Introducción"* 38). Tercero, Sanchis sondea por primera vez la llamada "escritura de la penuria" – noción que el autor adjunta a la dramaturgia de Beckett.[45] En lo que respecta a la autorreferencialidad del teatro, Pavis asegura que la acción supone el despliegue de un "teatro cuya problemática está centrada en el teatro y que por tanto, habla de sí mismo, se 'autorrepresenta'" (289). Lo que demanda esta modalidad es que la realidad descrita aparezca como ya teatralizada y que el lema principal sea "la metáfora de la vida como teatro" (Pavis 288). Ejemplos clásicos de lo anterior serían algunas de las obras de Calderón, Shakespeare, Pirandello, Beckett y Genet, textos en los que el metateatro entraña una forma de antiteatro que difumina la frontera entre la obra y la vida (Pavis 289). En lo que respecta al teatro contemporáneo, un ejemplo notable sería la puesta en escena que ofrece a la vez la escenificación, la actitud y la modalidad de los creadores frente al texto y su interpretación; es decir, la trama no sólo cuenta una historia sino que "refleja el teatro y reflexiona sobre él, integrando este reflejo-reflexión [...] en la representación" (Pavis 290). Los señalamientos de Pavis se ajustan adecuadamente a los planes de Sanchis cuando éste introduce en su tentativa dramática una condición dual de crítica y metacrítica. Este procedimiento binomial sirve como un dispositivo que ayuda al espectador a transcribir la intensa intertextualidad y autorreferencialidad que el autor emplea en textos tales como *Ñaque* y *¡Ay, Carmela!*

Efectivamente, para Sanchis, al igual que Pavis, el teatro contemporáneo, más que las otras artes, tiende a la autorreferencialidad: "El arte más progresivo de nuestro tiempo habla fundamentalmente de sí mismo, se interroga sobre su especificidad, discute sus procedimientos, cuestiona sus convenciones, desorganiza sus códigos, defrauda sus expectativas [y] proclama sus límites" (Sanchis, *"Teatro en un baño..."* 141). Estos razonamientos quedan confirmados si examinamos la ordenación de *Ñaque*. En un primer nivel, el eje temático de la pieza es una reflexión sobre los instrumentos de la teatralidad y sus fronteras, específicamente, sobre los causantes implicados en la representación: autor, actor, personaje, público. En un segundo nivel, el autor ausculta, ante los ojos de un receptor contemporáneo, las circunstancias que contribuyeron a la casi total marginación de la picaresca en el Siglo de Oro español. Con sus "cómicos de la legua" – Ríos y Solano, la pareja que constituye un *Ñaque* – Sanchis verifica la frágil condición padecida por estos actores; las engañifas que utilizaban para esquivar las constantes persecuciones del Santo Oficio y así poder juntarse con su público en el encuentro fugaz de la representación. Al final de *Ñaque* es claro que la insensatez de los poderes de la época tuvo la culpa de que el arte de los pícaros, juzgado "menor", fuese amenazado.

Ríos y Solano son los protagonistas del relato épico *Viaje entretenido* del escritor áureo Agustín de Rojas. En su texto, Rojas narra las andanzas y peripecias de dos cómicos ambulantes que se valen de los más audaces subterfugios para sobrevivir de su arte "plebeyo" en un mundo cerrado y hostil. Sanchis toma prestados ambos caracteres y reconstruye su "arte residual" para aplicar una nueva mirada al contexto socio-político en cuestión.[46] Según subraya el autor, la estructura de *Ñaque* obedece al principio dramatúrgico del "conglomerado", el cual tiene parentesco con otro denominado de "dramaturgia cohesiva". El sostén del "conglomerado" se basa en la amalgama de distintas partes en un todo pero observando la diversidad de sus componentes. El resultado se somete a las leyes que dicta el sentido de un nuevo texto y contexto siendo la fase final del proceso la teatralidad "cohesiva" o la "puesta en espacio", esto es, la recontextualizacion espacial y temporal del texto híbrido resultante (Sanchis, *Por una teatralidad...*" 9-11). En el entretejido de *Ñaque*, aparte del texto de Rojas, se hallan entremeses, sainetes, loas, bailes, jácaras, mojigangas, follas, matachines, etc. Todos estos elementos, sumados a una drástica reducción de los componentes escénicos constituyen la esencia del encuentro fugaz de Ríos–Solano con el espectador de hoy.

Se ha dicho ya que *Ñaque* significó para Sanchis un decisivo encuentro con el teatro de Beckett. Pero antes de llegar a él declara el autor haberse enfrentado a la narrativa vanguardista de Kafka, Joyce, Melville y Pinter.[47] Nos dice que el estudio de la obra de estos autores iría planteando una serie de interrogantes teóricas que confluiría en un parcial abandono de las premisas brechtianas motivando a su vez una decisiva apertura hacia "la escritura de la penuria" y "la teatralidad de la angustia" (ambas nociones asociadas con Beckett). El cambio de rumbo, según se atestigua, se relaciona directamente con el desencanto sufrido ante la perdida de credibilidad de los discursos de izquierda y la nueva distribución de poder a nivel mundial. Comenta Sanchis sobre su propio trabajo y el de su grupo generacional:

> Derrotadas aquellas banderas, derrotada la letra y el espíritu de aquel teatro "épico" de Brecht, sepultadas las playas del paraíso revolucionario bajo los adoquines, el absurdo de los tiempos históricos nos iba revelando el rigor implacable y la lucidez esplendorosa de la "absurda" dramaturgia beckettiana. (Aznar, *"La deuda..."* 8)

Efectivamente, la influencia de Beckett (finales de los setenta) señalaría el comienzo de una segunda etapa del autor como teórico, director y autor dramático. Este hecho se comprueba en el *Prólogo* a *Ñaque*. En este cuasi-manifiesto, se elucida la relación de parentesco que existe entre Ríos–Solano y Vladimir–Estragón (ambos personajes de *Esperando a Godot*, de Beckett); se certifica que los cómicos de Sanchis, como los *clowns* de Beckett, llegan al *aquí* y *ahora* de la representación después de "un largo vagabundeo a través del espacio y del tiempo". En su largo trajinar, Ríos y Solano

> Han de repetir ante el público su tosco espectáculo, a medio camino – en la frontera – entre el relato y la interpretación, pero el cansancio, el aburrimiento, las dudas y los temores

44

retrasan e interrumpen una y otra vez su actuación en un diálogo que – deliberadamente – los emparenta con Vladimir y Estragón, los ambiguos *clowns* de Samuel Beckett. (Sanchis, *"Prólogo..."* 67)

Afirma Sanchis que Beckett fue el gran maestro de las "fecundas enseñanzas fronterizas"; del "despojamiento escénico"; del "adelgazamiento" del tema y la fábula; del descenso a un "grado cero" de la acción dramática; del concepto de personaje; de la personificación de "la fragilidad de la condición humana" por parte del actor-cómico, etc. Efectivamente, buena parte de estas nociones beckettianas aparecen condensadas en obras como *Ñaque*: p.e., ambos cómicos son disminuidos a la condición de piojos, sujetos envilecidos "al borde de la evanescencia" que se sostienen gracias a "su memoria"; si ésta flaquea, como ocurre a Solano en más de una ocasión, el personaje sufre estremecimientos de muerte ya que encara la "disolución de su identidad" (Aznar, *"La deuda..."* 8-10).En suma, Beckett supuso para Sanchis una teatralidad concreta, inmediata y directa; un teatro que no rehuye el amor, la ternura ni el patetismo. No cabe duda que al hablar de *Ñaque* es menester establecer un diálogo intertextual con *Esperando a Godot, Happy Days* y *Fin de partida.*

En la misma línea de *Ñaque* se forja *¡Ay, Carmela!*, segunda pieza de la trilogía denominada *Del espacio vacío*, que culmina con *El cerco de Leningrado* (1993).[48] Los protagonistas de *¡Ay, Carmela!*, Carmela y Paulino, al igual que Ríos y Solano, son cómicos residuales, artistas de *varietés* de poco brillo que por una mala jugada del destino son pillados en una situación absurda en el marco de la Guerra Civil.[49] El trágico final de ambos es dictaminado por un pequeño error de cálculo: sin advertir cruzan la zona de operaciones militares que separa a las tropas republicanas de las fascistas en el área de Belchite. Al ser prendidos por los nacionales son obligados (bajo amenaza de muerte) a improvisar ante las tropas "una Velada Artística, Patriótica y Recreativa" para vitorear la liberación de la zona del control enemigo. A la celebración (realizada curiosamente en el pequeño teatro Goya que yace en ruinas) son forzados a asistir algunos prisioneros republicanos que serán fusilados al día siguiente. Al negarse Carmela a ultrajar los símbolos de la república, como una muestra de compasión ante los prisioneros, y lanzar eufóricas acusaciones desde la escena, sus captores y público de la sala, la fusilan impunemente.

Lo mismo que *Ñaque*, *¡Ay, Carmela!* se ciñe a las reglas de acoplamiento que dicta la noción de "desmesura" – variedad escénica de perspectiva múltiple que combina lúdicamente algunos dispositivos del

45

metateatro (autorreferencialidad) y el metatexto. Un arquetipo de "desmesura" sería la ecuación actor-personaje-personaje; o sea, actores encarnando personajes que a su vez encarnan otros personajes. Asimismo, el público de la sala (o virtual) ostenta su propio doble, el público implícito (o teatral) de la obra (por ejemplo en *¡Ay, Carmela!* y *El retablo de Eldorado*); el segundo es observado por el primero, pero desde la escena los dos se conjugan en uno solo. El humor en sus múltiples manifestaciones es factor esencial en estos textos y se logra trasladando situaciones no necesariamente jocosas a contextos enteramente diferenciados.[50] La reciprocidad del público virtual es también fundamental, éste no sólo debe ser consciente de que es una dilatación del público teatral sino responder como si así lo fuera. Lo mismo que en obras tales como *Los figurantes*, *El retablo de Eldorado* y *El cerco de Leningrado*, al público se le interpela directa o indirectamente para arrancar una reacción silenciosa o explícitamente interactiva.

Asimismo, en variedad de ocasiones los actores-cómicos invocan la memoria del público para que no los olvide, p.e., el Soldado Marañon, en *Lope de Aguirre, Traidor*, Chirinos y Chanfalla en *El retablo de Eldorado* y Ríos-Solano en *Ñaque*; para ellos rememorar es existir, lo opuesto sería la muerte. La persistente interpelación, además, sirve como un mecanismo que busca mantener alerta al público (obsérvese la huella de Brecht y su principio sobre el *distanciamiento*) para que no olvide que se enfrenta a una función teatral que quizás tiene poco o nada que ver con su realidad. Incuestionablemente, para los teatristas españoles del último cuarto de siglo el futuro del teatro descansa en la persistencia de un dialogo productivo con el público; en hacer que éste se sienta parte esencial de la representación y en sistematizar procedimientos cuya finalidad sea el binomio acción-reacción. En este respecto, Sanchis juzga que la fortuna del teatro se encuentra en "la focalización del cuarto componente", el receptor contenido que forma el "eje de nuevas articulaciones de la relación teatral". Asistir al espectáculo de hoy, apunta el autor, debería ser lo mismo que concurrir a nuestra propia condición de espectadores (Aznar, "*Introducción*" 52-57).

Los años ochenta y noventa fueron fructíferos para Sanchis; logro completar la trilogía dedicada a América – *El retablo de Eldorado* (1984), *Lope de Aguirre, Traidor* (1977-1986) y *Naufragios de Alvar Núñez o La herida del otro* (1991) – y la trilogía de *El espacio vacío*.[51] Asimismo, a partir de la apertura de la Sala Beckett (1988) en la ciudad de Barcelona, lugar que desde un principio se destinó a la investigación y experimentación,[52] ETF estrenó *Los figurantes* (1988), *Pervertimiento y otros gestos para nada* (1986), *Perdida en los Apalaches* (1990) y otras obras. El mismo año 88, *¡Ay, Carmela!* fue la pieza inaugural del FIT de

Bogotá y de clausura del FIT de Caracas. En 1989 se estrena *Bartleby, el escribiente*, dramaturgia basada en la novela del mismo nombre de Melville. En 1990, se realizó la *Muestra antológica de ETF* con la presentación de cinco obras: *Ñaque, Mercier y Camier, Primer amor* (ambas obras de Beckett), *Informe sobre ciegos* y *Minim.mal Show*. En 1997, Sanchis se asienta en Madrid e imparte cursos de escritura teatral en la Escuela de Letras, en la Real Escuela Superior de Arte Dramático y en la Sala Mirador.[53] A estas ocupaciones se suman los cursos, talleres, conferencias y participación en numerosos jurados de premios teatrales, tareas que el autor realiza de forma permanente en América Latina.

NOTAS

1. El nuevo *Manifiesto* se dividía en un *Prefacio* y once apartados; su texto se ocupaba de la censura, los Festivales de España y Premios Nacionales (de los que se demandaba su total eliminación), la decentralización, los Centros oficiales de teatro y la petición de función única (García Lorenzo16).

2. De los autores mencionados destacan José María Rodríguez Méndez, *Los inocentes de la Moncloa* (1961); Carlos Muñiz, *El tintero* (1961); Lauro Olmo, *La camisa* (1962), José Martín Recuerda, *Las salvajes de puente San Gil* (1963); Antonio Gala, *Noviembre y un poco de yerba* (1967); Agustín Gómez Arcos, *Diálogos de la herejía* (1964); Alfredo Mañas, *La feria del come y calla* (1965) y otros.

3. Según Pavis, por esta vía nos acercamos a la "operación brechtiana", la cual no se circunscribe a una estética en particular sino que funda un método de análisis crítico de la realidad y de la escena basado en teorías marxistas. En la época apuntada, era este el método que cimentaba las experimentaciones e investigaciones de la puesta en escena realista (381).

4. Según Oliva y Pérez-Stanfield, fue el crítico José Monleón quien a principios de los 60 bautizó a estos autores como *realista*; para él, este grupo constituían un verdadero núcleo continuador de la obra de Buero y Sastre (Oliva, *El teatro desde...* 222). Vilches de Frutos afirma que fue Alfonso Sastre quien primero utilizó el término "para calificar a unos autores que procuraban mostrar en sus obras la realidad con independencia de las técnicas utilizadas" (*"La generación..."* 128).

5. Nel Diago sostiene que el Teatro independiente "arremetió con la furia de un huracán contra el viejo sistema teatral, que tenía siglos de antigüedad, y lo dejó fatalmente herido de muerte" (83).

6. En este respecto, Roland Barthes escribe "We are now beginning to let ourselves be fooled no longer by the arrogant antiphrastical recriminations of good society in favour of the very thing it sets aside, ignores, smothers or destroys; we know that to give writing its future, it is necessary to overthrow the myth: the birth of the reader must be at the cost of the death of the Author" (*The death of...* 172).

7. Guillermo Heras, integrante del grupo *Tábano*, atestigua que por razones de censuras era casi imposible seguir la trayectoria de las agrupaciones teatrales internacionales asociadas con las vanguardias. Sin embargo, a partir del 67, año en que el *Living Theatre* llega a España por primera vez, los grupos independientes se enfrentan con experiencias similares a las propias al entrar en contacto con los teatros *off, San Francisco Mime Troup, Bread and Puppet* y el *Teatro Chicano* de los EEUU. Asimismo, por la misma época se conoce el teatro de Brecht y del absurdo de Ionesco y Beckett. Además, se exploran ya algunas de las fórmulas del método de Stanislavsky y del teatro de la crueldad de Artaud (Rueda y Van Everven, *"Entrevista..."* 111-120). Alberto Miralles, por su parte, destaca la *"creación colectiva"*, el *"teatro callejero"*, las *"vanguardias sensualistas"* del 68, los *"happening* y las nueva técnicas europeas" (*"El nuevo teatro... 22*).

8. En el importante estudio de Wellwarth, dedicado a este grupo de autores cuya *generación* denomina *underground*, se formula en lengua inglesa toda una serie de reflexiones encaminadas a dilucidar el contenidos de sus textos. Wellwarth, no obstante, en opinión de algunos críticos, excluye de su lista a algunos de los autores con obra verdaderamente representativa del modelo de teatro que defiende pero incluye otros que no llenaban los requisitos. Se le acusa, además, de ignorar a los *realistas*, cuya obra, si bien busca vertientes estético-ideológicas distintas a la de los *simbolistas*, fue víctima asimismo de una total marginación.

9. Algunos de estos autores aparecen reunidos por primera vez en la lista de Wellwarth: José Ruibal, Martínez Ballesteros, Luis Matilla, Miguel Romero Esteo, Martínez Mediero, José María Bellido, Jerónimo López Mozo y Vicente Romero. A esta nómina habría que agregar otros nombres igualmente importantes: Luis Riaza, Alberto Miralles, Jordi Teixidor, García Pintado, Jesús Campos, Domingo Miras y Alfonso Vallejo.

10. Ruiz Ramón llama a este grupo "no realista" y apunta que, a diferencia de los *realistas*, el tratamiento que estos autores dan a sus obras tiene sus propios fundamentos: p.e., "el personaje dramático dotado de conciencia individual o de autonomía personal" es sustituido por "el personaje-signo"; su discurso crítico no se circunscribe al lenguaje verbal únicamente sino que toma como base un conglomerado de dispositivos; esto es, se prefiere un lenguaje escénico, verbal y no verbal, el cual se combina con la "acción atomizada" de los planteamientos situacionales, lo mismo que con fórmulas "parabólicas" para multiplicar los significados (*Estudio... 190-91*). Vilches de Frutos, por su parte, señala que para estos autores la simbolización y la alegoría "pasaron a ser los instrumentos de comunicación más habituales en estructuras fragmentadas, en las que las acotaciones adquirían un gran protagonismo llegando, incluso, a plantearse el recitado de las mismas" (*"La generación..."*129). Véase, además, el estudio que Oliva dedica a los *simbolistas* (*El teatro desde... 337-424*).

11. Considerando las matizaciones de etilo en los textos *simbolistas*, Ruiz Ramón identifica al menos tres tendencias que denomina: 1) "realismo-naturalismo crítico"; 2) "neo-expresionismo crítico"; y 3) farsa popular de origen "esperpéntico" o "arnichesco" que se combina con la llamada "modalidad trágica" ("tragedia grotesca") cercana a la expuesta por Lorca y Alberti. (*"Prolegómenos..."* 4-9). Entre los postulados vanguardistas a los que se aboca la nueva teatralidad figuran los teatros del absurdo, épico, pobre (Grotowsky), documento (Weiss), farsa-

esperpento (Valle-Inclán) y las síntesis Brecht-Artaud, Brecht-Stanislavski, o Brecht-Living; además, destacan el teatro *happening*, el metateatro y psicodrama, teatro-espectáculo y los experimentos de la creación colectiva (Sinisterra, *Las dependencias*... 72).

12. Sobre el lenguaje de los *simbolistas* o *Nuevos Autores* Ruiz Ramón asegura que o bien sus textos "estaban escritos en clave para burlar la censura, o eran propuestas tan pueriles que podían ser descifradas sin esfuerzo por menores de edad mental". Para López Mozo, las observaciones de Ramón encierran una "crítica negativa" que más que dilucidar los hechos con el rigor crítico de un profesional revelan un exacerbado subjetivismo y pobreza analítica ("*El 'Nuevo Teatro'*..." 18).

13. Para Pérez-Stanfield, la "estética totalizadora" de estos autores implica la existencia de un texto que necesariamente envuelve un subtexto que se revela "a través de 'todo' el lenguaje escénico". Esta operación, sin embargo, de ninguna manera denota que las propuestas de estos autores se encuentran "cerrada[s] a la comprensión por exceso de un alegorismo o simbolismo" que pudiesen empañar o convertir en códigos que hay que descifrar (289-90). Para Ragué-Arias, una de las características más sobresalientes de esta textualidad es la simbología que incluye no sólo animales sino nombres propios tales como "Padre, Jefe, Poder, Creón, Nerón, Cacique u otros similares" que resultan ser trasuntos de la figura del dictador (59).

14. En el análisis de Miralles sobre la pieza de García Pintado, *Gioconda-Cicatriz*, se revelan algunas de las estrategias que emplean estos autores para evadir la censura al mismo tiempo que se ausculta la heterogeneidad de sus componentes (*Nuevo Teatro*... 155-193). Asimismo, algunos de los procesos de escritura que se fundamentan en otros discursos textuales (la intertextualidad, el dialogismo, el genotexto en la creación), la "dramaturgia de cohesión" o "fronteriza", serán examinados más adelante cuando nos ocupemos de la obra de José Sanchis Sinisterra.

15. Para Foucault, "the *author-function* is characteristics of the mode of existence, circulation, and functioning of certain discourses within a society" (202); o sea, que quien posee la facultad de ser o no ser autor es decretado por este factor. Foucault, a su vez, procura demostrar que la noción de *autor* que prevalece en las sociedades modernas, "which we tend to take for granted, as a timeless, irreducible category is, rather, a *function* of discourse which has changed in the course of history. [For instance], before the Renaissance, the attribution of a text to an author was more important in sciences than in literature, the inverse is true in the era of humanism and capitalism" (196).

16. Para Floeck, el teatro de los *simbolistas* es esencialmente "antiliterario"; esto es así debido a que el texto se considera únicamente un pretexto para la puesta en escena y lo verbal "una posibilidad de expresión entre otras". Según el crítico, lo anterior significa que "los códigos escenográficos no verbales y los requisitos de técnicas visuales y acústicas hasta el lenguaje corporal del actor aparecen juntos en escena en pie de igualdad" (*El teatro español*... 28). En lo que respecta a las nociones de *texto espectacular* y *texto dramático*, ver el estudio de Marco de Marinis *Hacia una teoría de la recepción teatral* (pp. 27-35).

17. Ursula Aszyk comenta que en el período de la Transición, la crítica en general consideraba la obra de los *simbolistas* o *Nuevos Autores* como "vanguardia envejecida" y nebulosa; se creía que el supuesto "bajo valor cultural" de sus obras podía medirse en términos del "bajo nivel de representaciones" (*"La cuestión..."* 139). Para Miralles la "estrategia general del olvido", impuesta por los "padres de la transición política" sobre la obra de los *simbolistas*, sólo se compara con "un genocidio cultural". Agrega el crítico que "Quien hubiera vivido durante la dictadura, contra la dictadura, se convertía en el recuerdo molesto de un pasado que ensuciaba el presente.... Leprosos a los que había que recluir en los lazaretos del rechazo y del olvido" (En López Mozo, *"El 'Nuevo Teatro'..."* 19).

18. Entre los retirados figuran Carlos Pérez Dann (Premio Arniches de Teatro con la pieza *Mi guerra*); Diego Salvador (Premio Lope de Vega con la pieza *Los niños*) quien cambió el teatro por la novela de ciencia ficción a partir de 1982; Ángel García Pintado, quien también se cambió a la novela a partir de los 80, y Manuel Pérez Casaux optó por la poesía a partir del 85. Luis Matilla abandonó el teatro político para incursionar en el teatro infantil (López Mozo, *"El 'Nuevo Teatro'..."* 19). José María Bellido, a la primera oportunidad, cambió el teatro político por el comercial; la mudanza, sin embargo, no significó la renuncia a algunos de sus principios básicos (Oliva, *El teatro desde...* 354).

19. Entre los *Independientes* que lograron mantenerse y continuaron una línea de trabajo exitosa figuran: *Els Joglars, Els Comediants* y *La Cuadra de Sevilla.* Sobre los *simbolistas*, Vilches de Frutos comenta que aunque el periodo comprendido entre 1987-1991 pasará a la historia como uno de importantes ausencias de sus textos, en los años 90 hubo una considerable recuperación (no explica de qué tipo) de algunas de sus obras que anuncia un cambio de perspectiva (*"La generación..."* 128). También López Mozo se muestra optimista ante el manifiesto cambio: "ahora que el teatro español... empieza a gozar... de buena salud, hago público que, a pesar del largo viaje que llevamos a hecho [los *Nuevos Autores*], no estamos cansados. Estamos jóvenes y dispuestos a ocupar un lugar en la vanguardia autoral de nuestro país" (*"El 'Nuevo Teatro'..."* 22).

20. Según Oliva, el público asistente encontraba en este teatro lo que la sociedad le negaba: "la crítica política, el lugar de reunión, la intencionalidad, sal gorda y divertimento, con una imprescindibles gotas de estética" (355).

21. Miralles sostiene que algunos de los logros fueron positivos; por ejemplo, la dinámica motivó la apertura de locales nuevos, muchos de ellos no pensados para el teatro: plazas, mercados, almacenes, tabernas, etc. Sin embargo, "los fracasos hicieron olvidar injustamente los éxitos... Una condena global cayó, no sólo sobre algunas obras... sino sobre 'todos' los autores que habíamos escrito durante el franquismo, negándosenos la obvia capacidad de evolucionar al compás de la sociedad" (*"El Nuevo Teatro..."* 22).

22. En palabras de Roman Ingarden, "the places of indetermination in the literary work are those places that are not determined by the objective strata of the narrative: they are that part of the work that the reader must complete. It is that which is not said, but suggested, by the text" (En F. De Toro, *Theatre...* 98).

23. En el contexto español destacan como ejemplo las propuestas teatrales de *La Fura dels Baus*, grupo catalán fundado en 1979 en cuyo documento fundacional, *Manifiesto Canalla* (1984), se auto-define como "una organización delictiva den-

tro del panorama actual del arte". La obra de Alfonso Vallejo es clasificada por algunos de "postmoderna". En el teatro de este autor, comenta Ursula Aszyk, "todo es posible, el muerto puede hablar, el tren puede pasar por una clínica, el médico resulta ser un violento criminal y el revolucionario puede convertirse en dictador" ("*La cuestión...*" 144). Para un estudio más profundo sobre el llamado *teatro postmoderno* en los ámbitos de España y América Latina, a parte del estudio de Aszyk, se recomiendan los de Alfonso y Fernando de Toro, Erika Fischer-Lichte y Wilfried Floeck.

24. Christophe fue el emperador negro que gobernó con mano dura la nación de Haití al separarse ésta del poder colonial francés en el siglo XIX. Otros de lo textos con los que, según Berenguer, se mantiene un diálogo son *El señor presidente*, de M. A. Asturias, *El otoño del patriarca*, de G. García Márquez y *El arquitecto y Emperador de Asiria*, de F. Arrabal (204). A estos textos se suman *Yo el supremo*, de Roa Bastos, *El reino de este mundo*, de A. Carpentier, y algunas dramatizaciones de E. Buenaventura.

25. Según Berenguer, en la obra de Ruibal, al igual que en algunos de los textos "surrealistas franceses", se crea un plano de lo real "más allá de la realidad representada de una forma 'aspectual', y por ello más comprometida con el mundo real. Lo real , en toda su complejidad, es la base material de su producción dramática" (196).

26. A partir de ese momento, dos claras "reconversiones" afectan la vida teatral española: primera, la transformación de los grupos independientes en elencos estables – un cambio cuya política, según se creía, primaba la dedicación completa de éstos frente al carácter "amateur" de aquellos. Segunda, la consolidación de los teatros nacionales en una entidad única, el Centro Dramático Nacional (1978), por medio del cual se aspiraba a la formación de "un gran teatro estable, que en definitiva fuera modelo de lo que los primeros gobiernos de la democracia deseaban para la escena" (Oliva, "*El Teatro*" 437).

27. En esta época, el llamado "teatro de contenido cultural" o alternativo se vio de pronto ensombrecido por una vasta producción dramática más interesada en la expresión de una libertad sexual largamente reprimida y en el éxito económico inmediato.

28. Para muchos, el término *neorrealista* no está exento de controversia, lo mismo que no expresa adecuadamente la complejidad de las obras de estos autores. En lo que no parece haber duda es en el hecho de que este nuevo grupo lo integran autores que no padecieron personalmente la Guerra Civil ni los años difíciles de la posguerra. En su gran mayoría, según apunta Floeck, son "autores que iniciaron su producción dramática... en el período de la transición o en los primeros años de la democracia" (*El teatro español...* 31).

29. Algunos de los miembros de este grupo, sin pecar de exhaustivo, son José Sanchis Sinisterra, José Luis Alonso de Santos, Fermín Cabal, Joseph María Benet i Jornet, Domingo Miras, Francisco Nieva, Alfonso Vallejo e Ignacio Amestoy.

30. Flock sostiene que el importante rol que juega la comicidad en el teatro español de los 80 y 90, recuerda la tradición de los *Independiente* y la del teatro comercial. El empleo de la auto-ironía, la sátira y el humor negro en los textos de

51

estos autores, a la par de una palpable actitud crítica, implica descarga, escape, auto-complacencia.

31. Algunos de los textos de Sanchis que hacen suyos estos planteamientos son: *Ñaque o de piojos y actores, ¡Ay, Carmela!, El retablo de Eldorado, Naufragios de Alvar Núñez o la herida del otro* y *Lope de Aguirre, Traidor*.

32. Las actividades del Aula y Seminario de teatro demandaban la investigación de "las relaciones entre marxismo y teatro a partir no sólo del teatro épico sino también del teatro documento de Weiss" (Fondevila, *L'espai...* 157).

33. En 1964 Sanchis se hizo cargo de la dirección de los Coloquios sobre teatro español contemporáneo realizados en Alicante por la Cátedra Mediterránea de la Universidad de Valencia. En 1965 introdujo la ponencia "Teatro español. No todo está en Madrid" en las Conversaciones Nacionales sobre Teatro Actual celebradas en Córdoba. A partir de entonces, la lista de participaciones en actividades de este tipo se extenderá considerablemente (Fondevila, *L'espai...* 157).

34. Ya desde los 60, Sanchis muestra tener un dominio teórico sobre los postulados del teatro épico y la poética de Brecht. En 1963, el autor introduce en el Seminario de Teatro que imparte en la GED un tema monográfico titulado "Obra, teoría y práctica dramática de Bertolt Brecht". Los resultados del seminario fueron publicados como *Notas al programa de teatro completo* [*Primer Acto* 66 (1965): 64].

35. Siguiendo la huella de la dramaturgia brechtiana, Sanchis produce un texto propio que denomina *Escenas de Terror y miseria en el primer franquismo* (1979). La pieza *Lope de Aguirre, Traidor* obedece al mismo esquema de análisis apuntado: nueve monólogos independientes, integrados todos por igual número de personajes. A través de estos personajes–víctimas de la violencia de Aguirre, se ponen en entredicho algunas de las hazañas de la conquista de América, lo mismo que se valoran las razones que llevaron al caudillo a rebelarse en contra de la corona y el subsiguiente fracaso de la expedición y rebelión. Más adelante examinaremos esta obra en mayor profundidad.

36. Aunque la influencia de Brecht es palpable todavía, en esta pieza se anuncia ya la intertextualidad que caracterizará las producciones futuras del autor. Por ejemplo, se incluyen intertextos de escritores de gran altura internacional y de reconocida trayectoria antifranquistas: Pablo Neruda, Cesar Vallejo, Antonio Machado, Blas de Otero, etc. De esta manera, el autor se encamina hacia la exploración de lo que posteriormente llamará "los límites de la teatralidad" y "la dramaturgia de cohesión".

37. Para Bajtin toda obra literaria es lenguaje. En consecuencia, la palabra a través de la historia ha seguido siempre su huella, su sombra ("*Polyphony...*" 231-268).

38. Joan Casas comenta acertadamente que el personaje de Carmela, en *¡Ay Carmela!*, muere fusilado en un teatro; Ríos y Solano, de *Ñaque o de piojos y actores*, se encuentran perdidos en un teatro; en *El retablo de Eldorado* el Santo Oficio persigue a los pícaros cervantinos Chirinos y Chanfalla por atreverse a transgredir la moral y las leyes; y en *El cerco de Leningrado* vemos a dos mujeres que se resisten a ser expulsadas de un teatro que se encuentra prácticamente en ruinas.

39. Estas reflexiones de Sanchis que subrayan los criterios compartidos por *Independientes* y *simbolistas* anuncian ya la formulación de una propuesta teórico-dramática que superará a partir de los ochentas las deficiencias dejadas por el teatro anterior. Asimismo, se patentiza ya la decisión del autor de sondear la teatralidad de Beckett, cuyo homenaje se hará evidente al inaugurar la Sala de ETF (1987) con el nombre del dramaturgo irlandés. ·

40. Sanchis expone sus nociones de *narratividad* versus *teatralidad* en su ensayo "Beckett dramaturgo: La penuria y la plétora". En lo relativo a los conceptos de *condensación* y *manipulación dramática* de materiales de procedencia diversa, Joan Casas declara que los textos de Sanchis están impregnados de versos, romances, cuartetas asonantadas, redondillas, quintillas, etc. En ellos abunda la riqueza léxica desde arcaísmos lingüísticos – reales o inventados – hasta frases coloquiales en efecto de contraste que buscan el humor; parodia de la literatura y farsa, de contenido crítico y cómico, visión festiva y grotesca del mundo, etc. Igualmente, la nutrida intertextualidad con la obra de otros autores – por ejemplo, Quevedo, Cervantes, Calderón, Valle-Inclán, Lorca y Rabelais – no es incidental. (*"La insignificancia..."* 8-14).

41. El *bricolage*, según Lévi-Strauss, consiste en la articulación de conjuntos nuevos partiendo de dispositivos correspondientes a otros surtidos; supone una resemantización de unidades o partes que han sido interrogadas en función de potenciales respuestas a posibles problemas (*The Savage...* 18-23).

42. Otros de los textos que menciona Pérez-Rasilla son: El canto de la rana (1987), Mísero Próspero (1992), Valeria y los pájaros (1992), Bienvenida (1993), Dos tristes tigres (1993), Marsal Marsal (1994), El lector por horas (1996), El año pasado en Toulouse (1998) y La raya del pelo de William Holden (1999). Se explica, además, que en 1999 el autor recibió el Premio Max de las Artes Escénicas al mejor autor por la reposición de ¡Ay, Carmela!; el mismo Premio fue otorgado a la Sala Beckett en la modalidad de teatro alternativo. En enero del año 2000 Sanchis estrenó con gran éxito en el María Guerrero de Madrid (CDN) un trabajo colectivo coordinado por él mismo: La cruzada de los niños de la calle ("Introducción" 14-15).

43. *La leyenda de Gilgamesh*, lo mismo que *Historias de tiempos revueltos*, son para el autor textos esencialmente fronterizos, ya que examinan la gama de posibilidades que existe entre la "epicidad" y "dramaticidad pura". La "epicidad pura" sería el equivalente a "un autor narrando ante el público"; la "dramaticidad pura" sería "un personaje [envuelto] en una situación ficcional" (Fondevila, *L'espai...* 137).

44. Sanchis declara que desde un principio se sintió atraído por la intencionada trasgresión que el autor irlandés introduce en su narratividad. Este factor le condujo a pensar que cada capítulo de *Ulises* podría servir de base a posibles transgresiones a la teatralidad. La tarea de reescritura de este texto, por otra parte, resultaba un reto, ya que después de haber experimentado con la "epicidad", la puesta en escena de Joyce significaba todo lo contrario: "la dramaticidad sin argumento [y] sin trama." Según Sanchis, Joyce fue un paso fundamental para internarse más a fondo la teatralidad de Beckett, cuyas propuestas resultaron imprescindible en la creación de textos como *Ñaque* (Fondevila, *L'espai...* 140).

45. Comenta el autor que a finales de los 60, su teatro, como buen antifranquista, era esencialmente brechtiano. El teatro de Beckett, aparte de que no lo entendía, no pasaba de ser una expresión pequeño-burguesa de "decadentes y absurdos como Beckett... Mi producción de esos años estaba en la línea de Brecht. Beckett me interesaba, me fascinaba, pero no lo entendía. Me parecía la expresión de un pensamiento decadente que no tenía relación directa con la realidad ... No volví a encontrar a Beckett hasta que escribí *Ñaque* (Aznar, *"La deuda..."* 8).

46. En su ensayo *La condición marginal del teatro en el Siglo de Oro*, el autor elabora un extenso análisis sobre los distintos aspectos que caracterizaban la llamada *teatralidad menor* o *arte residual* de los cómicos de la legua y la constantes lucha que estos enfrentaban para sobrevivir en un medio injusto como el del siglo XVI. Estos y otros temas son examinados minuciosamente en *El retablo de Eldorado* (1984).

47. Afirma Sanchis que sus lecturas de Joyce y Kafka, le inclinaron a rastrear un tipo de significación que no estaba preestablecida en el texto sino que dejaba un amplio margen a la especulación y a la producción del público. Y agrega, "siempre digo, medio en broma, que esa travesía por Kafka fue la que me permitió llegar a Beckett". La lectura de "Melville también tiene que ver con ese universo de la búsqueda de la significación, de la lectura del mundo, y la obsesión humana de encontrar una cifra que explique lo inexplicable" (Fondevila, *L'espai...* 141-43). Este tipo de reflexiones, aunque relativamente menos desarrolladas, eran parte de las preocupaciones de los *simbolista*; sobre todo, en lo que se refiere a la búsqueda de lenguajes que encubrieran los referentes textuales y abrieran los espacio a la significación polisémica y a las múltiples lecturas. En este respecto, podría asegurarse que el diálogo que se establece entre la obra de autores como Sanchis y la de los *simbolistas* se realiza a través de la pluralidad de discursos que ofrecen las vanguardias de mediados de siglo. Asimismo, el diálogo del autor con la obra de los *realistas* – aunque bastante lejano – se establece a través de autores como Brecht, Artaud, Stanislavski, Weiss y otros.

48. En las piezas que integran la *Trilogía del espacio vacío*, las acciones ocurren en escenarios desnudos siendo los personajes actores-actrices interpretando otros personajes (Fondevila, *L'espai...* 162). En lo que concierne al concepto de "espacio vacío" o "escenario vacío", Peter Brook afirma que éste puede muy bien convertirse en un escenario desnudo: "un hombre camina por este espacio mientras otro lo observa, y esto es todo lo que se necesita para realizar un acto teatral". Las tres piezas de Sanchis se ciñen al principio de "desnudez anti-espectacular" (Aznar, *"Introducción"* 61).

49. Comenta el autor que el propósito de la obra, aparte de indagar en la memoria y en los territorios del pasado colectivo, era contrarrestar la conmemoración "'lite', descafeinada, apastelada", que se temía organizaría el PSOE en el cincuenta aniversario de la guerra civil (Fondevila, *L'espai...* 145).

50. Joan Casas afirma que de la misma manera que *El Quijote* es un momento de reflexión fundamental en la historia de la novela (y lo es no a 'pesar' de ser una gran novela, sino precisamente 'porque es' una gran novela – o, al revés, que es una gran novela 'porque' reflexiona sobre sí misma y marca un punto y aparte como lo marcan *Tristram Shandy* de Sterne, *Moby Dick* de Melville, *Ulysses* de Joyce y algunos textos de Kafka –), el teatro de Sanchis es en gran medida un

teatro que reflexiona sobre el teatro, un teatro autorreferencial. De esta manera, Casas puntualiza el contraste que impera en la teatralidad de Sanchis entre narratividad y teatralidad (conceptos asociados con Beckett por el propio Sanchis), el cual es un reflejo de la busca del elemento dramático en textos narrativos no pensados para el teatro ("*La insignificancia...*" 8-14).

51. Las piezas de la *Trilogía Americana* se centran en el examen de la Historia que vincula a España y América a partir de los hechos de la conquista. Las estructuración de las obras parten de un principio denominado "reapropiación de la memoria", al que se suma un enfoque de perspectiva múltiple y la utilización de recursos varios: metateatro, intertextualidad, "escritura del fracaso", etc. La definición de estos y otros conceptos de Sanchis son incluidos en el texto de Fondevila, *L'espai Fronterer*, en la sección titulada *Primera aproximación a un posible diccionario ideológico del teatro* (160-166).

52. La Sala Beckett, según atestigua Pérez-Rasilla, desplegó a partir de su inauguración una rigurosa programación de espectáculos y abrió sus espacios para la investigación escénica a nivel de seminarios y talleres. Un considerable numero de jóvenes escritores, sobre todo catalanes, deben su formación al esfuerzo de este centro y a los cursos dirigidos por el propio Sanchis. Entre los nombres, el crítico menciona a Sergi Belbel, Joseph Pere Peyró, Lluisa Cunillé, Manel Dueso, Beth Escudé, Mercé Sarrias y muchos otros ("*Introducción*" 13).

53. Como resultado del traslado a Madrid, aunque sin romper vínculos con Barcelona, Sanchis ha trabajado intensamente sobre distintos proyectos a la vez que impartido cursos sobre dramaturgia y metodología dramatica. Pérez-Rasilla anota que un considerable número de jóvenes escritores "de opciones estéticas muy diversas" se han acercado a los Centros de formación dramática en los que imparte cursos Sanchis, p.e., Juan Mayorga, Yolanda Dorado, Yolanda Pallín, Luis Araujo, Itziar Pascual, etc. ("*Introducción*" 14).

III. EL *NUEVO TEATRO* LATINOAMERICANO: DEL COMPROMISO A LOS MÚLTIPLES ROSTROS EN LA DRAMATURGIA DE ENRIQUE BUENAVENTURA

La segunda mitad del siglo XX fue un período crucial para la redefinición del arte, la cultura y las transformaciones sociales en los países de América Latina. En el área de lo político, sucesos tales como la descolonización del llamado Tercer Mundo, la consolidación del bloque de países No Alineados y el triunfo de la Revolución Cubana (1959) contribuyeron al desequilibrio de los grupos económicos en conflicto dando como resultado el surgimiento de violentas insurrecciones y dictaduras recalcitrantes. En el área del arte y la cultura, se mudaron las viejas fórmulas estéticas por otras que expresaban más cabalmente el nuevo espíritu de los pueblos en lucha con el colonialismo y por alcanzar tiempos mejores. En el teatro, por ejemplo, las transformaciones fueron radicales: de una posición subalterna ante los moldes del llamado "gran teatro universal", éste pasó a ser un arte combativo, ligado directamente a la problemática social de los pueblos, presto a revolucionar sus fundamentos ideológicos y expresivos.

La discursividad de la nueva teatralidad debería ser un virtual reflejo de las fluctuantes realidades del continente y ser a la vez fuente generadora de cambios profundos. La etapa de búsqueda de nuevos lenguajes y metodologías fue ardua; entre las fuentes examinadas destacan: el Teatro independiente anterior a los años cincuenta;[1] las vanguardias europeas y norteamericanas;[2] el teatro político de Erwin Piscator; épico-dialéctico de Brecht; el teatro-documento de Peter Weiss; el materialismo histórico y dialéctico; la Teología de Liberación[3]; las técnicas narrativas de la novela del llamado *Boom*, etc. La mezcla y adaptación de estos materiales a un contexto distinto de significación, lo mismo que la urgencia de cambios en la arena política, significó para los teatristas latinoamericanos una etapa de intensa experimentación y militancia política. De los resultados más inmediatos del proceso renovador sobresalen: las categorías de Teatro Popular de Augusto Boal; el método de Creación Colectiva – de Enrique Buenaventura y el grupo Teatro Experimental de Cali (TEC)[4] – y sus variantes más prominentes, la de Santiago García y el grupo La Candelaria (Bogotá) y la del grupo teatral Escambray (Cuba). Asimismo, se delinearon planes de acercamiento a los públicos mayoritarios y se instauraron medios de comunicación más eficientes entre los teatristas del continente a través de la celebración de festivales internacionales, talleres, seminarios y muestras de carácter permanente. Todo este esfuerzo renovador del arte, la cultura y el entorno social contribuyó en gran medida a consolidar el movimiento del llamado *Nuevo Teatro* latinoamericano.[5] La noción de *Nuevo Teatro*, sin embargo, es en extremo problemática al momento de intentar definirla, ya que presupone la existencia de un teatro latinoamericano indistinto, consolidado y convenientemente teorizado. El debate tiene su base en la tendencia generalizada de un considerable número de críticos que denominan simplemente "Teatro latinoamericano" a la diversidad de prácticas teatrales del continente. Para muchos, el criterio homogenizador resulta ser hartamente reduccionista ya que ignora las marcadas diferencias históricas, políticas y sociales que precisan la imagen que de sí mismo tiene cada uno de los pueblos de la región.[6] En este respecto, Beatriz Trastoy comenta que

las tendencias más recientes del teatro se han lanzado a la difícil tarea de reconocer y expresar una identidad latinoamericana no sólo a través de lo puramente textual – y por lo tanto cercano a lo literario – sino por medio de aquello que hace a la especificidad de lo teatral, es decir, de la conjunción de los distintos sistemas sígnicos que operan en la puesta en escena. (88)

Enseguida, citando a José Monleón, Trastoy asevera que de esta manera, el "teatro latinoamericano sería el teatro de Latinoamérica entendiendo el término como una ideología, como una imagen revolucionaria, popular y supranacional, dinámica y con carácter de proyecto" (87-93). De lo anterior es fácil concluir que un considerable sector de la *intelligentsia* hispanoamericana persiste en el empleo de ciertas retóricas nacionalistas ya venidas a menos y continúa auspiciando la vieja fórmula de la identidad latinoamericana homogenizada, sin reparar en la quimera del proyecto.

Por otra parte, no es fácil ignorar que la coexistencia histórico-espacial de las naciones en cuestión no ha sido forzosamente armónica, ni mucho menos de uniforme producción de capital simbólico. La naturaleza de circunstancias políticas e históricas que irremisiblemente definen el carácter y origen de los países latinoamericanos no son razones suficientes para ignorar la pluralidad de sus discursos culturales. En el mejor de los casos, sería justo considerar que las *diferencias* en los procesos históricos, políticos y sociales de estos pueblos, el tipo de relación entre los distintos grupos económicos, la manera de resolver disputas y conseguir la independencia cultural y económica de los centros hegemónicos de poder son y han sido siempre más importantes que sus *similaridades*. Las propuestas de Juan Villegas en torno a lo que él considera una eficiente categorización de las prácticas teatrales de los países de la región podrían hacerse extensivas a otras áreas de lo social; de esta manera la incuestionable diversidad y heterogeneidad que distingue a las naciones quedaría plenamente de manifiesto. Puntualiza el crítico que a la hora de formular estrategias nuevas de lectura o de historización de los discursos dramáticos de latinoamericanos, es imperativo el examen riguroso y el tácito reconocimiento de la diversidad política y social (*Historizacing...*505-14). La práctica, sin embargo, demuestra que buena parte de las categorizaciones historiográficas existentes se han visto afectadas por una compleja red de motivaciones políticas e ideológicas. De algunas de las pocas que se salvan y que a nuestro juicio poseen una prominente solidez teórica nos ocuparemos en las siguientes páginas.

Para Marina Pianca, las prácticas teatrales hispanoamericanas – incluidas aquellas de las comunidades hispano–chicanas de los EE.UU. – forman parte de un proyecto continental de integración americana que denomina *Nuestra América*.[7] La moción de Pianca parte de la tesis integracionista de José Martí expuesta en su ensayo del mismo nombre a finales del siglo XIX. En el histórico documento, el poeta cubano incita a los hispanoamericanos a la consumación de proyectos de gobierno que trasluzcan sus propias necesidades, a la consolidación nacional y hegemónica del continente y a impugnar las presiones extranjerizantes. El integracionismo martiano hace frente a la noción de "progreso" americano expuesta por Domingo Faustino Sarmiento en su ensayo-novela *Facundo*. Según Sarmiento, la opción más factible para superar el estado de "barbarie" y subdesarrollo que afectaba al continente en la segunda mitad del siglo XIX era aprehendiendo los modelos económicos y formas de vida europea y de EE.UU. Esta dualidad de perspectivas ha sido esencial en la formulación de proyectos fundacionales y de desarrollo cultural de las naciones de la región. Desgraciadamente, la insalvable dicotomía ha eliminado la dialéctica de las opciones dando paso a innumerables desaciertos. En suma, la propuesta de Pianca favorece la unidad en la diversidad, la eliminación de fronteras culturales y la franca coexistencia artístico-cultural entre grupos de EE.UU. (p.e., el Teatro Campesino, de Luis Valdez; Teatro La Esperanza, San Francisco Mime Troupe, Living Theatre y Bread and Puppet) y sus contrapartidas latinoamericanos al sur del Río Bravo (9-13).

En la propuesta de Pianca, el desarrollo de las prácticas teatrales latinoamericanas se divide en tres etapas: 1) 1959-1968 sería el período de gestación en la política y en las artes del proyecto martiano; 2) 1968-

1974 comprendería la "búsqueda consciente" de la homología que conduce a la reestructuración y redefinición del paradigma teatral, siendo, además, el momento de los cuestionamientos y modificación de los esquemas de producción y distribución (249-296). En este período surge el sistema de Creación Colectiva (expuesto y teorizado por Buenaventura); las categorías de Teatro Popular de Boal y políticas nuevas de recepción orientadas a los grandes públicos. Asimismo, se observa un notable crecimiento de grupos y compañías en toda la región y se intensifica la celebración de festivales internacionales. 3) 1974-1980 significaría una fatal regresión en la producción teatral y en el empuje de las luchas políticas. La represión policial se generaliza y toma fuerza; se eliminan las modestas subvenciones económicas que recibían algunos grupos; se prohíben todas las actividades culturales – festivales, talleres y seminarios – por considerarse subversivas; y muchos teatristas son perseguidos, encarcelados, exiliados, desaparecidos o asesinados.

Nora Eidelberg, por su parte, al igual que Pianca, incluye en su propuesta de periodización la producción dramática hispano-chicana estadounidense de entre los años sesenta y ochenta. Su estudio, no obstante, se centra en los aspectos técnicos y metodológicos de la nueva teatralidad, su carácter *experimental* y las obras que favorece, dado el dialogo que establecen con el entorno socio-político en que se insertan (1-11). La categoría *experimental* – de claro parentesco a la de *laboratorio, investigación, vanguardia* y *moderno* – conserva estrecha relación con la modalidad de creación y puesta en escena en torno a un director-coordinador. El concepto alude directamente al método de trabajo de Buenaventura–TEC y al de otras asociaciones similares, en el que el rol del escritor (si es que existe) ocupa un lugar secundario. Entre las incertidumbres que encierra la condición *experimental*, cabría preguntarse ¿cómo definir la necesidad de experimentación del teatro o del arte en general? En opinión de Pavis,

> *Experimentar* supone que el arte acepta probar, e incluso equivocarse, con la intención de encontrar lo que todavía no existe o una verdad oculta. El derecho a la investigación, y por tanto al error, anima a los creadores a correr el riesgo a propósito de la recepción... a intentar transformar en profundidad la mirada del espectador demasiado a menudo instalado en la rutina... (454)

Efectivamente, el teatro del período que nos ocupa se orienta a la investigación sin preocuparse del riesgo o del error; no oculta su frágil condición de verse sometido a un proceso dialéctico de modificaciones por efecto de la mirada de un espectador también inmerso en un proceso de transformación. Este único factor determina que las obras del *Nuevo Teatro* aparezcan casi siempre inconclusas, evasivas, incoherentes y a veces poco argumentales (Eidelberg 7). Las propuestas de esta teatralidad casi siempre suministran un mínimo cúmulo de datos, incitan al espectador a la especulación y al ejercicio mental, y organizan los signos y referentes de la manera que más conviene a los postulados ideológicos de los experimentadores. En este respecto, el *Nuevo Teatro* renuncia a los productos terminados de signos rígidamente organizados, a los "significados unívocos". El ejercicio escénico se organiza precisamente en "desequilibrio permanente" (Pavis 453-56).

En la propuesta de Eidelberg son tres las subcategorías que integran el teatro experimental: *lúdica, didáctica y popular.* En nuestro estudio nos ocuparemos únicamente de las dos primeras. Según Eidelberg, las obras que se insertan en la modalidad lúdica suelen ser "deductivas"; o sea que los significantes se organizan de lo general a lo particular. En cuanto al receptor, se estima que éste posee amplias capacidades reflexivas e imaginativas que le permitirán desentrañar eficientemente los postulados de la propuesta dramática. Las secuencias de acción del texto espectacular, como su mismo nombre lo indica, se estructuran en torno al simple juego, esto es, sin prestar atención única y exclusivamente a la lección moralizante, la cual constituye un factor esencial para el teatro didáctico. La acciones, a su vez, se estructuran en planos que podrían ser del tipo infantil, erótico o violento, en los que los materiales y referentes se expresan (casi siempre) "tautológicamente" (Eidelberg 15). Parte del arsenal del teatro lúdico es el manejo de los contrastes y ambivalencias: lo cotidiano versus lo fantástico u onírico; lo real vs. lo mítico; lo físico vs. lo metafísico; lo irreal dentro de lo real aparente y el metateatro. (Eidelberg 15).

De otro lado, las obras que conforman el teatro didáctico suelen cumplir objetivos distintos que las del lúdico, dos de ellos serían la explícita diseminación de mensajes ideológicos, generalmente de izquierda, y la presentación del hecho teatral como forma de racionalización de la realidad cotidiana; esto es, la realidad vista tal cual es, separada del "ilusionismo emotivo" que, en opinión de muchos, tanto apetece al teatro burgués. Los mensajes difundidos buscan estremecer racional y emotivamente al espectador, despertarlo del supuesto letargo que padece e inducirlo a la "concientización"[8] política de su propia realidad. En definitiva, se trata de un teatro de denuncia que demanda re-encausar u orientar la lucha por los derechos de los marginados. Los fundamentos estéticos e ideológicos del teatro didáctico provienen de los postulados expuestos por Piscator en la primera mitad del siglo XX a través de su teatro político. Uno de los propósitos de ese teatro era hacer constar "la maldad capitalista" y "la bondad socialista". En grandes pizarrones se registraban cómputos estadísticos que daban cuenta de las proclamas revolucionarias, paros, huelgas, guerras, partes de victorias o derrotas que afectaban a la sociedad germana y al resto de Europa de la época (Duque 131). Era un teatro de ferviente agitación política que ambicionaba conducir a sus espectadores al borde de la catarsis con el fin de reflexionar sobre el rol de cada quien en el espacio social. Los detractores del teatro político le acusaban de sacrificar lo estético por lo político. Pero este no era el caso. Piscator siempre fue muy cuidadoso a la hora de estructurar sus espectáculos; entre los múltiples recursos técnicos y dramáticos que empleaba destacan: una amplia variedad de efectos cinematográficos, musicales, luz, sonido, tramoya; uso de carteles, vestuarios coloridos, marionetas gigantes y pantomima.

Bertolt Brecht, discípulo de Piscator, habría de reformular el teatro político que posteriormente sería conocido como *teatro épico* o *dialéctico*. Brecht introdujo procedimientos y metodologías que respondían a problemáticas sociales mucho más complejas y se hizo cargo de teorizarlo. Desde sus inicios, el teatro épico hizo explícita su condena por las sociedades que alimentan la injusticia y la marginación de los individuos; pero cuidándose de no caer en un didactismo esencialista, acusación a la cual se hizo acreedor, es un teatro que fomenta la diversión crítica, a la par que condena las estrategias de pacificación y manipulación de los individuos asociadas al teatro burgués. El *efecto de distanciamiento* (*V effekt*) o *desfamiliarización*, más una dosis de lección moral, son sólo algunos de los mecanismos de que se vale este teatro para poner al desnudo la naturaleza opresiva de la realidad del espectador y así conseguir que éste la transforme. En lo que respecta al teatro burgués, Speirs anota que el teatro brechtiano se propone romper con el "ilusionismo" y los viejos esquemas que valoran el factor emocional por encima del racional, esto es, la manipulación a la que es sometido el espectador al querer conducirle hacia la identificación sentimental "with the experiences of the central character or characters in the play". Con esta estrategia de "manipulación empática", que Brecht denomina "an emotional act", el teatro burgués fomenta el engaño y el adormecimiento de las potencialidades analíticas de los individuos desviando su mirada fuera de la realidad degradante (Speirs 26-27).

Al "teatro de la era científica", como lo llama el dramaturgo alemán, correspondía la misión de formar espectadores potencialmente mejor dotados de dispositivos analíticos que les permitiera confrontar eficientemente las crecientes complejidades de la vida diaria. En tal sentido, en el proceso de descolonización del subconsciente cultural de los individuos, el teatro dialéctico "had to develop means of presentation which would promote an attitude of intellectual inquiry on the part of the new espectator" (Speirs 28). Brecht explica que una representación que se orienta al *extrañamiento* – la exposición de los elementos fuera de su contexto semántico natural – permite al espectador observar críticamente la red de relaciones e influencias ejercida por el poder dominante e identificar los mecanismo que se emplean para alcanzar tales fines (Speirs 28). Por lo tanto, el efecto de distanciamiento se propone como un espacio dramático esencialmente anómalo desde el cual se observan desde perspectivas múltiples los mecanismo ideológicos empleados para subyugar las voluntades y ordenar los hechos.

En América Latina, la abierta campaña del teatro didáctico (léase político y épico) en favor de la concienciación de los individuos le valieron severos ataques. Para muchos, éste promovía actitudes paternalistas y levantaba falsas expectativas en el seno del pueblo. Incluso, dos de sus más fervientes impulsadores, Augusto Boal y Manuel Galich, reconocen que, efectivamente, muchos escritores se equivocaron a la hora de estructurar sus textos debido a que sobre estimaron los poderes de agitación y propaganda que se esperaban del teatro didáctico. Conceden que en sus obras, dada la premura de los cambios en las sociedades, no pocos autores ingenuamente producían textos totalmente desvinculados de la propia realidad. En el interior de sus obras la realidad se transformaba substancialmente mientras que afuera todo seguía igual: en los tablados "el pueblo era cada vez más maravilloso" mientras que afuera seguía padeciendo los viejos males (Eidelberg 76-77). Hemos dicho oportunamente que el grueso de recursos expresivos del *Nuevo Teatro* (o teatro experimental) se originan en las vanguardias literarias del siglo XX; sus fundamentos teóricos, en cambio, se basan en los sistemas de análisis que ofrecen el estructuralismo, post-estructuralismo, marxismo, existencialismo, psicoanálisis, feminismo, semiótica, post-semiótica, etc. La resemantización de estos modelos críticos en la realidad latinoamericana, sin embargo, exigía una mirada distinta de la europea, sobre todo, en lo que respecta a la relación sujeto-realidad e Historia en aquellos espacios en los que la dependencia colonial aún prevalece. Para concluir con esta parte, podría asegurarse que el teatro experimental, en su versión lúdica, se propone como un teatro indirecto por encima de cualquier consideración sociológica, "un teatro introspectivo, de búsqueda del mundo interior" de "preguntas sin respuestas, de angustias por el hecho de existir" del ser humano. El teatro didáctico, en cambio, se interesa más por "el hombre como "masa" o "grupo,'" por la búsqueda de la esencialidad de los individuos en estrecha relación dialéctica con su medio social (Eidelberg 14).

Otra de las categorizaciones que se emplea en la clasificación de los discursos teatrales del continente es la de *teatro popular*. Según Domingo Piga, la categoría de lo *popular* ha sido blanco de innumerables abusos al no considerar seriamente la ambivalencia del concepto, sus constantes fluctuaciones históricas y las particularidades de los pueblos latinoamericanos. Rechazando el dogmatismo que el crítico atribuye al uso del término, Piga se pregunta a qué realmente se le llama popular en el teatro, cómo debería entenderse y cuál debería ser su lugar de enunciación:

> Todos hablan de Teatro Popular, seguros de tener la verdad única en la mano. Todo aquel que hable, o haga, o escriba, o piense, o enseñe, o edite, o de alguna manera se relacione con el teatro popular, cree tener la verdad única, dogmática y no admite, bajo pretexto alguno, la ideología, la opinión, la oposición o verdad de otros. (Luzuriaga, *Popular Theater... 5*)

En efecto, la tendencia generalizada en los contextos Latinoamericanos de la época que nos ocupa, fue llamar "popular" a toda manifestación cultural que reuniera ciertas características asociadas al llamado "pueblo". En muchas épocas y lugares, la creencia común ha sido pensar que el acceso de las mayorías a los eventos culturales, más un despliegue de títulos considerados "universales" y una política de precios bajos convierte la actividad en popular. Esta distorsionada visión ha contribuido a confundir términos tales como "popular" y "populista", aludiendo el primero a aquellos factores que se inscriben en la categoría pueblo, y el segundo a todos aquellos que, aunque de incierta procedencia, se atribuyen al mismo concepto. Esta dualidad de valores induce a algunos a conjeturar que los impulsores del populismo suponen que las mayorías padecen de una hereditaria incapacidad de asimilación de los productos culturales considerados "sofisticados" o de "alto rango". De otro lado, Piga puntualiza que "los cultores del teatro popular" – en su búsqueda de una expresión universalizante – han caído en "la falacia de creer que un teatro es popular y revolucionario en la medida que lo es formalmente, por sobre toda consideración" (Luzuriaga, *Popular Theater... 9*). El grave error de enfoque, agrega el crítico, ha negado el carácter que de popular puedan tener otras manifestaciones culturales (como, por ejemplo, el drama realista burgués) que sin ser estrictamente populares reúnen muchas de las características asociadas al teatro de contenido popular (10-11). Para Juan Villegas el error tiene raíces ideológicas; es decir, buena parte de la crítica encasilla en la categoría de teatro popular todos aquellos productos que mejor se acomodan a su propia perspectiva y limitada interpretación de lo que consideran "pueblo" (*Para un modelo...* 170).[9]

En un esfuerzo por dar justa validez al término, Augusto Boal confecciona sus categorías del teatro popular. Ya desde un principio, el crítico considera importante aclarar los preceptos que reúnen los conceptos de "población" y "pueblo"; el primero, representa "la totalidad de habitantes de un país o región"; el segundo, en cambio, "incluye sólo a quienes alquilan su fuerza de trabajo" (Luzuriaga, *Popular Theater...* 25). Según Boal, el teatro popular comprende tres categorías: 1) teatro del pueblo y para el pueblo; 2) teatro de perspectiva popular, pero para otro destinatario; y 3) teatro de perspectiva anti-pueblo cuyo destinatario es el pueblo. Estas tres macro categorías se subdividen en otras menores. La primera contiene tres tipos de teatro popular: *propaganda, didáctico* y *popular*. Los textos y espectáculos producidos en esta categoría, en la que el destinatario por excelencia es el pueblo, son los máximos ejemplos de la llamada "perspectiva transformadora del pueblo". La segunda, en la que el destinatario inmediato no es el pueblo, se incluyen las obras de contenido popular "implícito" (obras cuyo mensaje permanece oculto estratégicamente) y "explícito" (obras de mensaje abierto, lo que las convierte en blanco de la censura y hostilidad policial). La tercera comprende dos subcategorías – "antipopular implícita" y antipopular explícita – siendo esta la única "que nada tiene realmente de popular, apenas su apariencia", y es, "por su carácter evasivo y de puro entretenimiento, la más cultivada por el teatro comercial" (Luzuriaga, *Popular Theater...*32-37).

El *Nuevo Teatro* (NT)

El concepto de *Nuevo Teatro* empezó a ser manejado en el I Taller Internacional del Nuevo Teatro Latinoamericano celebrado en la Habana en 1983. En este taller, según atestigua Rizk, se ansiaba dar respuesta a una serie de interrogantes teóricas que giraban en torno a qué debía entenderse por nuevo teatro y cuáles eran sus tendencias en el contexto de Latinoamérica (*I Taller...* 73). Por voto mayoritario, se acordó que, dadas las difíciles circunstancias por las que atravesaba el continente, la forma mas acertada de hacer teatro en Latinoamérica era la *Creación Colectiva* (CC) a la manera del TEC y Buenaventura. Se convino, además, que, a pesar de las comunes afinidades, cada país poseía un criterio específico acerca de lo que definía como *Nuevo Teatro* a partir de las circunstancias de su tradición y movimiento teatral (Rizk, *I Taller...*73). En la misma reunión, Buenaventura especificó algunas de las características que, según él, distinguían al NT–CC de otras formas de hacer teatro: 1) la "relación polémica" (de discusión) con el público se estimula en gran medida; 2) la sistematización del trabajo grupal incentiva la creación conjunta a la vez que borra las jerarquías internas; 3) la búsqueda de nuevos enlaces y de lenguajes teatrales asume un carácter permanente; 4) la constante celebración de talleres de práctica teatral tiene el propósito de observar procesos más que acumular resultados (Rizk, *I Taller*... 77-78).

Los dos últimos puntos son claves al momento de examinar las producciones del NT. Es decir, debido a que los *textos dramáticos* y *espectaculares*,[10] por su propia condición de ser productos inacabados, sus códigos y estructuras se encuentran en enlace permanente. De no ser así, se aniquilaría el "carácter polémico y dialéctico" de las obras (77-78). En cuanto a la confección de personajes (a diferencia de los procedimientos empleados por el teatro convencional), esta se hace a la par de la puesta en escena (durante las improvisaciones) y posteriormente al diálogo sostenido con el público en los "foros". Los temas y otros materiales propios del montaje se seleccionan según las necesidades del grupo y no de acuerdo a los caprichos de un director. En la nueva teatralidad, la figura del director, si es que existe, no reúne más autoridad que la de un coordinador de asamblea cuya función es seleccionar los frutos de las improvisaciones, estimular la producción de los actores y guiar la investigación hacia nuevo horizontes escénicos.

El dictamen de la asamblea cubana sobre el *Nuevo Teatro* – Creación Colectiva (en el sentido de que era esta la manera más factible de hacer teatro en América Latina) se sustentaba al menos en tres principios: 1) los planteamientos literarios, políticos e ideológicos de sus textos se ajustaban plenamente a los requisitos que exigía la descolonización de la cultura; 2) los discursos dramáticos que la nueva teatralidad favorecía se oponían vigorosamente a las "políticas culturales extranjerizantes"; 3) se trataba de un sistema de producción teatral que estimulaba el libre intercambio de materiales y recursos con otras modalidades, p. e., el teatro histórico, de la violencia, de crítica social, de vanguardia, popular, etc. (Rizk, "*El Nuevo Teatro*..." 12). Buenaventura expresa que los fundamentos teóricos del método colectivo no son necesariamente nuevos, estos se remontan a la vieja polémica entre *El arte nuevo de hacer comedias* de Lope de Vega (1609) y el arte convencional de la época. En opinión de Buenaventura, entre la *Comedia Nueva* y el *Nuevo Teatro* existen singularidades que pueden ser resumidas de tres maneras: primera, su carácter trasgresor y firme deseo de superar la crisis en que había caído el teatro de sus épocas respectivas; segunda, la necesidad de explorar al máximo las múltiples posibilidades que ofrece el espacio escénico; tercera, la estructuración de un teatro que juzga la presencia del espectador un recurso esencial para la puesta en escena (*"El arte nuevo..."* 1-2).

Para un importante sector de la crítica, sin embargo, los acuerdos de la Habana sacrificaban el espíritu del *Nuevo Teatro*; se decía que no podía condensarse en un plano único lo que era un amplio espacio de confluencia de diversos discursos y de tendencias. En este respecto, Judith Weiss testifica que la categoría de NT surgió originalmente con el propósito de distinguir "the Popular Theatre that was part of the movement for social and political change in the 50's, 60's and 70's from other [theatrical forms] that have been considered popular" (218-219). Por esta razón, asegura Weiss, el concepto engloba un conjunto de prácticas de procedencia heterogénea que se ocupan del análisis del arte en general y de la problemática social en particular. De otro lado, debido a que la utilización de los conceptos *Nuevo Teatro* y *Teatro Popular* ha sido fuente de constante confusión, Weiss propone una categoría que fusiona ambos conceptos, la de *Nuevo Teatro Popular* (NTP). Asegura que esta nueva clasificación amplía considerablemente el horizonte epistemológico de ambos conceptos a la vez que define su marco de operaciones. Para Weiss, lo innovador en el NTP radica en la multiplicidad de tendencias que agrupa y en los enlaces que se establecen al momento de cumplir los objetivos buscados. Más importante aún, la nueva categoría agiliza el consenso entre la distintas tendencias al momento de diseñar los esquemas de análisis respectivos (Weiss 138).

En opinión de Franklin Rodríguez, la consabida fusión entre NT-CC no es más que una flagrante arbitrariedad. Para él, la noción de NT está más en función de los planteamientos de Brecht, sobre todo, cuando el dramaturgo alemán comienza a hablar del "Teatro en la Era Científica" y del "nuevo teatro" o "nuevo drama" (181-209). Rodríguez sostiene que la discursividad del NT está más en función de un amplio espectro de tendencias que surgieron a principios de los sesenta y que conjuga tres características fundamentales: a) la "utilización del teatro como instrumento crítico de la realidad social y de transformación de la conciencia social"; b) "recepción e incorporación de teorías, técnicas, escuelas [y] estilos del teatro internacional"; c) "búsqueda de elementos propios sobrevivientes de las culturas tradicionales" o aborígenes (201).

Alfonso de Toro, por su parte, sostiene que es un grave error confrontar el concepto de NT única y "exclusivamente bajo un punto de vista socio-político", lo mismo que medirlo y evaluarlo "según su mensaje ideológico", o sea, si se trata de "un teatro comprometido o no" (*"Cambio de..."* 111). Lo *nuevo*, según de Toro, no se ajusta a una modalidad teatral específica sino que es el resultado de una "radical concepción del teatro como gestualidad, en la ruptura, no frente a la modernidad teatral latinoamericana [...] sino frente al teatro de exclamación, de puro mensaje ideológico o de 'varieté' comercial" (112). Lo *nuevo*, agrega, debe verse en función de las fórmulas narrativas encontradas por la poesía y la "nueva novela" latinoamericanas; en el entrecruzamiento estratégico de arte narrativo y compromiso social, teatralidad estética y mensaje político; en la combinación libre de formas discursivas de procedencia diversa y de múltiples códigos: el ritual, la gestualidad, la intertextualidad y la interculturidad; en la fusión de lenguajes y materiales sin reparar en su procedencia; en la apropiación y refuncionamiento creativo sin olvidar las complejas realidades que conforman el continente latinoamericano (112). En suma, a la luz de los criterios expuestos hasta ahora, es imperativo aclarar que algunas de las nociones sobre el NT que empleamos en nuestro estudio deben verse más en función de un conjunto de prácticas que a partir de los sesenta revolucionaron el teatro en los países latinoamericanos. Más que ceñirse a una modalidad en particular, nuestras definiciones se vinculan con una amplitud genérica que acoge múltiples tendencias metodológicas, estilísticas, ideológicas, metahistóricas y metadiscursivas.

De las corrientes que integraban el NT (o NTP), las de mayor difusión fueron el teatro de "participación popular" y el llamado teatro "profesional".[11] Ambos teatros se orientaban al cumplimiento de objetivos comunes: neutralizar los discursos culturales colonizadores; enmendar el error en que incurrían algunos escritores al proponer en sus textos soluciones fáciles para los grandes problemas y potenciar la participación del espectador sin coartar su libertad de criterio. No obstante, los métodos de trabajo empleados los convertía en blanco de duras críticas. Al teatro de participación popular, por ejemplo (Buenaventura lo llama "coyuntural"), constantemente se le acusaba de manipular el concepto de lo "popular" y de priorizar sus objetivos políticos y pedagógicos por encima de los estéticos. Algunos, incluso, le tacharon de anti-teatro, fórmula "parateatral"[12] que fomentaba la instrumentalización de sus adeptos con el propósito de cumplir con sus consignas agitacionales.[13]

Buena parte del sustrato teórico de la nueva teatralidad provenía de las nociones expuestas por Paulo Freire en su libro *Pedagogía del oprimido*. Las ideas del sociólogo brasileño fueron cruciales en la formulación de algunos de los discursos teatrales y teológicos de la época, por ejemplo, el *Teatro del oprimido* de Boal y los postulados de la *Teología de liberación* del sacerdote colombiano Gustavo Gutiérrez. El movimiento teológico surge en Latinoamérica como resultado de la pérdida de confianza de algunos religiosos progresistas ante los desmanes de los gobiernos oligárquicos y el silencio del Vaticano. La *Teología* se proponía explicar a sus creyentes el origen de la violencia e injusticias y la alarmante disparidad económica entre ricos y pobres que caracteriza a las sociedades del llamado tercer mundo. A la luz de nuevas lecturas bíblicas, se examinaría, por ejemplo, el pasado colonial hispanoamericano con el propósito de que los desposeídos tomaran conciencia del ciclo de miserias, arbitrariedades y abusos al que habían estado sometidos desde entonces y así poder cambiarlo (Versényi 153). Para los impulsores de la doctrina, el franco diálogo entre los distintos sectores posibilitaría el re-encuentro de la igualdad social y garantizaría una comprensión más duradera. Las nobles intenciones de los catequizadores, no obstante, fueron interpretadas de distintas maneras: para los marginados, los líderes espirituales eran los defensores de los derechos que los gobiernos siempre les habían negado. Para las oligarquías, en cambio, los religiosos no eran más que agentes del comunismo internacional, un peligro que había que extirpar a cualquier costo. El movimiento teológico cobró fuerza en los años sesenta y setenta, y no era raro ver sus campañas catequizadoras combinadas con los métodos de difusión del teatro de participación popular. Sin embargo, la intensificación de la represión a mediado de los setenta, más las constantes acusaciones a las que ambos movimientos se hicieron acreedores,[14] causaron un paulatino resquebrajamiento y la muerte de cientos de inocentes entre civiles y religiosos.

Buenaventura y la creación colectiva

A mediados de los años 50, el autor, teórico y director teatral colombiano Enrique Buenaventura (1925) se embarca en un proyecto de reestructuración del teatro de su país que no sólo revolucionaría las formas y métodos de expresión de la escena latinoamericana en general, sino que abriría las puertas a un discurso crítico-social relativamente nuevo. La experiencia de más de cuarenta años en el campo del teatro – tanto personal como miembro fundador del TEC desde 1963 – permitiría al autor establecer una práctica teatral que exigía la revaloración de la puesta en escena, una adecuada profesionalización de los actores y la formación de un espectador mejor dotado receptivamente. En la producción de Buenaventura y el TEC se cuentan innumerables textos y dramatizaciones sobre distintos temas, todo ellos relacionados con la realidad socio-política hispanoamericana; su trabajo docente en festivales internacionales, conferencias, celebración de talleres, seminarios sobre metodologías de montaje, prácticas interpretativas, escritura actoral ha sido también de gran intensidad. Toda esta actividad se mantiene inalterable hasta mediados de los ochenta cuando se nota un cambio de rumbo en la trayectoria de trabajo del autor; su interés se orienta más hacia la formulación de un discurso crítico-teatral que incorpora los nuevos descubrimientos en las distintas áreas del saber – la semiótica, post-semiótica, lingüística, post-estructuralismo – que hacia un teatro políticamente comprometido. Según declara el autor, el cambio de rumbo implica la consolidación de los principios en que se sustentan las prácticas del teatro hispanoamericano que a partir de los sesenta se hace llamar el *Nuevo Teatro*.

Para Buenaventura, lo *nuevo* entraña la búsqueda de una identidad totalmente desvinculada del colonialismo cultural al que las sociedades latinoamericanas se han visto sometidas por largo tiempo. De lo que se trata, asegura, es de construir una cultura propia, de liberación, una que reúna en igualdad de proporciones todos los componentes culturales, centrales y periféricos, que conforman una nación. Los sistemas de valores de una sociedad nueva deben sustentarse en una sólida igualdad de perspectivas; en este respecto, el protagonismo de las mayorías como receptor participativo es indispensable: sólo con el pueblo se construyen y se transforman las grandes obras, sostiene el autor, "con él construimos esa 'nueva' cultura" (Antei 188). Lo *nuevo*, además, consiste en re-orientar la mirada hacia los espacios oscuros del pasado; la relectura y reescritura de la Historia que nos ha sido heredada debe ser constante ya que sólo así, certifica, se pueden recuperar las voces "otras" que por resistir los discursos dominantes fueron condenadas al olvido. Es necesario que otros historiadores (o narradores) desentierren y reconstruyan los discursos silenciados por los "historio-tenientes", sólo así se garantiza la construcción de una "contra-historia" que ayude a la liberación de América y de los pueblos sometidos por el colonialismo (Vázquez Zawadski, 20). La busca de los componentes de una cultura propia, conduce al autor a bucear en los sustratos de las culturas vernáculas. En varias de sus obras se rescata e incorpora la tradición oral (cuentos, leyendas, romances), los mitos enterrados y la heteroglosia lingüística de los marginados. Todos estos elementos, propios del universo ambivalente de la "intrahistoria",[15] habían sido excluidos en la versión del colonizador.

La actitud de desconfianza ante los procesos de la cultura e Historia, coloca a Buenaventura en la misma línea de reflexión foucaultiana, esto es, la supuesta linealidad cronológica de tales procesos resulta ser un engaño. En opinión de Foucault, las consabidas "continuidades", "tradiciones", "causas" y "tipologías" asociadas a los fundamentos teóricos de la Historia de las Ideas no son más que meras fabricaciones de los historiadores de oficio; sustanciales testimonios de un obsesivo deseo

70

de ver una aparente horizontalidad en el devenir de los acontecimientos. Ante esta distorsionada visión, Foucault antepone su concepto de *arqueología* y exhorta a prestar atención a las *diferencias* (rupturas, discontinuidades, fisuras, etc.) que irrumpen entre las distintas etapas de la Historia más que a las *similitudes*.[16] En este respecto, el autor dramático colombiano Carlos José Reyes afirma que al no existir una historia que registre los procesos de la actividad humana de la manera que estos ocurren y dado que el interés de la Historia radica únicamente en el rescate de los eventos privilegiados, ésta por lo tanto carece de credibilidad (*"Una historia..."* 83). Para Reyes, en América Latina no ha existido una historia continua, escrita, que recoja con veracidad los eventos que la integran; lo que existe son "episodios y fragmentos" con los que habría que armarse un rompecabezas a través del trabajo teatral y las experiencias cotidianas (84). Sólo así sería posible establecer las bases de la historia y la cultura de liberación que tanto preocupan a Buenaventura y a otros trabajadores de la cultura.

En un esfuerzo por dar sentido a una nueva noción de historia y cultura, una que concierte los sedimentos hegemónicos y no hegemónicos en un plano de igualdad, Buenaventura hace suya la frase de Brecht "la política es la superación de la estética". Esto no implica el sacrificio del arte a lo político, como algunos alegan, sino poner el arte al servicio de la descolonización del saber y de los cambios revolucionarios; la "politización del arte" no es posible, sostiene el autor, ya que entre los principios estéticos y políticos siempre existe un margen de separación. El teatro no es ni debiera ser convertido en un arma de agitación política; es ilusorio pensar que los cambios que exige una sociedad podrían ser suministrados por el teatro de "agitación y propaganda", "coyuntural," de "participación popular" o de cualquier otra forma de teatro – señala el autor. El teatro como institución y como género no debiera ser rebajado al nivel de una farsa democrática populista, ya que "es hipocresía proponer un teatro de baja calidad al pueblo con la promesa de elevar su nivel cultural, culturizando al pueblo". Esta postura es engañosa y cínica "ya que presupone que el pueblo no está preparado para hacer uso de su libertad y que son los artistas, auspiciados por el poder dominante, los encargados de proveer cultura y libertad" (Luzuriaga, *Introducción a las...* 89-113). En correspondencia con el pensamiento de Brecht, Buenaventura sostiene que la función del teatro debe limitarse a establecer fisuras en la mente del espectador, exponerlo a una realidad desmitificada que revele los mecanismos de explotación que el poder ha inculcado en lo profundo de su conciencia. Sólo conociendo la naturaleza de estos mecanismos es posible su desarticulación. Es desde esta perspectiva que buena parte de las prácticas teatrales latinoamericanas optan por la "politización del arte" al momento de interrogar las bases de la cultura y escoger sus medios de lucha.

A partir de los ochenta, la visión política del autor experimenta una considerable modificación, esto se hace evidente en la nueva retórica que emplea. Reflexionando sobre sus pasadas actividades Buenaventura comenta

> en un principio se pensó llegar a públicos que mostraban urgencia en los cambios sociales, estos eran los obreros y campesinos, pero las cosas no eran tan sencillas. Ahora [1980] nuestra relación con los espectadores es "polémica", de debate; buscamos comprometer al público en los problemas fundamentales de nuestro país pero respetando sus propios intereses y necesidades. (Luzuriaga, *Introducción a las...* 93)

Asegura Buenaventura que – aunque el objetivo principal del *Nuevo Teatro* debe seguir siendo dividir, desestabilizar la conciencia del espectador para que investigue y descubra en sí mismo las promesas no cumplidas – éste debe ampliar sus horizontes hacia otros campos de investigación no explorados todavía (Jaramillo 179). La década de los 80 debe implicar una cuidadosa revisión de las estrategias de trabajo anteriores, nos dice; las nuevas prácticas deben encaminarse a un proceso de despolitización, de reafianzamiento teórico y de reformulación historiográfica del teatro latinoamericano. Toda esta actividad, debe hacer suyos los frenéticos cambios que suponen los tiempos nuevo en las áreas de lo social y del saber.

Entre las medidas que Buenaventura considera claves en la estructuración dramática y espectacular de las obras del NT se encuentran las siguientes: el *tema* (literario o no) pasa a ser un primer eje paradigmático que evita la dispersión y organiza la redundancia de los materiales del texto espectacular, un modesto punto de vista alrededor del cual se organiza el discurso teatral (Buenaventura, *"Notas sobre..."* 7). El *mitema* – concepto introducido por Levi-Strauss en torno a sus reflexiones sobre el mito y que define como un conjunto de "asociaciones paradigmáticas" – se le considera el eje central que organiza y a la vez permite la posibilidad de múltiples lecturas del texto (*"Notas sobre..."* 10-11). En torno a este concepto, Levi-Strauss afirma que el relato mítico (sea éste verbal o no) no constituye el mito mismo, sino su expresión preconcebida. Los mitos operan bajo la superficie cambiante de los relatos, los cuales se regulan por determinados acontecimientos opuestos y semejantes que, al combinarse de manera imprevista, forman variantes o versiones distintas. En este respecto, el mito constituye la "mediación" entre dos polos opuestos; ejemplifica la necesidad de existir de la comunidad que lo vive y que lo narra en un marco plagado de contradicciones (Buenaventura, *Notas sobre...*" 8-9).

En cuanto a la *dramaturgia del actor*, factor fundamental en el método de montaje del TEC, Buenaventura sostiene que en el teatro lo primordial no es el texto sino el actor. El actor es el agente que genera las imágenes y sentidos que conforman el "texto espectacular" y quien mantiene la relación entre espacio escénico y público ("*La dramaturgia del...*" 25-33). La primacía del actor en el quehacer escénico y su *dramaturgia* ha sido en el devenir del tiempo de gran importancia para la creación colectiva; como ejemplos cabría mencionar las celebraciones mítico-rituales indoamericanas del *Rabinal Achi* (Guatemala), los ritos dramático-religiosos de *El Güegüense* (Nicaragua), las celebraciones del *Bemba-meu-boi* (nordeste de Brasil) y la *Commedia dell'Arte* de los siglos XVI y XVII. Fue esta última, sin embargo, el fenómeno dramático *par excellence* que revolucionó la visión del mundo a partir de la escena. Con la *Commedia* se inauguró la tradición lúdica de los cómicos que, sobre la base de un código de personajes arquetípicos y situaciones más o menos pautadas, improvisaban un texto. Utilizando simples guiones, denominados *canovaccios*, que se estructuraban en base a cuentos populares, más una austera economía de elementos fácilmente transportables, el trabajo esencialmente performativo de los actores ocupaba los espacios de la creación. Para los cómicos, asegura Buenaventura, este era "el resultado de una práctica artística constante y cotidiana de un profesionalismo, de una estrecha e íntima relación con la materia y el oficio" (Rizk, *Buenaventura: La dramaturgia...* 113). La estructura de los *canovaccios*, más que literaria, era visual y de juego; su meta final era la alegre interacción con el público a través de la improvisación. La *Commedia* fue un claro ejemplo de dramaturgia de actor que, aunque no produjo textos de extraordinario valor literario, introdujo mecanismos innovadores de interrelación con el público (Buenaventura, "*La dramaturgia del...*" 27-28). En suma, para Buenaventura la *dramaturgia del actor*, conocida también como *teatro all'improviso*, ha contribuido enormemente a la consolidación del *genotexto* de las grandes obras del teatro de Molière, del teatro isabelino, del teatro barroco español[17] y de la tradición en que descansa el teatro occidental contemporáneo.

A pesar de todo, afirma Buenaventura que el método colectivo de creación no debe ser concebido como una nostálgica rehabilitación de las fórmulas de la *Commedia*. De lo que se trata, es de ampliar el trabajo creativo del director, de situar los textos en un espacio distinto de significación y de reconquistar el espacio perdido de la *dramaturgia del actor*. No se trata de una renuncia al teatro de autor, aunque ésta haya sido la realidad en múltiples ocasiones;[18] la escritura del texto no corresponde al actor, su participación en el trabajo dramatúrgico se ciñe a la puesta en espacio del texto espectacular en la fase del montaje. El actor es libre de participar en ambas etapas de la puesta en escena – en la escritura del texto verbal y el espectacular – a condición de mantener las distancias entre ambas. El espacio de creación de los actores lo constituyen las improvisaciones, núcleo del sistema colectivo, de las que surgirán los dispositivos que luego serán confrontados con los planes de la dirección en el juego del montaje (Buenaventura, *"La dramaturgia del..."* 29-30). El método colectivo no se propone excluir la creatividad individual sino restituir la riqueza de resultados de la *dramaturgia del actor*, la cual es condición indispensable en la construcción de una práctica teatral esencialmente latinoamericana y para salvaguardar el teatro de "ese síndrome mortal que son las repeticiones multitudinarias de un éxito" (Buenaventura, *"La dramaturgia del..."* 30). Finalmente, afirma el autor que de la misma manera que la *Commedia dell'Arte* no produjo mejores espectáculos que la comedia latina, la creación colectiva no produce mejores espectáculos que otras maneras de hacer teatro. A pesar de ello, la *Commedia* fue una verdadera revolución escénica que puso en crisis los moldes clásicos defendidos por la retórica humanista y organizó efectivamente la expresión de un "nuevo mundo".

El sistema colectivo de creación se plantea como una forma de trabajo socializada en el que las distintas etapas de producción son responsabilidad de todos los miembros, incluyendo el director. Los aportes de este último, no obstante, adquieren especial relevancia ya que es la mirada que organiza la estructura y da sentido a los materiales que surgen de las improvisaciones. Tres son las categorías que integran el sistema de Buenaventura: 1) si ya existe un texto, el análisis se realiza en conjunto; 2) si el texto no existe, se prepara por una comisión de dramaturgia seleccionada por el grupo; 3) texto y puesta en escena son tareas conjuntas del colectivo (Vázquez Pérez, *"La audacia..."* 17-22). En la primera fase del montaje, llamada "trabajo de mesa", si ya existe un tema o un texto, las discusiones se centran en la separación de los ejes que conforman su estructura, la identificación de las fuerzas en pugna, los conflictos que generan y las causas que los motivan.

La segunda etapa corresponde a las *improvisaciones analógicas*;[19] los actores inventan una historia similar a la que suministra el texto (o los temas) que se estructura en un mini-montaje. Los resultados del experimento sirven para determinar la consistencia de las secuencias de acción y conflictos del texto principal. Las improvisaciones toman en cuenta los dispositivos que ofrece el texto verbal en forma de lenguaje figurado (metonimias, sinécdoques, metáforas, símbolos, etc.); este procedimiento permite establecer distancia del texto–base y funciona como un eje translingüístico que genera las imágenes de los otros lenguajes escénicos. Las improvisaciones, además, son el momento preciso en que los registros de la representación quedan abiertos a la connotación y a la participación creadora del espectador (Buenaventura, "*Metáfora...*" 45). La fase siguiente sería la representación y el diálogo con el público en los foros celebrados al final. Los foros, según Buenaventura, son decisivos para el elenco ya que permiten la franca discusión sobre los distintos aspectos del montaje – referencialidad estética, política e ideológica – a la vez que ayudan a remediar algunas posibles incongruencias en la propuesta. Más importante aún, afirma el autor, el intercambio directo entre público y actores significa un primer paso hacia la democratización de la cultura y transformación de las sociedades latinoamericanas (Luzuriaga, *Introducción...* 89-113).

El texto de las obras, sea verbal o de otro tipo, es fundamental para el montaje: primero, es la fuente que provee la pluralidad de signos que moldean las facultades preformativas de los productores del discurso espectacular. Segundo, constituye éste un espacio de múltiples rostros, de interpretaciones y acercamientos, que desde cualquier ángulo, emisor o receptor, ya no puede ser visto como una estructura semántica fija sino "intertextual", "dialogica" e "intercultural".[20] Para Buenaventura, el texto, como valor de intercambio, es una mezcla heterogénea de enunciados, propios y prestados, en donde los conceptos de originalidad e inspiración genial entran en crisis. La palabra o enunciado ya no es un punto fijo sino uno de intersección, un cruce de fronteras en diálogo constante con otras formas de escritura: emisor, destinatario, contexto cultural y lingüístico ("*Metáfora...*" 44-45).

Al observar la producción de Buenaventura, Vásquez Zawadski dice percibir "una interrogante abierta y fundamental" que se transparenta en la pregunta "¿qué tipo de teatro debemos hacer en Colombia y América Latina?" ("*Introducción...*" 15). La respuesta del autor ha sido la consolidación de un teatro esencialmente crítico, desmitificador, en el que extractos culturales y discursos de épocas diferenciadas se entrecruzan con el propósito de entretener los gustos más exigentes a la vez que interrogar los estratos de la cultura dominante. Los años ochenta significaron para Buenaventura y el TEC una búsqueda constante de un teatro total, consolidado teórica y estéticamente, y de puertas abiertas a las ambigüedades de la "condición posmoderna". La óptica épico-brechtiana, tan fuerte en otros tiempos, fue abandonada parcialmente, lo mismo que la intensidad política de las obras bajó de tono considerablemente; pero, a pesar de los cambios de rumbo, el teatro de Buenaventura no pospuso en un solo momento el compromiso social. Los encendidos discursos de las izquierdas de los sesenta y setenta cedieron su sitio a otros menos exaltados pero la problemática que agobia a América Latina se ha mantenido incólume. El trabajo social del teatro ha debido continuar pero haciendo suyas las demandas estéticas de los tiempos nuevos.

Del compromiso a los múltiples rostros

La producción de Buenaventura puede dividirse en tres etapas: una de formación (1957- 1967), otra de plenitud (1968 y 1978) y una tercera de exploración de nuevas fronteras (1979-presente) (Rizk, *La dramaturgia...* 25). Dos son los temas que descuellan en las obras de la primera etapa: las tradiciones de épocas remotas – el cuento medieval importado a América por el teatro misionero español, la *Commedia dell'Arte*, el corral español, etc. – y la revisión crítica de los 'diarios', 'crónicas' y 'relaciones', testimonios claves de la conquista española de América. A esta primera etapa corresponden tres de los textos que examinan la herencia étnica colombiana y latinoamericana en general. En *La tragedia del rey Christophe* (1961) se analiza cronológicamente el devenir de las culturas africanas, la esclavitud y los conflictos anticoloniales de la zona del Caribe. En *A la diestra de Dios padre* (1958) se revisa crítica y humorísticamente la herencia hispánica, la cosmogonía cristiana y la tradición oral. En *Un Réquiem por el Padre Las Casas* (1963) se examina la visión "otra" de la conquista, a la vez que se intenta restituir la imagen del aborigen negada por la escritura del colonizador. En textos tempranos como *Cristóbal Colón* (1957), se examina la figura del almirante enfocándose en las ambivalencias que aquejaban su empresa descubridora.

En *La tragedia del rey Christophe* nos enfrentamos al ascenso y caída de un sujeto anónimo que de simple ayudante de cocina llega a ser general del ejército y poderoso rey de Haití. Su reinado, sin embargo, estará plagado de tanta corrupción, conspiraciones, traiciones que al final, abandonado por sus seguidores y asediado de enemigos, Christophe no tendrá más remedio que quitarse la vida con una bala de plata. El referente histórico de la obra es la insurrección armada del pueblo haitiano en contra del dominio francés; en 1804 Haití se convierte en la primera nación caribeña que proclama su libertad deshaciéndose al mismo tiempo del esclavismo. En su obra, Buenaventura utiliza el mito del héroe clásico griego pero invirtiendo la naturaleza del protagonista y su destino final. Desde un principio Christophe se proyecta como un hombre justo y humilde que consigue hacerse con el poder al derrotar a las fuerzas del mal que buscan aniquilarlo. Pero, paso a paso su noble integridad se verá contaminada por un cúmulo de maldades que le convertirán en una figura grotesca y sanguinaria, blanco de constantes traiciones, de las que es víctima y victimario a la vez, que le conducirán a una irremediable caída.

Según Herbert Lindenberger, el factor que distingue este tipo de obras de la tragedia griega es la visión histórica "que penetra en las consecuencias sociales y sicológicas del personaje". Este factor, además, en la estructuración de la obra funciona como un escollo que impide la empatía entre espectador y héroe (Rizk, *La dramaturgia...* 62). Justamente, uno de los efectos que Buenaventura desea prevenir en sus obras es la identificación emocional con sus caracteres. Es por ellos que introduce en sus montajes abundantes artificios del teatro épicos que refuerzan la visión crítica de los hechos: prólogos y un epílogos narrados en tercera persona; fórmulas metateatrales en la línea de Pirandello (p. e., la ceremonia de coronación de Christophe es esencialmente farsesca); canciones, rituales (vudú, matrimonio, funeral), lenguaje retórico exagerado, vestuario brillante, etc. De estos elementos se sirve Buenaventura para cotejar el pasado histórico de la nación antillana, desentrañar las verdades ocultas y, según él, prescribir los cambio adecuados.[21]

La primera etapa de Buenaventura fue de intensa actividad: entre adaptaciones y montajes de otros autores, escrituras (o re-escrituras) y montajes (o re-montajes) de textos propios, ponencias, talleres, etc., se procesaron más de sesenta piezas. De las obras de esta época destaca *A la diestra de Dios padre*. La trama de la pieza se entreteje de acuerdo a una "profusa intertextualidad" (Trastoy 90) que toma como base el relato costumbrista del colombiano Tomás de Carrasquilla. En el texto de Carrasquilla se combina la leyenda medieval importada vía oral desde España con elementos propios de las realidades latinoamericanas; al correr de los años, el relato del autor llegó a ser conocido en todo el continente en multiplicidad de versiones.[22] La pieza de Buenaventura se ciñe a la textura de la "mojiganga", o mascarada de carnaval, que propone el texto original y fue sometida a cinco reescrituras y desenlaces distintos en un periodo de treinta años. Según el autor, la obra representa para el TEC uno de esos "temas modulares" que demanda cada vez mayor desarrollo y profundidad y la síntesis de una práctica teatral moldeada a través de múltiples versiones (Rizk, *La dramaturgia...* 30).

La trama de la obra es sencilla: Jesús y San Pedro, disfrazados de peregrinos, bajan a la tierra para premiar la bondad de Peralta, un campesino pobre que se dedica a proteger a los desvalidos. Para ganar dinero Peralta juega a las cartas y lo poco que gana lo distribuye entre los que más lo necesitan. Por su buen corazón, los emisarios del cielo conceden al campesino cinco favores. Peralta resuelve: 1) ganar siempre en el juego; 2) cuando le toque morir desea que la muerte le venga de frente y no a traición; 3) apresar y mantener cautivo a quien desee por el tiempo que le plazca; 4) evitar que el Diablo le haga trampa en el juego; 5) volverse del tamaño de una hormiga cuando así lo considere. Todas estas mercedes se cumplen a medida que avanza la trama, pero los resultados de las decisiones casi siempre son negativos. Por ejemplo, al ganar siempre en el juego, Peralta enriquece a un grupo de pordioseros que al verse con dinero, se vuelven altaneros, maliciosos y traicioneros.

Cuando a Peralta le toca morir y la muerte se le presenta, éste, con engaños, la hace subir a un árbol donde la mantiene cautiva hasta que el cielo y el infierno claman desesperados por su liberación. La tretas del protagonista también afectan negativamente los intereses de muchos humanos. Por ejemplo, la incapacidad de la muerte de cumplir con su trabajo causa que muchos herederos de parientes ricos a punto de morir vean frustrados sus deseos de enriquecerse rápidamente. Asimismo, son mucho los médicos, sacerdotes y sepultureros que se encuentran prácticamente desempleados. Pero cuando la muerte es liberada – como resultado de los ruegos del cielo y de intensas negociaciones – ésta arrasa con todo el que encuentra, incluyendo los mendigos protegidos de Peralta. Haciendo uso del cuarto favor, Peralta en juego limpio le gana al Diablo las almas de sus amigos y la de unos cuantos millones más que se encontraban penando en el infierno. El desbarajuste que se arma entre tierra, cielo e infierno debido a la enorme cantidad de almas liberadas es de tal magnitud que Jesús y San Pedro se ven forzados a bajar una vez más a la tierra para solucionar el asunto. Aunque el desenlace varía en las distintas versiones de la obra, al final Peralta se vuelve del tamaño de una hormiga y sube al cielo para vivir eternamente a la diestra de Dios padre.

Llama la atención en el planteamiento de la obra la inversión carnavalizada de la jerarquía cristiana: es el hombre quien mete desorden en el cielo e infierno, arrebata almas al Diablo, controla la muerte, muere cuando le da la gana y sube al cielo. En la tierra es igual, las decisiones del hombre alteran su curso. Por influencia del dinero, las enemistades, envidias, traiciones, violencias y resentimientos se multiplican. Los mendigos se vuelven ociosos y egoístas, el desempleo, al igual que el suicidio, se generaliza. La obra nos enfrenta ante una ironía: a pesar de sus buenas intenciones, el hombre es incapaz de lograr la justicia en el mundo. El personaje quijotesco de Peralta lucha por el bien de todos sin esperar compensación, pero sus acciones casi siempre acarrean desenlaces negativos. Peralta, sin proponérselo, resulta ser un anti-héroe o, en opinión de Lucian Goldmann, un "héroe problemático" cuyas buenas intenciones generan el mal (Rizk, *La dramaturgia...* 32). Los otros personajes son arquetipos de los autos sacramentales – Jesús, el Diablo y la Muerte aparecen como ellos mismos – con la diferencia de que en la versión del autor estos son esperpénticos y carentes de todo poder místico: el Diablo pierde en el juego; la Muerte es incapaz de bajarse del árbol; Jesús es indeciso y sufre de una total confusión; San Pedro es un glotón de temperamento exaltado. El maniqueísmo que caracteriza las acciones en el teatro convencional se rompe en la pieza de Buenaventura dando paso al entrecruce de distintos planos en los que los buenos no son tan buenos ni los malos son tan malos (Trastoy 91).

La visión irreverente del mito cristiano es el resultado de la crisis de credibilidad en que se vio inmersa la Iglesia Católica conservadora en el contexto hispanoamericano de los sesenta. Buenaventura no necesariamente desdeña el patrimonio cristiano – inculcado en la conciencia colectiva por más de cinco siglos – sino que desarticula paródicamente el esquema ideológico que subyace en su interior para darle un cauce distinto de interpretación. Al igual que Lévi-Strauss en torno a sus reflexiones sobre el concepto de mito, para Buenaventura es claro que la tradición es inmanente en la conciencia colectiva; ésta opera de forma inconsciente, sin que los individuos reparen en ello. Bajtin, por su parte, en su estudio sobre la narrativa de Rabelais, comprueba que una eficiente utilización de los recursos paródicos y carnavalescos permite desequilibrar una estructura de poder restando credibilidad a los sujetos que la representan. Escribe Bajtin,

> Parody undermines not authority in principle but only authority with pretensions to be timeless and absolute (...) Thus, the parodic words we use are important not because they can change reality (they need not), but because they increase our freedom of interpretative choice by providing new perspectives. (*"Laughter and..."* 435)

Para el teórico ruso, la parodia cumple una función doble: ratifica ciertos principios básicos del referente (en la obra de Buenaventura sería el mito religioso como forma de autoridad) para desencajarlos desde adentro al exponer sus fundamentos en un contexto distinto de significación. En lo que concierne a las estrategias de trasgresión empleadas por el Carnaval, Bajtin señala

> The Carnival sense of the world... is a view on the world in which all important values resides in openness and incompletion. It usually involves mockery of all serious, "closed" atti-

tudes about the world, and it also celebrates "discrowning", that is, inverting top and bottom in any given structure. (*"Laughter and..."* 443)

La cita anterior expresa claramente los objetivos de Buenaventura con respecto a su texto de *A la diestra*: reproducir el efecto liberador de la mirada burlona que cuando ríe, desde abajo o desde arriba, perturba y desnuda la repugnancia que rodea todo principio absoluto de autoridad.

En la segunda etapa del autor, el método de creación colectiva se consolida y la influencia de Brecht se manifiesta por medio de una intensa práctica artística y afianzamiento político. La tarea de investigación y experimentación a la que el grupo se somete arroja rápidamente resultados positivos. En el plano artístico, se logra establecer un espacio intermedio en el que la rigidez de la palabra y la fluidez de la imagen se reencuentran dialógicamente; asimismo, se realiza un estudio concluyente sobre los códigos receptivos que un público "modelo" debería poseer. En el plano político, los espectáculos que se producen establecen referencias directas con el entorno social y espacio-temporal del espectador. Una vez más, haciendo eco de las palabras de Brecht, Buenaventura ratifica que el arte debe ser un instrumento de análisis del propio medio; es necesario desentrañar conjuntamente con el público "la complejidad cambiante de la vida, las mil formas y disfraces que utiliza el colonialismo entre nosotros" (*"Teatro y..."* 13).

De las obras personales de la segunda fase destacan *La trampa* (1967), *Los papeles del infierno* (1968), *La denuncia* (1973), *La orgía* (1977) y *Seis horas en la vida de Frank Kulak* (1969); de las adaptaciones *Ubú rey* (1966) (Alfred Jarry), *Tirano Banderas* (1968) (Valle-Inclán), *Soldados* (Carlos José Reyes) y *Vida y muerte del Fantoche Lusitano* (Peter Weiss–Buenaventura). Según algunos críticos, *La trampa* y *Los papeles* representan la total ruptura del autor con el teatro convencional y la adopción de un teatro de compromiso social o brechtiano. Sobre *La trampa*, María M. Velasco señala que, al igual que en el teatro épico, su sintaxis estructural no es causal y continua sino dialéctica y discontinua; esta técnica impide la inmersión en la fábula y obliga al espectador a pensar en los hechos que le dan coherencia a la acción general (Vázquez Zawadski, *"Prólogo..."* 12). En torno a *Los Papeles* Carlos José Reyes expresa que, "[i]ndudablemente, sobre este ciclo de piezas flota una constructiva influencia de la dramaturgia de Bertolt Brecht, e inclusive del esquema general de su obra *Terror y miserias del Tercer Reich*, que igualmente se estructura como una cadena de piezas que van desarrollando imágenes de la situación general a partir de experiencias particulares" (12).

En *La trampa* Buenaventura examina el fenómeno del "caudillismo" latinoamericano. El referente histórico de la obra, al igual que los materiales de la puesta en escena fueron extraídos de la biografía del dictador guatemalteco Jorge Ubico (1931-44), jefe militar que por varios años sometió a la nación centroamericana. La pieza, no obstante, no se ocupa de la vida del dictador sino que, al igual que *Tirano Banderas* de Valle-Inclán, de la que Buenaventura hizo también una adaptación, es una alegoría que recoge todas las dictaduras del continente. Como es sabido, la novela de Valle inauguró los grandes relatos en torno al tema del caudillismo, a la que se sumaron *El señor Presidente* (1946) (Asturias), *El recurso del método* (1974) (Carpentier), *Yo el supremo* (1974) (Roa Bastos) y *El otoño del patriarca* (1975) (García Márquez), entre otros.

Los paralelismos de *La trampa* con el texto de Valle, lo mismo que con la adaptación que Buenaventura hizo de él, son comprensibles, lo que sorprende son los parecidos en los gobiernos del general Ubico y del "generalito" Santos Banderas. Por ejemplo, ambos se aferran al poder por largo tiempo convirtiendo sus gobiernos en maquinarias de terror; ambos ostentan orígenes humildes que les gana el desprecio de sus subalternos; ambos son sumamente supersticiosos que no dudan en la veracidad de las predicciones y las fuerzas ocultas. Finalmente, las fuerzas opositoras que amenazan desestabilizar sus gobiernos, ambas son financiadas por potencias extranjeras: en *La trampa* por los norteamericanos y en *Tirano* por los ingleses. El análisis de los hechos en las dos obras prefiere el multiperspectivismo, la mirada distanciada, el humor sardónico y escatológico, y la parodia carnavalesca. Sobre la adaptación de *Tirano Banderas*, Alberto Castilla comenta

> Buenaventura ha sabido plasmar con formidable claridad lo grotesco y esperpéntico de la novela, la plenitud satírica, los contrastes violentos, la tricómica visión caricaturesca, otorgando entidad teatral a tres aspectos sobresalientes del texto de Valle: el tratamiento espacio-temporal, la tragedia del indio y la situación colonial de América Latina. (65-66)

Pero entre la adaptación de Buenaventura y el texto de Valle existen al menos dos diferencias. La primera tiene que ver con el lenguaje. Valle construye su obra sobre la base de un léxico denso e intrincado resultado de la condensación de diversas fuentes fonéticas y lexicográficas. Buenaventura, en cambio, prefiere el lenguaje sencillo, de fácil captación del mensaje, aunque, como en Valle, la pieza está poblada de refranes populares, localismos, giros y otras inflexiones lingüísticas. A pesar

81

de las libertades que Buenaventura se permite, no se desestima la carga política y la visión escatológica que caracterizan el texto de Valle. La segunda diferencia tiene que ver con la postura ideológica de ambos autores. En opinión de algunos críticos, el planteamiento de Valle presupone que una vez las calamidades han sido superadas, los tiempos que vendrán serán mejores. Rizk, por ejemplo, afirma que en Valle prima la interrupción, la ruptura en la historia (*La dramaturgia...* 122). Otros críticos aseguran que el esquema circular de la novela sugiere lo contrario. En cualesquiera de los casos, la caída del tirano representa el fin de un ciclo catastrófico y el comienzo de uno más esperanzador; esto, por supuesto, no implica que en el esbozo de Valle se excluya la posibilidad de que los hechos vuelvan a repetirse. En el texto de Buenaventura la circularidad de los acontecimientos es palpable; o sea que las experiencias históricas de las sociedades latinoamericanas comprueban que debido al carácter burgués de las "revoluciones" que tumban a estos tiranos, la transferencia de poder casi siempre apunta hacia el continuismo (*La dramaturgia...* 123).

Los textos de Buenaventura sobre la grotesca figura del dictador tienen su precedente en los trabajos del autor sobre *Ubú rey* (Jarry), las vanguardias y el teatro épico. Según Carlos José Reyes

En *Ubú* están en germen los planteamientos de Brecht, el grotesco desvertebrado de Ionesco, las tesis de Artaud, el simbolismo crudo y objetivo de Beckett y el fino y matemático 'grand guignol' de Dürrenmatt... Brecht llevará hasta las últimas consecuencias esa mezcla feliz que vemos en *Ubú* de la crítica social más despiadada y la más sustanciosa comicidad. (*Prólogo* XIX-XX)

Efectivamente, en varios de los textos de Buenaventura se mezclan el humor negro, el grotesco y el absurdo del mundo *ubuesco* con artilugios del teatro épico. Esta combinación de elementos, proyectada desde una perspectiva distanciada, posibilita la crítica social y el examen de los conflictos que generan las acciones de las obras.

Otra de las piezas que sigue el esquema de *La trampa* y *Tirano Banderas* es *Vida y muerte del Fantoche Lusitano* – un texto que originalmente pertenece a Peter Weiss. La adaptación de Buenaventura conserva la estructura del *teatro documento*, modelo ampliamente conocido debido al exitoso montaje de Weiss de *Marat/Sade* (1964). Los recursos expresivos de este teatro se fundamentan en las técnicas de la narración; sus planteamientos estructurales sustituyen la fábula dramática convencional por un proceso de enjuiciamiento de la historia valiéndose de documentos, noticias, crónicas y reportajes. El empleo de estos materiales busca revestir de verosimilitud el evento dramático y neutralizar todo ilusionismo de carácter emotivo. Los personajes son arquetípicos, sin profundidad sicológica, símbolos que representan las fuerzas sociales en conflicto. La finalidad del *teatro documento* es el didacticismo, la lección moral que incita al espectador a la condena de las injusticias sociales. El *teatro documento*, dada su disposición al abierto debate y participación del espectador, fue ampliamente acogido en los círculos teatrales latinoamericanos políticamente activos de los sesenta y setenta.

La trama de *El fantoche* reflexiona críticamente sobre los eventos que marcaron la conquista y colonización de Angola por parte de los portugueses y la resistencia esclava angoleña por lograr su libertad. La estructura de foro abierto de la pieza mantiene un tono de debate reflexivo que no raya en el panfleto debido a su escritura en verso. Este artificio contribuye a la desfamiliarización de los hechos y establece un balance entre la dureza de los materiales y el modo de expresarlos; además, aporta a la obra un tono solemne sin mermar su fuerza política. En el desarrollo de la trama, actores y público examinan las circunstancias que autorizan la conducta de los regímenes coloniales, las prácticas de la esclavitud, la explotación y los abusos de poder. A diferencia del texto de Weiss, que se ciñe a las premisas del teatro documento pensando en un receptor europeo, la versión de Buenaventura no escatima lo anecdótico ni los caracteres sino que encuentra "un punto de equilibrio, con el fin de matizar un género que de por sí podría resultar un tanto frío y escueto" en el contorno latinoamericano (Reyes, *Prólogo* XXI). De ahí que la pieza esté salpicada de situaciones humorísticas y de personajes esperpénticos que se entrecruzan en un espacio de violencia absurda que bien podría ser Angola, Colombia o cualquier otro sitio.

Otros textos que se adaptan a los planteamientos del teatro documento son *Soldados* y *La denuncia*. El argumento de ambas obras tiene su base en los trágicos acontecimientos que en 1928 rodearon la masacre de cientos de huelguistas en la zona bananera colombiana. La famosa crisis bananera ha sido cuidadosamente documentada en varios textos narrativos: *La hojarasca* y *Cien años de soledad* de García Márquez; en teatro, la primera obra que aborda el tema es precisamente *Soldados*, de Carlos José Reyes. En *Soldados* y *La denuncia* se observan los dos lados del debate en torno a la masacre bananera, respaldado cada uno de ellos por las únicas fuentes disponibles: la historia oficial y el testimonio oral. Este último recoge la versión de los vencidos, la de los testigos presenciales cuya palabra no registra el documento oficial. En las dos obras, además, se examina la actitud ambivalente del típico soldado latinoamericano que es enviado a reprimir las huelgas. Es decir, su extracción obrero-campesino le despierta, por un lado, cierta simpatía por los huelguistas; por otro, su deber es hacer cumplir las leyes del Estado oligárquico. El conflicto central de *Soldados* se sitúa precisamente en la dualidad interior soldado-obrero que padecen los protagonistas, en "la relación dialéctica de personajes escindidos entre el deber a una patria de por sí vendida y su filiación natural al pueblo" (Rizk, *La dramaturgia...* 189).

La denuncia se estructura de acuerdo a un proceso judicial impregnado de artificios épicos brechtianos en el que, como en *Soldados*, se enfrenta la verdad oficial versus la verdad otra. En el desarrollo de la trama, el público exhibe varias identidades a la vez – juez, testigo y litigante del juicio de la historia – y forma parte del aquí y ahora de una sala de jurado. El encuentro entre escenario-público, más que un evento dramático, pareciera la teatralizacion de las acciones de un congreso de varias audiencias. En el enjuiciamiento, la aparente solidez de la verdad oficial poco a poco se desmorona al ser interrogada por la otra verdad. El gesto exagerado de los actores (distanciamiento), más una buena dosis de satirización, minimizan la carga retórica del teatro documento, incrementan la intensidad polisémica de los enunciados y parodian el comportamiento demagógico de los típicos funcionarios de gobierno.

Los papeles del infierno la integran siete obras en un acto – *La maestra, La autopsia, La tortura, El entierro, La audiencia, El sueño* y *La requisa* – que testimonian la violencia que azotó a la nación colombiana entre los años de 1948 y 1957. Otras piezas como *La orgía, El menú* y *El presidente* también formaron parte de la colección aunque ahora se las considera independientes. Una vez más, la huella de Brecht – especialmente su colección de piezas en un acto recogidas en *Terror y miserias del Tercer Reich* (1938) – se hace evidente en los *Papeles*. El propósito de Buenaventura, al igual que Brecht, es "...dividir al explotado dentro de él mismo mostrándole cómo, a nivel de hábitos, de condicionamientos, de moral, a nivel de comportamiento, sigue teniendo adentro el explotador contra el cual lucha" (Buenaventura, "Teatro y... 14). La estructuración de *Los papeles* explora las contradicciones internas que padecen los individuos que viven expuestos a una situación de violencia permanente. Todos los personajes de la serie son seres marginales que no han sabido liberarse de los sufrimientos que acarrea una vida sometida a pésimas condiciones. Seres anónimos mutilados, de cuerpo y espíritu, identificables únicamente por sus oficios o defectos físicos: *El verdugo, El torturador, La maestra, La tuerta, La manca, La enana, El ciego, El médico*, etc.

Cada una de las piezas examina una situación individual que alcanza proporciones colectivas. El personaje de *La maestra*, por ejemplo, al paso del desarrollo de las acciones, narra los hechos que la condujeron al suicidio. Un día los soldados del gobierno irrumpieron en su aldea, asesinaron a su padre y a otros tachados de subversivos, violaron a las mujeres, incluyéndola a ella, y saquearon el lugar. A raíz de los trágicos acontecimientos, *La maestra* decide dejarse morir de hambre; la vida para ella ha perdido todo valor. Pero más que un aislado personaje, *La maestra* es un símbolo de desolación colectiva. Penny Wallace sostiene que "*La maestra* contains a unifying symbol, that of a river...[The soldiers] killed the teacher's father and started the river of blood in the town because to them he was a hindrance to their intended progress" (38).[23] El "río de sangre" que Wallace señala representa, además, la versión silenciada de los hechos, las voces que la historia se empeña en borrar; el caudal de aguas turbulentas que amenaza desbordarse sobre las falacias impuestas por las armas de los oligarcas.

En *La autopsia* se examina la dicotomía explotador-explotado. Un médico razona con su mujer sobre las dificultades que podría acarrearles el hecho de negarse a practicar la autopsia de un reo político asesinado en prisión y testificar que la acción fue un suicidio y no un crimen. El asunto no sería tan delicado si el reo asesinado no fuera su propio hijo. El médico se encuentra atrapado en una insalvable dualidad: entre su complicidad con los asesinos al firmar rutinariamente falsas actas de defunción y su obligación de padre de familia en demanda de justicia. La decisión de la pareja es ignorar el asunto y convencerse a sí mismo de que el hijo posiblemente merecía su suerte por andar involucrado en actividades contrarias al gobierno. Curiosamente, lo que más preocupa al médico no es la absurda situación de injusticia en la que se encuentra, sino que los jefes superiores sospechen que las ideas subversivas del hijo pudieran haber hecho mella en los padres.

En *La tortura* Buenaventura sondea la condición de violencia interiorizada que sufren algunos sujetos – resultado de una constante interacción con un ambiente de hostilidad – que los conduce a convertir la brutalidad en una forma de vida. La obra se propone evaluar el momento preciso en que se pierde el balance del "oscuro fascismo" que, según Foucault, todos llevamos dentro: "the fascism in us all, in our heads and in our everyday behavior, the fascism that causes us to love power, to desire the very thing that dominates and exploits us" ("*Preface*" XIII). En la pieza, un torturador de oficio y su mujer celebran una cena de aniversario y hablan sobre distintos tópicos. La conversación entre ambos más parece un monólogo a dos voces; mientras que la mujer insiste en recordar nostálgicamente los momentos románticos que ambos compartían cuando aun se querían, el hombre se jacta con orgullo de las atrocidades que comete en su "trabajo":

El Verdugo: ...a mi me entregan un tipo para hacerlo hablar.
¡Y yo tengo que hacerlo hablar!
La Mujer: Si salieras un poco más conmigo...
El Verdugo: Para hacerlo hablar. ¿Sabes lo que es eso?
La Mujer: Podríamos repetir la luna de miel. Al fin y al cabo
no llevamos mucho de casados.(*La tortura* 32)

Al final de la obra, vemos al verdugo preso de celos someter a su esposa a un cruel interrogatorio que culmina con un grotesco asesinato. La violencia enajenante que rige el mundo interior del Verdugo desborda los límites destruyendo, inclusive, su propia vida familiar. La obra, asimismo, intenta demostrar que en toda relación de violencia las víctimas suelen ser de dos tipos: los que la sufren sin ofrecer resistencia y los que con oscuros fines la instrumentalizan.

La orgía y *El menú* son textos abiertos que haciendo uso del meteatro y de una gama de personajes esperpénticos recrean dos tipos de rituales: la conmemoración de una orgía y el "Día de glorificación de los mendigos". En *La orgía*, el personaje de La Vieja contrata a cuatro harapientos una vez por mes – uno tuberculoso, otro cojo, uno vestido de presidiario y la Enana – para revivir sus memorias de prostituta de gran renombre. Un trueque de ropajes más un inflamado código gestual convierte a los repugnantes menesterosos en consumados amantes burgueses. El burlesco trasvase de personalidades resulta significativo si equiparamos las particularidades de cada uno de los pordioseros con las de los personajes que representan: el tuberculoso se convierte en un amante fino, el cojo en un militar, el presidiario en un comerciante burgués y la Enana en un obispo. Lo que se observa es una galería de personajes doblemente degradados que parodian patéticamente la superficialidad de los códigos éticos que rigen la llamada sociedad refinada. En este contexto de enunciación, la Vieja alegoriza las naciones oligárquicas latinoamericanas que satisfacen los caprichos de amantes finos aunque estos, por debajo de sus ropajes, no sean más que sujetos mezquinos de condición enfermiza. Al final, las continuas lamentaciones de los indigentes de que cada vez que acuden a la cita se les da menos pago y menos comida, provocará el asesinato de La Vieja. La pieza se cierra cuando aparece el Mudo, hijo de La Vieja, que al ver el cadáver de la madre muerta gesticula una grotesca mueca de dolor ante el público como preguntando por qué estas cosas tienen que suceder.

En *El menú*, un grupo de pordioseros lisiados y deformes, después de ser desinfectados y obligados a mudarse de ropa por ser su "gran día", son convidados a compartir la mesa de El Candidato, otro mendigo oculto tras una máscara que come como un glotón. Sus sobras deberán ser distribuidas entre sus afiliados, los otros mendigos. El Candidato ha sido escogido de antemano por los miembros del "Círculo" (representante de la burguesía) para "conducirse" ese día como líder de los de su "clase". Una vez se han retirado los encargados del evento (representados por cinco mujeres deformes que además están borrachas: La Tuerta, La Mujer-Hombre, La Manca, La Gorda y La Enana), los furiosos indigentes asesinan a su supuesto líder por haberlos dejado sin comida. En ambas obras prevalece un ambiente de violencia física y verbal: los personajes se persiguen, insultan y golpean constantemente siendo el público también blanco de agresiones, de miradas inquisitivas y de risas burlonas.

El género punzante de ambas obras incursiona en los dominios del absurdo. En estas se combina el disparate, la visión degradante del carnaval y la ceremonia-ritual con un lenguaje mordaz y excrementicio. La misma mezcla de bufonería y dualidad de juego que encontramos en Valle-Inclán incursiona en las obras de Buenaventura provocando, en medio de risas y sentimientos de ternura, la meditación del espectador. Esta realidad deformante Buenaventura la combina con un realismo problematizado que incluye cultismos, refranes, giros y frases cortas. Una vez más, la técnica empleada por Buenaventura en los *Papeles* se asemeja a las propuestas de Bajtin en torno a Rabelais

> To degrade carnivalistically...is to bury, to sow, and to kill simultaneously, in order to bring forth something more and better... Carnival insults are like the slinging of excrement, which fertilizes and fosters growth... The slinging of dung and the drenching in urine represent the gay funeral of this old world; they are like handfuls of sod gently dropped into the open grave, like seeds sown in the earth's bosom. The primary reflex of the carnival body, when it is not defecating or ingesting, is to laugh. (Bajtin, *Laughter*... 443-444)

Según Bajtin, el carnaval es un procedimiento metafórico que desautoriza la verdad de un poder autoritario al equipararla con las funciones fisiológicas del cuerpo: las secreciones, los malos olores y las protuberancias. El carnaval es energía liberadora de si mismo y de otros cuerpos; la risa liberada y liberadora no sólo contiene la magia que regenera vida a base de destrucción sino que es una herramienta que ex-

87

pone la lasitud de las texturas de poder. Es precisamente esta verdad la que Buenaventura intenta expresar a través de su estética deformadora: el sin-sentido que impera en Colombia y otras realidades latinoamericanas, y la ineptitud que corroe sus sistemas políticos. En este marco político, las declaraciones de Penny Wallace con respecto al gobierno colombiano podrían hacerse extensivas al resto de América Latina: "the [Colombian political] system has the appearance of order and organization, but it is entirely superficial. The framework 'is' the system, and nothing exists within it because it wreaks its own destruction" (44).

En la tercera fase del autor se advierte un notable cambio de perspectiva. El método colectivo de creación es sometido a substanciales modificaciones; en las improvisaciones analógicas, por ejemplo, ya no interesa la simple confrontación de resultados con los referentes del texto-base sino que la fluidez de las imágenes. La imagen plurivalente se pondera por sobre la reciedumbre de la idea y el concepto. Sin renunciar a Brecht, Buenaventura sondea los territorios del teatro Artaudiano: la ceremonia y el rito, la mediación entre la palabra y el gesto, el lenguaje gestual, etc. Las obras de esta etapa favorecen los espacios de múltiple significación; las probabilidades que ofrecen la pausa y los silencios, etc. Tanto utilería como escenografía ostentan el mismo nivel de significación que se asigna al texto, esto es, acciones, conflictos y personajes. En cuanto a la recepción, se averigua el influjo que sobre el espectador ejercen los artificios sonoros, de movimiento lingüístico, la heterogeneidad de los materiales escénicos, la ambigüedad de los enunciados, etc. El texto verbal se observa desde ángulos diferenciados y multifacéticos; se le ve, por ejemplo, como una dualidad compuesta de dos sistemas semánticos, denotativo y connotativo, operando en el seno de un mismo enunciado. El signo teatral, a su vez, es visto a partir de su complexión variable y multivalente (Buenaventura, "El enunciado verbal..." 51-62).

En este período de intensa formulación teórica se insertan algunas de las piezas claves del autor: *Historia de una bala de plata* (1979), *Opera Bufa* (1982), *El encierro* (1987), *La estación* (1989) y *Proyecto piloto* (1990). Las primeras dos obras forman parte de una trilogía inconclusa dedicada a las regiones del Caribe y Centro América.[24] La trama de *Historia* es similar a la de *La tragedia del rey Christophe* en el sentido de que en ambas se examina el devenir histórico de las distintas etnias del Caribe – la población negra, mulata, indígena y mestiza – y su problemática relación con los colonialismos europeos y norteamericano. En el texto se recogen la multiplicidad de sincretismos culturales y religiosos, p.e., el vudú y otros ritos mágico-religiosos, las fuentes literarias que introdujeron el mito del "Emperador negro" en la región, etc. (Reyes,

"*Prólogo*" XXXII-XXXIII). La obra se propone jugar con espacios y tiempos diferidos, es decir, por un lado se afirma que las acciones ocurren en el Sur esclavista norteamericano y el Caribe de la segunda mitad del siglo XIX; por otro, se incluyen Gansters del Chicago de los años 30.

El argumento de la pieza es como sigue: Luis Poitié, un soldado negro veterano de la Guerra de Secesión norteamericana, está a punto de ser linchado por haber dado muerte a un hombre blanco. A último minuto, Poitié es salvado de la horca por un aventurero blanco de nombre Smith que lo conduce secretamente a una isla caribeña bajo poderío francés. A raíz de una serie de sucias maniobras, Smith consigue invertir la identidad de Poitié por la de Cristóbal Jones y coronarlo rey de la isla. El plan de Smith y un grupo de ingleses conspiradores es conseguir la libertad de los esclavos de la isla para así disponer de abundante mano de obra barata y gozar de fructíferos negocios. El Rey Yoffre, jefe de la resistencia nativa en la lucha anti-colonial, de pronto se le complican las cosas dada la presencia de otro rey negro que reclama el poder y goza del respaldo de los blancos. Para prevenir un desembarco de *marines*, Smith propone a Yoffre compartir el poder con Potié bajo la condición de que reconozca a Potié-Jones como único emperador de la isla. Yoffre por poco cae en la trampa de Smith. Al final, cuando la situación ha deteriorado irremediablemente y el desembarco de *marines* es inevitable, Jones renuncia al trono después de liquidar a Smith y busca aliarse con Yoffre. Éste, sintiéndose traicionado, le mata con una bala de plata.

El conflicto de la pieza sigue siendo la eterna lucha por el poder, pero a este tema se suman algunos elementos nuevos. Por ejemplo, el racismo – práctica atribuida exclusivamente al colonizador blanco – se admite que es común entre los distintos grupos (un tema poco estudiado hasta ahora), las guerras en favor y en contra de la esclavitud, el tráfico de esclavos, los intereses económicos ocultos, etc. El autor no vacila en señalar a los culpables, directos e indirectos, del aventurerismo militar en el área y las agresiones político-económicas sufridas por estas naciones. Por último, se condena explícitamente al gobierno norteamericanos por permitir que grupos terrorista como el KKK dirijan su violencia en contra de la población negra de los Estados Unidos.

El entretejido de *Historia* se concibe a base de acciones de ritmo fluido, sucesión de secuencias rápidas, técnicas cinematográficas y de una noción de tiempo que avanza y retrocede. El objetivo es fraguar una perspectiva tripartita mítico-mágica e histórica que incluya, además, recursos paródicos y metateatrales: p. e., es claro que la conversión de un prófugo de la ley en emperador es esencialmente farsesca; como lo es el revestimiento de Poitié-Jones-rey de excelsos poderes cuando es también marioneta manipulada por Smith.[25] Entre los otros materiales que se agregan al tejido intertextual figuran el mito griego del "héroe indestructible" o el "anti-héroe" con talón de Aquiles y los personajes de *The Emperador Jones* de Eugene O'Neill – Mr. Smithers y Brutus Jones – que se igualan a Smith, Poitié/Cristobal Jones de Buenaventura respectivamente (Rizk, *La dramaturgia...* 230), etc. A esto se agrega algunos subterfugios del teatro épico: canciones o textos musicalizados, un narrador omnisciente que aleja al público de las acciones al criticar o comentar lo ya ocurrido y presagiar lo que sucederá; empleo de técnicas de desfamiliarización que facultan a los actores a separarse de sus personajes para hacer comentarios directos al público, etc.

Opera Bufa es la continuación de *Historia* y comienza justo en el momento en que los *marines* han invadido las zonas del Caribe y Centro América. Como en textos anteriores, en la trama se alude al tema de las dictaduras y el continuismo político; esta vez, sin embargo, el modelo es el largo gobierno de la dinastía nicaragüense de los Somoza y los relatos que en Latinoamérica se han ocupado de esta cuestión.[26] La temática de *Opera Bufa*, a diferencia de *La trampa* y la adaptación de *Tirano Banderas*, ha sido planteada tomando en consideración los enjuiciamientos críticos contemporáneos, las modificaciones introducidas en el método de montaje y los sustanciales cambios en la situación política Latinoamericana de las últimas dos décadas. Las acciones de las tres piezas, no obstante, se enfocan en los mismo argumentos: el poder político en torno a la degradada figura de un caudillo; la hegemonía neocolonial vista a través de sus siniestros representantes diplomáticos; la corrupción y servilismo de las oligarquías locales; las disputas entre la Iglesia conservadora y la liberal; la corrupción de los ejércitos nacionales que continúan masacrando a su propia población; el fortalecimiento de las oposiciones políticas que en varios casos se acompañan de frentes armados, etc.

En *Opera* se plantea el "destronamiento" de toda forma arbitraria de poder y el saneamiento del mundo y de sus falsos valores en las entrañas del carnaval bajtiniano o del teatro de la crueldad. Mas importa también denunciar las maniobras que emplean la Historia y otras forma de saber para autorizar su propia versión de los hechos. En resumen, *Opera Bufa* es quizás uno de los paradigmas más representativos de la dramaturgia del *Nuevo Teatro*: textualidades híbridas; resemantización en esquemas habituales aunque relativamente rejuvenecidos; inscripción de materiales no pensados para el teatro; empleo masivo de los medios informáticos y otros ingenios tecnológicos, etc. Se trata de una producción dramática que no repara en la cronología exacta de los eventos, que especifica su propia temática y estilo y que abre ampliamente sus repertorios a la crítica meta-histórica y meta-teatral.[27]

Las prácticas teatrales latinoamericanas de los ochenta abogan por la cancelación de las fronteras disciplinarias y epistemológicas favoreciendo una substancial despolitización de sus registros. Con el fin de fortalecer la actividad dramática a nivel continental, autores como Buenaventura ven la necesidad de trabajar con materiales de procedencia diversa (como son el ritual, la retórica solemne, la alegoría, el ropaje brillante, la mascara y la gesticulación exagerada); de acentuar la "teatralidad del teatro" desde el teatro mismo; de romper el mito de que el teatro es magia, ilusión, y no trabajo intensivo previamente planeado[28] y de mostrar los fundamentos ideológicos de las estructuras de poder dedicadas al fomento del engaño. Los comentarios de Carlos José Reyes en torno al montaje de *Opera Bufa* son indicadores de la teatralidad que a partir de ese entonces interesaba ya a Buenaventura y el TEC. Según Reyes, en la nueva modalidad se pondera la "imagen sostenida por sobre la palabra hablada. Fábula y argumento no existen, entendido en la forma tradicional, sino un despliegue libre de imágenes, producto de la imaginación del colectivo a través de las improvisaciones libres (*"Prólogo"* XXXIII).

Las palabras de Reyes recuerdan las exhortaciones de Artaud en torno a su *Teatro de la crueldad* y el teatro primitivo; específicamente, cuando éste expresa la necesidad de redescubrir los estímulos de una especie de lenguaje único, "half-way between gesture and thought", que sólo es posible a través del rompimiento "[of] the subjugation of theater to the text". La empresa, según el teórico francés, debería orientarse hacia la creación para el teatro de "a metaphysics of speech, gesture, and expresión"; algo así como "temptations, indraughts of air around these ideas" (*The Theater and...* 89-90). El modelo más afín a las nociones artaudianas, aunque con substanciales alteraciones en sus planteamientos, es el teatro de "imágenes fluidas" – que algunos críticos denominan posmoderno o intercultural – que cultivan agrupaciones como la *Fura dels Baus* y *La Cubana* (España), y otros teatristas de renombre internacional como son Robert Wilson, Ariane Mnouchkine, Tadashi Suzuki, Heiner Müller y otros. En esta modalidad teatral, el lenguaje verbal, cuando no está sometido a una aguda incoherencia que contrasta con los otros lenguajes escénicos, se ve reducido a una primitiva expresión de sonidos inconexos o se elimina completamente. El impacto del espectáculo sobre el público, según Artaud, debería conducirlo al estremecimiento y a naufragar en "rituales exorcizantes". La meta debería ser la liberación de los propios deseos y frustraciones y el surgimiento de un teatro de la crueldad que prevalezca por sobre la intensidad y la violencia de la misma realidad. Un teatro que demande un máximo rendimiento de sus recursos plásticos, visuales, sonoros y cuyas acciones se concreten alrededor de personajes famosos, de crímenes atroces, de devociones sobrehumanas, como única manera de alcanzar el clímax de las pasiones más sublimes (*The Theater and*... 89-93/122-126). No hay duda que las aserciones de Artaud ratifican en gran medida las palabras de Reyes en torno a la nueva estética de Buenaventura.

En el texto de *La estación*, Buenaventura tantea la estética del absurdo, legado de Jarry, Beckett y Ionesco. Sin embargo, a diferencia de la visión nihilista asociada a estos escritores, el enfoque de Buenaventura se centra en la realidad de un mundo que se destruye y regenera a sí mismo constantemente por el choque de fuerzas antagónicas. Según Reyes, *La estación* se asemeja a un espacio de múltiples desencuentros en el que la vida y la muerte intercambian roles en un juego infinito (*"Prólogo"* XXXV). Esta mirada lúdica e inverosímil, aunada a la percepción "mágico-maravillosa" que algunos críticos perciben en las realidades latinoamericanas, es el tema de la obra. La pieza es el resultado de una versión manipulada del cuento absurdista *El guardagujas* del mexicano Juan José Arreola. En el texto de Arreola, una compañía ferroviaria de nombre fortuito obliga a sus usuarios a las situaciones más absurdas: al verse incapaz de cumplir con sus propios horarios, la compañía, lejos de intentar solucionar el problema exige la paciencia, la comprensión y el patriotismo ciudadano. Esta situación disparatada es incorporada por Buenaventura en su pieza y se advierte que por alguna misteriosa razón los ferrocarriles se niegan a cumplir sus propios horarios,·aparecen cuando les da la gana y parten en horas impredecibles. Los abonados viven con el temor de nunca llegar a los sitios a los que se dirigen ya que los trenes no garantizan arribar a los sitios que prometen sino a otros muy distintos. La confusa situación crea un caos de tales proporciones que cualquier sujeto en su buen juicio demandaría una inmediata explicación sobre el asunto.

Sin embargo, este no es el caso. La estrafalaria situación no altera en los más mínimo los ánimos de los abonados. Al contrario, estos se muestran muy conformes ante los atropellos y con una amplia sonrisa en los labios proclaman que en los asuntos de la patria hay que tener mucha paciencia. Para solazarse, inventan chistes, juegos mentales, lances satíricos y humor cáustico; todo ello con la intención de burlarse de sí mismos y de su trágica situación. En ninguno de los beneficiarios asoma el menor brote de enojo que pueda desencadenar la insubordinación o el desacato a las leyes. Es claro que el planteamiento de la pieza se refiere directamente a la indolencia política que ha dominado a Colombia y a otros países de América Latina en los últimos años. La crítica incisiva de Buenaventura se enfila a dos frentes por igual: al gobierno por su endémica ineptitud en los asuntos de Estado y al ciudadano común por su actitud de tolerancia y entumecimiento. *La estación* es un decisivo testimonio de la nueva estética e ideología que caracteriza las experimentaciones del TEC y Buenaventura. No son pocos los críticos que advierten que a partir de la segunda mitad de los ochenta se percibe en la producción del autor un profundo desencanto con los discursos de las izquierdas latinoamericanas y con la situación de parálisis en la que se han visto inmersos los países de la región. A esto se debe, según se dice, que la carga política de sus obras haya bajado de tono considerablemente y que su discurso dramático busque la experimentación con otras áreas del saber, el re-encuentro con los múltiples lenguajes (como deseaba Artaud) y la percepción del teatro como una disciplina orientada hacia la auto-reflexión. Se observa, además, un intento de acercamiento distinto al texto dramático, esto es, el texto visto como un conglomerado de significados sometidos al escrutinio de una mirada indagadora, en función de otros códigos no necesariamente dramático, y concibiendo la función performativa como un proceso inacabado. Fundamentos de este tipo afirman la decisión del autor de redefinir la relación que debería existir entre cultura, historia y política en las sociedades Latinoamericanas.

NOTAS

1. Es notoria la influencia de los teatros independientes de la región del Río de la Plata y de las *carpas* mexicanas, lo mismo que la dramaturgia de autor – en su etapa de consolidación y primeras exploraciones colectivas – y las plataformas políticas de los distintos movimientos de liberación.
2. Sobre todo, las vanguardias teatrales de principio del siglo XX – Stanislavsky, Meyerhold, Appia, Jarry, etc. – y de mediados de siglo: Piscator, Brecht, Ionesco, Pirandello, Brook, Grotowsky, Kantor, Beckett, Artaud, Kazan, O'Neill, Miller, Albee y los grupos *Bread & Puppet, San Francisco Mime Troupe, Teatro Campesino, Happenings*, etc.
3. Los fundamentos de la *Teología de liberación* (1973), una mezcla de marxismo y cristianismo, fueron expuestos originalmente por Gustavo Gutiérrez en su libro del mismo título. Sus bases teóricas provienen de las reflexiones del sociólogo y pedagogo brasileño Paulo Freire expuestas en su libro *Pedagogía del oprimido*. El discurso liberador de la *Teología* fue ampliamente divulgado en territorio hispanoamericano por sacerdotes liberales que desafiaban el silencio del Vaticano ante las atrocidades cometidas por los gobiernos. Muchos de esto sacerdotes fueron tachados de comunistas por los gobiernos locales y asesinados por sus ejércitos nacionales o escuadrones de la muerte.

4. Se asegura que el método de Creación Colectiva de Buenaventura y el TEC, así como sus otras variantes – p. e., la del grupo *La Candelaria*, de Santiago García (Colombia), la del grupo *Escambray* (Cuba) y la del grupo *El Galpón* (Uruguay) – constituyen la base del *Nuevo Teatro* Latinoamericano.

5. En lo que concierne al empleo del concepto de *Nuevo Teatro*, la crítica latinoamericana se encuentra dividida. Rizk asegura que en una reunión de 25 países (europeos y latinoamericanos) realizada en Cuba en 1983, se acordó unánimemente que el teatro de Creación Colectiva (de Buenaventura), era la "manera contemporánea de hacer teatro" y ya desde entonces se le comenzó a llamar *Nuevo Teatro* Latinoamericano ("*I Taller...*" 73). Azor comparte los criterios de Rizk. Para Weiss el concepto que mejor expresa la multiplicidad de tendencias que conforman el teatro de América Latina de principios de los sesenta es el de Nuevo Teatro Popular; para Perales el concepto de *Nuevo Teatro* es también una forma más de llamar al Teatro Popular. Para Pianca el *Nuevo Teatro* es un "movimiento" en búsqueda de identidad que se suma a muchos otros y es asimismo otra modalidad de Teatro Popular. Para Eidelberg, el *Nuevo Teatro* es una forma de TP ("Experimental") que busca remediar la caducidad de las formas dramáticas de los sesenta y setenta.

6. En las propuestas de periodización de Pianca, Eidelberg y Risk sobre el teatro latinoamericano se incluyen buena parte de las experiencias teatrales de los grupos chicanos e hispanoamericanos residentes en los Estados Unidos.

7. Para Pianca, el período comprendido entre 1959 y 1989 – años del triunfo de la Revolución Cubana y la caída del muro de Berlín respectivamente – representa una época de agitación político-cultural en Hispanoamérica que incluye, además, la reestructuración política del bloque socialistas, el fin de la guerra fría y la derrota del gobierno Sandinistas en Nicaragua.

8. El concepto de *concientización* fue introducido por Paulo Freire en su *Pedagogía del oprimido*. Las ideas de este pedagogo contribuyeron a la formulación de los postulados ideológicos del *Teatro popular* de Boal y a la de otros importantes modelos de análisis literario.

9. Villegas asegura que la tendencia de los estudiosos del teatro de América Latina ha sido la aplicación de criterios globalizantes y lecturas universalistas. En este respecto, Villegas destaca algunos de los principios expuestos por Foucault en su *Arqueología del saber* – en el sentido de desplazar los principios, métodos y objetivos de la "historia de las ideas" y substituirlos por una *arqueología* – con el objeto de invalidar precisamente las tendencias a la globalización y las lecturas totalizadoras de la historia (*Para un modelo...* 37).

10. Según Pavis, el "texto escénico" – "texto espectacular" es el resultado de "la relación entre todos los sistemas significantes utilizados en la representación, cuya organización e interacción constituyen la puesta en escena" (472-473).

11. Según Boal, el teatro de "participación popular" o de "liberación" debe abrir sus puertas a todos los que deseen participar. El "teatro profesional", en cambio, como el mismo el término lo dice, exige personal altamente cualificado.

12. *Parateatro* se consideran todas las actividades que sin ser necesariamente teatrales se valen de procedimientos dramáticos para cumplir sus propósitos; no obstante, debido a su mínimo interés en la calidad estética de sus productos, se le considera una expresión externa de los dominios del Teatro (Pavis, 326-327).

13. En el seno del *Nuevo Teatro* se establecen separaciones entre el teatro "coyuntural" y el "no-coyuntural" (términos acuñados por Buenaventura). El primero es un teatro de acción directa, propio de una coyuntura política específica: una huelga, un acto de agitación sindical o estudiantil, etc. El segundo, es "un teatro de búsqueda constante de un lenguaje teatral, de eficacia mediatizada, cuyo último fin es entretener, divertir sin por esto dejar de representar una realidad" (Rizk, *"El Nuevo Teatro..."* 18). Entre Boal y Buenaventura ha existido un constante debate en torno a la naturaleza de funciones que debería cumplir el teatro "coyuntural". Para Boal, este tipo de teatro constituye una eficaz arma de agitación y propaganda. Para Buenaventura, es un teatro que abusa de sus posibilidades y sacrifica irresponsablemente el valor estético de sus productos en favor de sus objetivos políticos (en Luzuriaga, *Introducción a las teorías...*).

14. Por ejemplo, Versényi afirma que "Liberation Theology, with its stated mission of giving 'the voiceless' a means of expression and upon restoring dignity to the poor and powerless, through elaborating a method by which they can transform their situation, [was] all too easily seen in simplistic and stereotypical terms" (153).

15. Para Unamuno el concepto de *Intrahistoria* encierra el sedimento de las tradiciones culturales de los pueblos. No obstante, estos componentes culturales son casi siempre ignorados por la versión hegemónica de la historia.

16. Para Foucault estas diferencias – que él denomina "rupturas", "discontinuidades" y "desajustes" – impugnan la visión fluida y desproblematizada que comúnmente se presenta la Historia. Su posición "anti-histórica" o "contrahistórica" la formula Foucault en por lo menos dos de sus textos: *La arqueología del saber* (*L'Archeologie du savoir*) (1969) y *Las palabras y las cosas* (*Les Mots et les choses*) (1966).

17. Para Kristeva, el "genotexto" es la matriz configurada de una variedad de textos, literarios o no, de la cual se origina un texto literario. El término se relaciona directamente con otros de sus conceptos, el de "intertextualidad". Para Anne Ubersfeld, el "genotexto" de un texto para el teatro es la práctica teatral; la práctica teatral engendra textos que a su vez desarrollan y transforman esa práctica (Buenaventura, *La dramaturgia del actor*).

18. Un ejemplo de dramaturgia del actor sería la pieza *El maravillo viaje de la mentira y la verdad* (1986), escrita por tres de los actores del TEC.

19. Las improvisaciones pueden ser del tipo "analógico", de "disociación", "oposición", "inversión" o "contradicción". La más empleada es la "analógica", conocida también como "metafórica" (Rizk, *La dramaturgia...* 116).

20. Según Kristeva, el entretejido intertextual contribuye y posibilita los distintos tipos de lectura que se hacen de un texto. El texto en cuestión se plantea como una dualidad: niega o afirma otro, destruye o reconstruye otro. La función "dialógica" de Bajtin, sigue las mismas directrices que puntualiza Kristeva; la única diferencia es que en Bajtin ésta implica ruptura o destrucción. La categoría "intercultural", según Pavis, implica un estilo o una práctica de interpretación abierta y desjerarquizada que engloba materiales de procedencia diversa (249-251).

21. Algunos textos narrativos que trabajan el tema de la tragedia del rey Christophe son *El reino de este mundo*, *El siglo de las luces*, ambas novelas de Alejo

Canpentier; *Biografía de un Cimarrón*, de Miguel Barnet; *The Emperor Jones*, de Eugene O'Neill y *Calibán* de Roberto Fernández Retamar. Asimismo, las piezas dramáticas de Aimé Césaire, *La tragédie du Roi Christophe* (1963), y la de Shakespeare, *The Tempest*, son alusivas al mismo tema.

22. Ricardo Güiraldes la recoge en el Capítulo XXI de su "Novela de la tierra" *Don Segundo Sombra* y Juan Carlos Gené, en su pieza teatral *El Herrero y el Diablo* (1954).

23. El personaje de "La Maestra", lo mismo que la tragedia que la acompaña, mantiene estrecha relación con la temática y personajes de Juan Rulfo en su novela *Pedro Páramo*. En este texto, los personajes, muertos todos ya, narran sus desdichas en reclamo de justicia o simplemente para ser escuchados.

24. Según Rizk, el tema de la tercera pieza, aún sin escribir, tiene su referente histórico en la invasión de las tropas norteamericanas de Bahía Cochinos, Cuba, ocurrida a principios de los años 60 (*La dramaturgia...* 229).

25. Es claro el parentesco intertextual entre estos personajes y el binomio Próspero-Calibán de los textos *Calibán* de Fernández Retamar y *The Tempest* de Shakespeare.

26. Los nombres de los jefes guerrilleros de la pieza se vinculan directamente con los siguientes personajes históricos: *Cesareo Zapata* equivale a Augusto César Sandino y Emiliano Zapata; *Joaquín Arteola* a Joaquín Murieta y Agustín Artigas. Con el nombre de *Delfín* se reconocía al hijo del primer Somoza, o sea Anastasio Somoza Debayle que fue el último gobernante de la dinastía después de ser depuesto por el Frente Sandinista. Asimismo, a los textos narrativos sobre dictadores habría que agregar la poesía de Rubén Darío, Pablo Neruda, Ernesto Cardenal y Bertolt Brecht. La configuración de estos textos se hace pensando en otros contextos de significación y de acuerdo a las premisas que ofrece el *Bricollage*, concepto acuñado por Lévi-Strauss. Es decir, un texto primario ("objeto texto") es reelaborado a partir de sus ejes originales para luego ser insertado en un contexto nuevo diferenciado; la hibridez de los resultado puede ser múltiple (*The Savage...* 16-33).

27. La crítica meta-histórica y meta-teatral de Buenaventura se suma a la tradición temática de la ópera dramática en el sentido de que al igual que Brecht – *La ópera de tres centavos, Ascensión y caída de la ciudad de Mahagonny, El círculo de tiza caucasiano*, etc. – la pieza del autor se postula como una contra-obra, teatral y operática, que parodia burlonamente la verborrea solemne y exageración gestual de la ópera como género.

28. En una entrevista conducida por www.caliescali.com se le preguntó a Buenaventura "¿En qué radica la magia del teatro para usted?" El autor, como es costumbre, respondió humorísticamente: "Pues en que no hay tal magia, es mucho trabajo, hay que luchar mucho..." (*Personajes caleños*).

IV. AMÉRICA EN LA DRAMATURGIA DE BUENAVENTURA Y DE SANCHIS SINISTERRA: REAPROPIACIÓN DE LA MEMORIA Y REESCRITURA DE LA HISTORIA

> América: *la memoria que sangra*
> ("Portada" 9)

A propósito de la celebración del Quinto Centenario del descubrimiento de América (1992) la división cultural de la Sociedad Estatal española V Centenario encargó a la agrupación teatral catalana *Els Joglars* el montaje de una obra alusivo al importante acto. El espectáculo resultante fue tan contrario a los intereses conmemorativos de la Sociedad que se acreditó el veto del director de la Expo 92 y la total exclusión del magno evento.[1] No era para menos. El montaje dirigido por Albert Boadella, *Yo tengo un tío en América*, daba al traste con todas las bondades y ejemplaridades, tantas veces proclamadas en los textos escolares, asociadas a las hazañas del descubrimiento y conquista de América. La pieza de *Els Joglars* se sitúa en "un frenopático de hoy, con locos de hoy pero que imaginan un ayer remoto" y son "conscientes" de que hacen teatro (Fondevila, "*Un descubrimiento...*" 21).[2] Se trata de un ejercicio meta-histórico y meta-teatral en el sentido de que interroga los métodos narrativos de la Historia, a la vez que explora la "teatralización del teatro". Las translaciones de tiempos y espacios disímiles se suceden constantemente: de un asilo de hoy a la siniestra selva americana del siglo XVI; de un puñado de locos acorralados a los pueblos indígenas perseguidos, esclavizados o masacrados; de un puñado de crueles enfermeros, a una jauría de psicópatas conquistadores que utilizan jeringuillas y 'electroshocks' en vez de espadas y arcabuces para someter a sus víctimas. Cinco siglos de revisión histórica condensados en una propuesta escénica que culmina con una "esquizofrénica metáfora de la Conquista de América" (Pérez Coterillo, "*Una metáfora...*" 23). ¿Realidad, ficción, locura, pesadilla, teatro? Quizás todo.

Sobre la propuesta de *Els Joglars*, Fondevila se pregunta, ¿cómo representar al espectador de hoy "una vieja historia sin que supiera a rancia? ¿Cómo sintetizar el sentimiento que nos queda de lo ocurrido hace 500 años?" ("*Un descubrimiento...*" 22). A estas interrogantes, que insinúan cierta culpabilidad histórica, Boadella intenta dar respuesta.

97

En el desarrollo de la obra se hace latente la siguiente pregunta: ¿si el descubrimiento y conquista de América tuvo mucho de demencia, qué mejor que carnavalizar los eventos en el espacio de un frenopático con la participación de sus propios inquilinos?[3] En el montaje se utilizan máscaras, baile flamenco e innumerables instrumentos para acompañar las acciones; los médicos-conquistadores, por ejemplo, se valen de un taconeo flamenco, música estridente y 'electroshocks' para "evangelizar" a sus víctimas. Los temerosos dementes-Indígenas no tienen más remedio que renunciar a sus creencias y adoptar la religión de sus captores. La prueba de lealtad de los recién conquistados a sus nuevos amos, los Reyes Católicos, no podría ser más grotesca y humorística; ante la visita al manicomio de la Directora General de Sanidad – que no es otra que Isabel la Católica[4] – los enfermos "deben mostrar que pueden ser 'amaestrados', educados y programados; ofrecer la imagen de normalidad necesaria para no perturbar la conciencia de quienes les han confinado caritativamente a vivir en guetos" (Fondevila, "Un descubrimiento..." 22). Manolo, uno de los enfermos a quien todavía le queda algo de sentido, expresa con vehemencia a la visitante "nos han quitado la mierda que teníamos en la cabeza y nos la han bajado a donde debe estar. ¡Majestad, la conquista ha sido un éxito!" (22).

Según Pérez Coterillo, la confrontación de los métodos utilizados en la conquista con aquellos empleados en el tratamiento de los locos de la obra ofrece toda una gama de "asociaciones ilícitas" e "imágenes delirantes" que invitan al espectador a una reflexión sobre los hechos históricos ("Una metáfora..." 25); reflexión crítica desde abajo, sarcástica y burlona, que desarticula el andamiaje del discurso benévolo sobre la conquista de América. El desenlace de la pieza deja al espectador sumergido en un mar de perplejidades pero no sin justa razón. Se observa la amenazadora presencia de soldados vistiendo modernos uniformes que portando sierras eléctricas se dedican a la destrucción de la mítica selva americana. La escena claramente alegoriza el proceso de sustitución de un imperio colonizador por otro y afirma la terrible verdad de que en Latinoamérica, después de cinco siglos, las cosas no han cambiado sustancialmente.

La obra de *Els Joglars* y la negativa de la Sociedad Quinto Centenario son sólo algunos ejemplos del cúmulo de emociones y choque de intereses que rodearon la controvertida conmemoración a ambos lados del Atlántico. Pérez Coterillo, por ejemplo, se muestra sorprendido de la sospechosa negligencia de los programadores españoles de espacios escénicos quienes por alguna inexplicable razón dejaron fuera de la celebración a toda representación teatral hispanoamericana. Según el crítico, este proceder demostraba que en algunos círculos aún se creía que el teatro no existía en Latinoamérica y que lo que en España se celebraba era "el encuentro del primer mundo consigo mismo"; decía, además, que esta actitud manifestaba que para muchos Latinoamérica seguía siendo "un fondo de comparsas, sin derecho a texto, con ritmo de merengue y lamento de tango" (*"América ausente"* 1).[5] Las palabras de Coterillo confirman las viejas estrategias coloniales de silenciar y excluir la presencia del "otro" por ser esta anómala y contraproducentes para los intereses hegemónicos.

El debate en torno a las relaciones históricas entre España y América Latina se ha mantenido firme desde principios de las guerras de Independencia americana. Sin embargo, no es sino hasta mediados del pasado siglo cuando se consolida un modelo crítico que auxiliado por las ciencias, los estudios culturales y el arte, se interesa en la revisión crítica de la discursividad de la Historia. El sistema de análisis al que nos referimos se asocia directamente con el post-estructuralismo, deconstruccionismo, feminismo y los estudios postcoloniales. En tal sentido, en la primera parte del presente capítulo revisaremos los cambios de perspectiva introducidos por los estudios contemporáneos en relación a las posturas legitimadoras de la Historia, así como las estrategias empleadas por el *Nuevo Teatro* para formar parte del debate en torno al pasado histórico que une a España y América Latina.

En la segunda parte examinaremos cinco de las obras de los dos autores que nos ocupan: *Cristóbal Colón* (1957) y *Un Réquiem por el padre de las Casas* (1988, 2da. versión) de Enrique Buenaventura y la *Trilogía Americana* – integrada por las piezas *El retablo de Eldorado* (1977-1984), *Lope de Aguirre, traidor* (1977-1986) y *Naufragios de Alvar Núñez o La herida del otro* (1978-1991) – de José Sanchis Sinisterra respectivamente. Estas obras fueron concebidas alrededor de la histórica conmemoración de 1992 o con la intención de revisar los roles de importantes figuras protagónicas del descubrimiento y conquista. Todos los textos, más que celebrar eventos de cuestionable legitimidad, invitan a la reflexión y reinterpretación del pasado pero con la mirada puesta en el presente. Efectivamente, se trata de una revisión crítica del pasado pero sin desatender el aventurerismo de los poderes coloniales y las tácticas legitimadoras empleadas por el documento oficial. El propósito es puntualizar la intolerancia de los imperios con respecto a la alteridad y el mestizaje, lo mismo que tributar la presencia de las víctimas sin nombre que quedaron a la vera del camino en el trayecto de los enfrentamientos. Se trata, además, de constatar los avances y/o retrocesos ocurridos en torno a la erradicación del engaño, el racismo, la xenofobia en las sociedades modernas; así como de desnudar la demagogia partidarista de los poderes políticos que no vacilan en manipular la memoria colectiva.

Cada uno de los textos presenta algunas variantes estilísticas e ideológica que son comprensibles si se consideran los contextos sociales en que fueron producidos.[6] Sin embargo, a pesar de las diferencias, la estética de ambos autores se orienta hacia un realismo, o neorrealismo problematizado y heterogéneo, sometido a una rigurosa reinterpretación que, a diferencia del realismo social a veces dogmático de los sesenta, propone un espacio de amplia experimentación interdisciplinaria.

El proyecto de *Els Joglars* no es único en su clase. Por lo menos a partir de los sesenta surgieron a ambos lados del Atlántico innumerables textos y montajes alusivos a las múltiples circunstancias que vinculan a España con sus ex-colonias americanas. El enfoque de los temas ha variado constantemente prefiriéndose a veces las grandes hazañas épicas, los grandes fracasos, o las estrategias de representación de los 'vencedores' y/o 'vencidos'. Entre los personajes que han recibido mayor cobertura se encuentran Cristóbal Colón, Hernán Cortés, Malinche, Moctezuma, Cuauhtémoc, Bartolomé de Las Casas, Cabeza de Vaca, los Pizarro, Atahualpa y Lope de Aguirre. Entre los eventos destacan la conquista de México, del Perú, del Arauco y la masacre de Cholula.[7] Los géneros de mayor preferencia han sido la tragedia, comedia, entremés, sainete o la hibridación entre unos y otros; en el lenguaje, se ha impuesto la prosa sencilla o de tono elevado y algunos pocos textos han preferido el verso. En el estilo, algunas piezas han preferido el "*pastiche* histórico intencional" que, voluntaria o involuntariamente, se autoparodia; otras, el *kitsch*, o el *bricollage intelectual*, una mezcla ambivalente de múltiples ingredientes, incluyendo el ideológico, que unidos todos a una "modalidad multifacética irreverente y lúdica", así como a una pronunciada "heteroglosia" en los registros verbales, anuncia la posmodernidad en el teatro de los últimos tiempos (Volek 258-59).

Abordar el tema de la posmodernidad en América Latina resulta problemático y exigiría un espacio más amplio de discusión. Valga decir únicamente que la nueva teatralidad observa por lo menos tres características del llamado teatro posmoderno: a) pluralidad de tendencias y lenguajes operando en un mismo espacio (textual o escénico); b) interés crítico y representación de la alteridad, la diferencia y la marginalidad;[8] c) revisión y enjuiciamiento de la discursividad de la Historia. Esta última característica es la que más interesa a nuestro estudio. Según Fernando de Toro, la reintegración y reinterpretación del pasado en los textos de estos autores se trabaja no con la intención de presentarlo como hecho dado y concluido, sino para cuestionarlo y reinterpretarlo

(*"Elementos para..."* 33). El procedimiento que se emplea es uno de "reapropiación de la memoria", entendido éste como una "inscripción de estructuras, temas, personajes, materiales, procedimientos retóricos del pasado en el tejido mismo de un nuevo texto... empleados paródicamente en una doble codificación articulada en pasado/presente" (33).

La Historia se observa en un contexto relativo, esto es, tomando en cuenta que la naturaleza y ordenamiento de sus materiales no son fenómenos inalterables sino prefigurados y sustentados a través de una cuidadosa selección de enunciados. En tal sentido, si el pasado se reinscribe tal como lo que es – una construcción discursiva integrada por un complejo entretejido de relatos y textualizaciones orientada a crear una ilusión de ordenamiento lineal de los hechos – el sustrato político-ideológico que subyace en la versión oficial de la Historia queda al desnudo perdiendo así su validez. Esta estrategia permite que las voces condenadas a la marginalidad adquieran un espacio de enunciación horizontal y plurivocal en el contexto cultural privilegiado.

Vista de esta manera, la Historia se convierte en una epistemología altamente sospechosa, impregnada de prefiguraciones narrativas en la que desaparecen las fronteras entre realidad y ficción. Hayden White asegura que por ahora ya no es posible establecer una clara diferencia entre los procedimientos narrativos empleados por la Historia y la literatura:

> the historical documents are no less opaque than the texts studied by the literary critics. Nor is the world those documents figure more accessible. The one is no more "given" than the other. In fact, the opaqueness of the world figured in historical documents is, if anything, increased by the production of historical narratives... (*"The Historical Text..."* 43)

Para White las narraciones historiográficas no son más que simples "verbal fictions", "verbal artifacts", mucho más cercanos a la narrativa que a la supuesta objetividad atribuida al discurso científico. No existe una perspectiva única de explicar el pasado, asegura White; esto se debe a que las aproximaciones al sustrato histórico suelen ser múltiples y porque cada una de ellas establece su propia forma de representar la realidad. Por lo tanto, si se acepta que el historiador narra en su historia lo mismo que el novelista lo hace en su texto y que aquél, al igual que éste, construye sus relatos en base a ciertas premisas personales y de estilo, entonces el lector tendría plena conciencia del hecho productivo y la libertad de escoger cualquiera de las versiones (43-45). Según White, la lectura productiva de un texto histórico debería ser capaz de percibir las coordenadas inmanentes del texto mismo, ya que sólo así es posible reparar en el cúmulo de tensiones que normalmente acompaña el discurso del historiador.

Las reflexiones de White demuestran la seriedad de las preocupaciones críticas del post-estructuralismo y deconstruccionismo[9] en torno a los procesos históricos y socio-culturales que han marcado el desarrollo de las sociedades modernas occidentales. Es claro el escepticismo de estos modelos de análisis en torno a cualquier retórica de liderazgo y verdad científica que reclama certificación absoluta en las áreas de la cultura y del saber. Para el pensamiento deconstruccionista, "all 'truths' are relative to the frame of reference which contains them; more radically, "truths" are a funtion of these frames; and even more radically, these discourses 'constitute' the truths they claim to discover and transmit" (Bové 56). Si se acepta que la existencia de las cosas se reduce a "discrete historical events", toda voz que reclame poseer 'la verdad' carece de validez fuera del marco lógico del sistema que la legitima (Bové 56).[10]

La distinción entre historia y literatura se establece con Aristóteles y es a partir de entonces que se inicia el proceso de legitimación. En su *Poetics,* Aristóteles prescribe: "poetry [literatura] is a more philosophical and higher thing than history: for poetry tends to express the universal, history the particular" (68). Según el filósofo, la literatura se ocupa de los registros interiores del individuo, del universo del espíritu; la historia, en cambio, profesa lo pragmático, lo desprovisto de sublimidad trascendental. La rigidez en las diferenciaciones ha autorizado el establecimiento de categorías duras que dictaminan que ante la 'verdad' única del historiador, el literato nada afirma sino que inventa. En el contexto positivista del siglo XIX la drástica separación adopta valoraciones absolutas. La historiografía asume el status de ciencia y se cree que como tal es la única capaz "of achieving an objectivity and reliability that other forms of cultural understanding, like literary criticism, could not achieve" (Patterson 250). De igual manera, se acuerda que los componentes de la cultura deben ser gobernados por el tipo de valor histórico que mejor representa al colectivo, esto es, los valores de los grupos en el poder. Esta visión de la realidad, estimulada por nacionalismos de toda índole, más una urgente necesidad de acallar las voces disidentes en favor de la unidad cultural, culmina en un proceso de homogenización del pasado y construcción de un "determinative historical context in homogeneous and even monolithic terms" (Patterson 251).

Esta perspectiva unilateral desautoriza a la literatura de decir lo que la historia no le permite, del mismo modo que el literato queda expuesto a la censura arbitraria del historiador. Esta rigurosa revaloración del concepto historiográfico de la verdad tuvo la culpa de que muchos de los textos coloniales, considerados históricos hasta entonces, fueran clsificados a finales del XIX como simples obras de ficción. Según señala Margarita Zamora, en este proceso "most of the narratives of the colonial period [were] stigmatized with the label of novelesque, utopian, imaginative, and so on" (339); un ejemplo sería los *Comentarios Reales* del Inca Garcilaso de la Vega, un texto considerado histórico por largo tiempo, para luego ser ficcional. Zamora afirma que la categoría de "literatura" en el XIX se definía de acuerdo al valor que se asignaba a los textos que la constituían; valor que no era otra cosa que "a cultural transcendence that [was] attributed to them through a complex web of reading and evaluation" (336). De lo anterior, se concluye que la reevaluación de las categorías históricas y literarias depende de los modelos ideológicos dominantes y que el concepto de "'literariness' is determined by a text's cultural role within a especific society at least as much as by its formal characteristics" (Zamora 337).

La crítica formalista rusa de la primera mitad del siglo XX rechaza la separación entre historia y literatura calificándola de reduccionista. Sin embargo, como Patterson señala, los Formalistas no objetan la supuesta "objetividad" atribuida a la historia, ni la separación que se establece entre realidad (Historia) y ficción (literatura). Su inclinación se orienta más a autorizar "their activity by declaring literature to be as much an object of study as history and hence as liable to precise and accurate description as historical events" (251). Una nueva formulación crítica que surge a partir del último tercio del siglo XX y en la que se combinan tres factores esenciales pareciera dar respuesta a una serie de interrogantes. Primero, el interés del estructuralismo de los sesenta en las teorías de Saussure, específicamente, en la naturaleza y funciones de la lengua.[11] Segundo, la inclinación de una especie de "formalismo radical" en el análisis deconstructivista de los textos – algo que, según Patterson, significó una decisiva amenaza a los cimientos teóricos del propio formalismo. Tercero, el surgimiento de una crítica militante de fuerte orientación política "that insisted that literary scholars could not escape from social engagement by taking refuge in the real of the aesthetic" (Patterson 256).

La mezcla de estos elementos arroja dos resultados: primero, se rechaza la distinción que se establece en los estudios culturales entre categorías "objetivas" y "subjetivas". Segundo, se determina que el concepto de "literatura", más que reunir cualidades ontológicas, es enteramente funcional; o sea que el procesamiento de los materiales con que trabaja la historia depende directamente de prácticas narrativas y estilísticas similares a las de la literatura aunque se trata de una forma de escritura que se diferencia de la de otros tipos por la función cultural que desempeña y no por una supuesta esencialidad. En palabras de Patterson, "a piece of writing is 'literature' not because it possesses certain characteristics that other pieces lack, but because its readers regard it – for a variety of reasons – *as* literature" (256). Formulaciones de esta índole abrieron las puertas a otras formas de pensamiento[12] interesadas también en el examen de los mecanismos legitimadores de la historia y los de otras disciplinas encargadas de la producción del saber.[13] En la actualidad, los sistemas de pensamiento heredados de la modernidad parecieran atravezar por una crisis de credibilidad de tales proporciones que algunos se atreven a pronosticar la muerte de la historia y la ideología; un pronóstico que se suma a las tantas veces anunciada muerte de las grandes metanarrativas. Una visión poco optimista y por cierto no exenta de ambigüedades es la que nos presenta Francis Fukuyama en su ensayo *The End of History?*

> the unabashed victory of economics and political 'liberalism' over all competitors meant not just the end of the cold war, or the passing of a particular period of history, but the end of history as such: that is, the end-point of mankind's ideological evolution and the universalization of Western liberal democracy as the final form of human government. (McLellan 75)

Para Fukuyama, los viejos procedimientos de dominio e intervención, han sido substituidos por tácticas económicas de negociación propias del capitalismo de mercado. En el pasado, asegura el crítico, los conflictos armados eran los principales promotores de cambios. Ahora, sin embargo, que se proclama oficialmente el "fin de las ideologías" no existe la necesidad de enfrentamientos entre los Estados liberales en otro orden que no sea el económico. Fukuyama asegura, además, que si en la actualidad no es posible imaginar un mundo sustancialmente distinto y el futuro ya no representa una opción de mejoramiento es seguro concluir que la Historia misma ha alcanzado su fase final (McLellan 76-77).

La dramaturgia del *Nuevo Teatro* asimila buena parte de estas reflexiones y las resemantiza en el seno de su propio discurso. A esto se debe que los textos producidos desde comienzos de los setenta presentan cambios significativos en sus planteamientos, sobre todo, en el tipo de relación que debería existir entre sociedad, pasado histórico y teatralidad. Muertas o silenciadas las ideologías, reina el desencanto. El teatro didáctico y moralizador cede el paso al teatro de imágenes plurivalentes;

es decir, el mensaje de las obras, si es que existe, ya no es un fin en sí mismo sino que forma parte del cuerpo de la propuesta; las obras ya no se proponen objetivas ni universalizantes sino modestas opiniones. Estas y otras formulaciones encuentran cabida en las obras de revisión histórica de Sanchis y Buenaventura; en el caso del primero, los textos dialogan con las corrientes estéticas y el entorno socio-político de la España democrática de los ochenta; en el segundo, éstos se insertan en las llamadas "dramaturgias de urgencia", piezas cuyo compromiso se encuentra enraizado aún en la problemática socio-política e idiosincrasias nacionales (Kurapel 367). Este factor es importante al momento de valorar la obra temprana de Buenaventura, dada sus preferencias por una estética épico-realista mucho más cercana al teatro de Brecht de los años sesenta y setenta.

La obra de Sanchis, en cambio (lo mismo que la de otros escritores coetáneos), se ajusta a una especie de "realismo posmoderno", tendencia estética que, según Floeck, domina la producción dramática de la llamada 'Generación de 1982'. Patricia O'Connor concuerda con Floeck cuando asegura que los autores españoles de las últimas décadas apuestan por una dramaturgia de corte "neorrealista" o "realista posmoderna" que incluye la reescritura de los clásicos, la reivindicación de la palabra, el argumento, los personajes y el deseo de contar historias. Señala O'Connor que si bien el material de sus obras se acerca al realismo de Buero Vallejo y Sastre, "el lenguaje es más coloquial, y el interés de los autores se centra más en las posibilidades dramáticas de la situación límite que en la ética" (*El teatro español...* 189); se asegura, además, que la aparente renuncia a "juzgar y moralizar" y a promover el debate no implica una carencia "de sentido de la responsabilidad social", sino un enfoque de mayor amplitud interdiscursiva (O'Connor 190). Según Buero Vallejo, entre los objetivos a cumplir por la nueva teatralidad está la recuperación del público perdido, algo que sólo es posible si a este se le sigue dando lo que más le gusta: una "coherencia situacional y argumental" impregnada de "cierta dosis de realismo" que, bien entendido, "no es de ninguna manera incompatible con experimentos formales a veces muy audaces" (*El estado actual...* 9). Paloma Pedrero, por su parte, sostiene que si el nuevo teatro español mantiene su interés en la problemática del mundo y no sólo en sí mismo, éste mejorará sustancialmente (12).

De igual manera, para los escritores latinoamericanos la nueva dramaturgia debería continuar trabajando los temas de la realidad inmediata – el individuo y su medio, la identidad, la alteridad, la subjetividad – y fortalecer una teatralidad en la que los lenguajes escénicos, recursos técnicos e imaginario visual se equiparen al lenguaje verbal cobrando nueva vida. No cabe duda que los escritores dramáticos de ambos lados del Atlántico continúan percibiendo la realidad como materia prima de sus obras – aunque su actitud ante el juego escénico y los planteamientos resulte ser mucho más distanciada. En fin, nos enfrentamos a un teatro que ya no busca monopolizar el imaginario del espectador, orientar su raciocinio o modificar nada en su conducta.

Se ha dicho ya que dos de los temas que capturan la atención de la nueva teatralidad son la alteridad y el rol del escritor contemporáneo. En torno al primero, el dramaturgo colombiano Carlos José Reyes asegura que, a diferencia de los años sesenta y setenta, las estrategias de acercamiento al receptor contemporáneo deben ser distintas, esto se debe a que ahora la "utopía de una identidad homogénea" colectivamente socializada ya no tiene ningún valor. El énfasis, según Reyes, debe orientarse hacia la exploración de la presencia y subjetividad del 'otro', ya que sólo el reconocimiento de la otredad, "de la multiplicidad, de la voz diferente a la mía se puede conseguir que el teatro penetre cada vez más en el fondo del ser o no ser hamletiano" (Matteini, "*El vuelo de la...*" 82). Para Reyes, la nueva producción debe ser un medio que obligue a los profesionales del teatro a salir "del encierro, del dogma, de la intolerancia [y] del fanatismo" en que han caído. Sólo así pueden descubrirse los muchos rostros y las muchas voces interiores nuestras y de los otros (82).

Sobre el rol del escritor, el puertorriqueño Roberto Ramos Perea se pregunta si el escritor de un país colonizado debería trabajar únicamente los temas relacionados con la condición de dependencia o inquirir en otras áreas sin ser tachado de reaccionario en su propio país: "ya me cansé del discurso reiterativo, histórico y amañado de nuestros quinientos años de colonialismo... creo que hay que decir otras cosas, otras metáforas" ("*Cambio de folio...*" 83). Ante la supuesta pérdida de "valores morales" en América Latina – resultado directo, según parece, del vacío dejado por la llamada "muerte de las ideologías" (Monleón, "*Teatro español y...*" 8)[14] – el español radicado en Venezuela José Antonio Rial opina que uno de los objetivos de la nueva teatralidad sería el restablecimiento de esos valores. La situación es urgente, afirma Rial, sobre todo ahora que "ya no hay tierra prometida para el proletariado del mundo" y que ya no existe "una ideología que nos ofrezca un refugio sentimental o una retaguardia desde donde luchar" ("*Cambio de folio...*" 84). Las alternativas ofrecidas por el chileno Marco Antonio de la Parra para orientar el teatro de su país podrían ser útiles para el resto de América Latina. Para él, el nuevo teatro debe proyectar una estética sin fronteras y operar sobre la base de dos temas fundamentales: primero, revisar la llamada "pequeña historia", o sea, enfocarse más en lo cotidiano que en los grandes eventos; segundo, explorar en "los territorios inconscientes de la sexualidad [y] las zonas oscuras de la especie" humana (*"El teatro del..."* 46-47).

En cuanto al manejo de los temas historiográficos en Sanchis y Buenaventura[15] se perfilan dos tácticas comunes: la de la mirada que escudriña los resquicios del documento oficial de la historia y la del receptor-productor que elabora una propuesta dramática en torno a una reflexión libre de los hechos. En el texto resultante, el escritor no enmienda la supuesta incoherencia de los eventos ni restablece los significados omitidos; su discurso textual no busca más verosimilitud que la que ofrece el escenario, ni defiende posturas ideológicas específicas. Tampoco oculta el proceso de manipulación al que somete los materiales, las inexactitudes cronológicas que introduce, el manejo arbitrario del tiempo y del espacio, etc. Su propósito de reivindicar una estética de lo cotidiano le conduce a los territorios de las llamadas grandes metanarrativas, el sedimento de los procesos históricos, y a proyectar "una visión mínima y voluntariamente mutilada de la historia" que le permite "echar algunas miradas furtivas sobre lo real" (Pavis 235-237).

La vieja nomenclatura "teatro de compromiso" – obsesivo deseo de proporcionar soluciones globales a los problemas del mundo – tiene poco o nada que ver con estos textos: "es que no queremos ser ni predicadores ni maestro ni terapeutas", dice Sanchis, "no queremos tratar al público ni como rebaño, ni como menor de edad... carente de algo, insuficiente" (*"Cambio de folio..."* 91). Las explicaciones historiográficas de las obras se limitan a proporcionar "una concepción de la historia en la que tanto los grandes personajes como los pueblos ya no parecen obedecer a una lógica previsible" (Pavis 237), sino más bien a una lógica problematizada, esencialmente desmitificadora. Es más, podría decirse que en estas obras la imagen de las grandes figuras y grandes eventos ya no son relevantes. Estas y otras características han inclinado a pensar a mucho críticos que nos enfrentamos a un teatro posmoderno.

Efectivamente, al menos tres de las funciones que Fernando de Toro atribuye al llamado teatro posmoderno – "estética", "crítica-reflexiva" y "política" – se asocian a las obras que nos ocupan. Según de Toro, la función estética consiste en presentar el nuevo acto creativo no como un producto original sino como lo que verdaderamente es "un acto de retextualización y apropiación de textualidades" (*"Elementos para..."* 30). La operación de trasvase que se realiza permite la desmitificación de la llamada "creación original", un principio sumamente apreciado por la modernidad.[16] La función crítica-reflexiva se concibe como una parodia de la textualidad primaria; es decir, el objetivo primero no es la simple concretización de un nuevo texto, situación dramática o personaje, sino de manipular los materiales para generar "una nueva textualidad que... tiene poco o nada que ver con el intertexto inicial" (30). La función política consiste en someter la propuesta final al escrutinio del público; esta operación, según de Toro, por su misma naturaleza de confrontación abierta, posibilita la "politización" del producto "en un acto de distanciación" y "deconstrucción" (31).[17] El encuentro público-espectáculo ("desdoxificación"), no sólo permite observar el espectáculo como un simple juego de perspectivas sin aparente intención de transgredir las fronteras del aquí y ahora, sino que posibilita el desmantelamiento de los cimientos del discurso hegemónico.

En las obras que nos ocupan las funciones señalada por de Toro operan de distintas maneras. Tanto temas como personajes (reales y ficticios), son vistos desde una óptica "otra", carnavalizada, a la exégesis oficial de la historia – esto incluye la discursividad de los cronistas de Indias. En los textos históricos de Buenaventura y Sanchis, no interesa la reivindicación de los viejos mitos heroicos sino el perfil de una nueva mirada por sobre la retórica legalista que autoriza y glorifica los hechos del descubrimiento y conquista de América. La imagen del almirante Colón, por ejemplo, en el texto de Buenaventura ya no es ni la de un santo varón ni la de un demonio, sino la de un nuevo hombre, producto del Renacimiento, rodeado de los conflictos e incertidumbres propios de su época. El padre de Las Casas, aunque de nobles acciones y sentimientos, se le bosqueja como una víctima ingenua de sus propias acciones y transacciones. Alvar Núñez Cabeza de Vaca, epítome del conquistador fracasado, de regreso en la Madre Patria ya no sabe si es español o indígena, ni es capaz de diferenciar el amor del odio.

En fin, estos textos,[18] sin ser esencialmente posmodernos, se proponen presentar al espectador de hoy el mundo europeo y americano del siglo XVI, el de los españoles conquistadores e indígenas americanos, sin importar que se tenga conocimiento pleno de las Crónicas de Indias, Cartas de Relación o de las tantas versiones sobre el descubrimiento y conquista. La conexión entre la propuesta escénica y el horizonte de expectativas del espectador podría acontecer, o ser un único acto receptivo que implique simplemente el aquí y ahora de la representación. En cualquiera de los casos, la falta de diálogo intertextual no invalida la propuesta inicial ni elimina la pluralidad de sentidos; el receptor en cualesquiera de los casos cumple la función de "rellenar los huecos" dejados por el autor e interroga el texto en "el espacio de la connotación".[19] Asimismo, el espectador cumple su función de "co-productor" del texto-espectáculo, sin cuya participación la empresa estaría lejos de completarse (de Marinis, "Hacia una teoría..." 27).

Buenaventura: Colón y Las Casas

> En los caminos yacen dardos
> rotos; los cabellos están
> esparcidos.
> Destechadas están las casas,
> enrojecidos sus muros.
> Gusanos pululan por calles y
> plazas, y las paredes están
> manchadas de sesos.[20]

En 1992 se cumplen los quinientos años desde que Cristóbal Colón arribara a las costas americanas como emisario de la corona española. Curiosamente, al divisar la enorme extensión de tierra de la isla de Cuba y pese a que los cálculos de navegación eran incorrectos, el almirante dio por sentado que había llegado a las costas de Asia. Para erradicar toda duda, Colón hizo jurar a su tripulación "'on pain of a hundred lashes and having the tongue slit if they ever gainsaid the same', that Cuba was the mainland of Asia" (Keen 56). El insignificante error determinó que un vasto continente, heterogéneo en geografía y población, fuera rotulado Indias Orientales y sus habitantes bautizados como indígenas. Lo que vendría después del desencuentro-descubrimiento sería una orquestada campaña de esclavización de los nativos, destrucción de sus lenguas y culturas, y el despojo de sus bienes. Todo este irracional sometimiento se hizo en nombre de la evangelización, la civilización y de un naciente capitalismo de mercado. El debate en torno a la legitimidad de la conquista abarca ya cinco siglos y no parece encontrar consenso. Por un lado, están aquellos que ven en la empresa conquistadora y colonizadora únicamente magnánimas repercusiones; por el otro, están los escépticos que se preguntan si la generosidad atribuida a tales eventos debería ser sinónimo de júbilo o de llanto.

Algunos estudiosos, al reparar en el etnocentrismo que acompaña al término "descubrimiento" optan por minimizar la intensidad de la polémica sustituyéndolo por el de "encuentro de culturas"; un concepto de profunda ambivalencia que "with its suggestion of a peaceful meeting of people and cultures – hardly fits the grim reality of the European invasion of Indian America" (Keen 57). O'Gorman y Todorov, incluso, niegan el término señalando que lo ocurrido realmente fue una manipulada "invención de América", comenzando con los diarios de navegación de Colón. O'Gorman asegura que "América fue inventada bajo la especie física de 'continente' y bajo la especie histórica de 'nuevo mundo'", primero, por la imaginación de Colón y Vespucio; segundo, por el proyecto imperial español que bajo la nomenclatura de Nuevo Mundo, buscaba "potenciar la existencia de América sólo en tanto expansión" del viejo mundo (Moraña, *Descubrimiento...*" 42-43).[21] Otros estudiosos han querido ver los eventos desde la perspectiva de los "vencidos", visión que se examina adecuadamente en el texto de Miguel León-Portilla, *El reverso de la conquista* (1977). Pero, en definitiva, como señala López García, nos enfrentamos a una disputa imposible de resolver unánimemente debido a que se ha querido trasladar una situación esencialmente hermenéutica a los hechos mismos. Por una parte, la disparidad de opiniones ha convertido el debate sobre América "into a vast fabric of accounts, not always verified, of victims and atrocities"; por otra, se ha producido "a no less disproportionate list of rules, for the most part never followed..." (709).

Ante estas valoraciones habría que preguntarse ¿qué significados tenían para los hombres del Renacimiento los conceptos de descubrimiento y conquista? McAlister asegura que en el lenguaje de la época la acción de "descubrir" estaba ligada a ciertos designios y valoraciones; significaba revelar y dar sentido a los territorios que permanecían ocultos de la fe cristiana y "the coming upon troves of treasure or, more prosaically, the finding of valuable comodities in which to traffic" (89). Lo anterior se hace evidente en el proceso mismo de conquista; por ejemplo, al ser sometidos por las armas los nuevos territorios, se fundaban los señoríos que se encargarían de impartir los evangelios e imponer la voluntad de los reyes por sobre el paganismo de los infieles. Todo esto se acompañaba de una muy bien orquestada "extraction of tribute and booty from the conquered" (McAlister 90). Este proceso conduce a Keen a concluir que, de acuerdo a la experiencia de América, es imposible hablar de "encuentro de culturas".

En opinión de Beatriz Pastor, el año 1992, más que conmemorar actos vergonzosos, debería iniciar la deconstrucción de la narrativa historiográfica europea, en cuyo seno se omiten las contradicciones inherentes que por más de quinientos años han acompañados los históricos eventos (*"Silence and..."* 122). Señala Pastor que el trágico choque entre Europa y su "otredad" debería examinarse en su propio contexto histórico, pero tomando en cuenta las implicaciones económicas, ideológicas, culturales y políticas que afectan a todos por igual (121); la conquista de América ya no puede seguir siendo la versión de una sola voz debido a que esta versión única está poblada de omisiones, silencios y ausencias. Una revisión crítica y productiva de los hechos debería cumplir al menos con dos objetivos: rastrear cuidadosamente los componentes del documento histórico oficial y reintegrar las verdades omitidas.

Haciendo eco de lo expresado por el escritor español Domingo Miras, en el sentido de que la Historia no es otra cosa que "un enorme depósito de víctimas atropelladas por el curso de los hechos", Buenaventura y Sanchis Sinisterra evocan la memoria de aquellos que sucumbieron ante los fracasos o se elevaron ante los triunfos que marcaron su propio tiempo: Colón, Las Casas, Aguirre, Cabeza de Vaca y otros. En el texto *Cristóbal Colón*, Buenaventura explora los recintos interiores del almirante descubriendo una compleja personalidad inmersa en contradicciones, intuiciones, audacias, perseverancias, sueños y mezquindades (Reyes, *"Prólogo"*). Del mismo modo, el autor observa las hazañas del descubridor a partir de una mirada distanciada del enfoque apologético del héroe mesiánico; el personaje es visto en pleno, desmitificado, enfrentado a circunstancias humanas que exigen de aguda astucia para conseguir óptimos resultados.

Colón, al igual que tantas otras personalidades, ha sido convertido en un tema/sujeto, un espacio abierto a formulaciones ideológicas de toda índole. En autores como Lope de Vega, Alberto Miralles, Antonio Gala, José Ignacio Cabrujas, Buenaventura y otros más, la figura del almirante constituye un catalizador en la tarea de examinar el pasado que liga a América con España.[22] Según Asela Rodríguez, es Lope de Vega el primero que plantea los temas y situaciones que serán comunes en los textos sobre el descubridor: Colón peregrino por las cortes europeas; trámites y entrevistas con reyes españoles y portugueses; oscuras transacciones con religiosos y comerciantes; rescate de Granada del dominio musulmán (que casi siempre aparece como telón de fondo); aprobación y preparativos del viaje; travesía poblada de peligros y amotinamientos; arribo a las costas del Nuevo Mundo; contacto con nativos y regreso triunfal.

Sin embargo, contrario a la impecabilidad que galvaniza la imagen del almirante en el texto de Lope, en el de Buenaventura se documentan las atrocidades cometidas en contra de amerindios y españoles y se ve a Colón directamente involucrado en las acciones – ya sea ordenando ahorcamientos, esclavizando y torturando indígenas o miembros de su propia tripulación. En algún momento, incluso, el personaje se comporta como un demente al auto-erigirse "virrey de la porquería" y almirante de "ratas miedosas". Bartolomé, hermano de Colón y comerciante de todo lo que tenga algún valor (en Buenaventura este personaje sugiere un alter-ego del descubridor), opina que "Cristóbal es el perfecto egoísta...que sólo se quiere a sí mismo" (*Cristóbal...* 10), un "iluso" "soñador" obsesionado con viajar a las Indias (6). En sus delirios de grandeza, Colón arremete rabiosamente en contra de los consejos de su hermano:

no hay quien entienda a estos locos materialistas... pensar
que pueda dejar el oro por el oropel... Que pueda cambiar el
poder y la gloria por un hediondo negocito de usurero... un
almirante... un virrey... el dueño del mundo... sentado detrás
de un mostrador... Un águila en el corral de las gallinas. (19-
20)

En ocasiones, Colón se asemeja a un Fausto dispuesto a negociar
su alma por el hecho de cumplir sus obsesivos propósitos descubridores.
Su matrimonio con Doña Gloria, mujer de la alta nobleza portuguesa,
no es por amor sino por mejorar de status y tener fácil acceso a valiosa
documentación. Jugando con el nombre de la mujer, cuya integridad es
dudosa, Buenaventura propone un doble sentido que alude directamente al premio que Colón añora conseguir con sus increíbles hazañas. El
estudiante (una especie de voz neutral deconstructivista) increpa al
descubridor, "... doña Gloria es tan puta como cualquier mujer dema-
siada solicitada y se complace en adornar la frente de los que le son fieles...entregándose furtivamente a los que no la buscan..." (*Cristóbal...*
23). La epicidad del héroe y el supuesto altruismo de la evangelización,
Buenaventura los equipara con la codicia de poder, riqueza y títulos
nobiliarios que obsesionan al descubridor. Según Buenaventura, son
estos factores más que el "providencialismo"[23] que se atribuye a su misión descubridora, los que capturan la atención del almirante. Pero no
todo en la pieza posee connotaciones históricas, se incluye, además, un
humorismo sardónico, distanciador, que involucra varios momentos y
situaciones. Por ejemplo, en la víspera de la partida hacia Indias vemos
al almirante celebrando en una taberna con un grupo de marineros y
tres prostitutas. Enseguida nos enteramos que las tres gloriosas carabe-
las han sido bautizadas con los nombres de las tres mujeres: la "pinta,"
la "niña" y la "gorda". Esta última será luego rebautizada con el nombre de "Santa María" para darle a la misión, según Buenaventura, un
carácter más solemne.
Según la pieza, antes de partir hacia América el trágico destino de
Colón queda inscrito por la profética maldición de un Viejo: "¡Óyelo
bien, Cristóbal Colón, te maldigo! ¡Maldito seas tú y tu casta y tu familia! No verás las Indias nunca. La tierra te rechazará; te escupirá de sí
como un desperdicio y ni siquiera llevará tu nombre!" (*Cristóbal...* 59).
Un dato por lo demás histórico ya que en el orden real de los hechos
esto sí se cumple. Ya en tierras americanas, los eventos se suceden rápida e inesperadamente. A raíz de las crueldades del almirante con los
aborígenes, El estudiante (su consejero) se rebela en su contra uniéndo-

se a un grupo de indios alzados. En uno de sus encuentros, El estudiante le advierte que las cosas no pueden continuar lo mismo:

Estudiante: los indios se suicidan en masa y mueren de tristeza los que por su edad no son aptos para la esclavitud.
Colón: ¿qué quieres? No hay oro. Los estoy convirtiendo en oro. Los hago bautizar, marcar y vender...
Estudiante: Despoblarás la isla, y ese cinismo y esa amargura terminará por volverte loco.
Colón: (obsesionado, poseído y furioso): ¡Imbécil! El loco eres tú que de hombre te quieres convertir en bestia. Arrasaré todo hasta dar con el Gran Kan. Hasta encontrar gente. Gente que haga comercio, que haga la guerra y que posea las cosas. (84-85)

Los continuos desvaríos de Colón, provocan que él y su hermano sean hechos prisioneros, engrillados y enviados de regreso a España para enfrentar la ley soberana. Entre otras cosas, se acusa al almirante de "...ejercer la tiranía contra cristianos y naturales, de mala administración de las nuevas tierras y de ser judío" (90). Ya en el calabozo, el personaje experimenta un desdoblamiento que lo conduce a recapacitar sobre los grandes favores hechos a España y a Europa y cae en la cuenta que en pago se le ha tratado como a un delincuente. En sus constantes pesadillas, se le aparecen los espectros de las víctimas que mandó a esclavizar y a ahorcar reclamando justicia. El tribunal de la corte le condena a la desesperación, la ceguera y la soledad (91-95).

Pasado algún tiempo, Colón y su hermano, ya viejos y enfermos, rememoran sus glorias en una miserable choza de Sevilla. Aunque el otrora gran navegante goza del perdón del rey, se le niega todo, hasta los honores concedidos. Su nueva obsesión es liberar Jerusalén de los infieles para así fundar una patria protectora de todos los judíos errantes que como él carecen de una. Al momento de morir se le aparece el espectro de su compañero de aventuras Martín Alonso Pinzón, Colón le revela su visión del paraíso: "Ptolomeo no sabía de la misa la media cuando dijo que el mundo era redondo. No es redondo... Es como una pera y la parte más alta, el pezón de ese seno de mujer, está en las Indias que descubrimos" (102-103). El cambio de un Colón soberbio a uno arrepentido se completa por fin cuando admite su equívoco sobre las Indias. Reconoce que en América, ante de su llegada, todo era libertad, propiedad común e inocencia nativa y que la amistad que los indígenas le ofrecieron, sin esperar nada a cambio, le era desconocida. Finalmente, asegura que los indios "Caribes" no eran más antropófagos que los españoles sino más abiertos en sus prácticas canibalísticas (102).

En cuanto al Colón histórico, uno de los temas que reúne mayor consenso en torno a su personalidad es la del comerciante, fiel representante de los intereses de un sistema económico emergente. Keen sostiene que Colón, sin saberlo, era un instrumento de las fuerzas históricas que mediaban entre la crisis del medioevo y un naciente capitalismo de mercado. Esa fase del proceso exigía la total conquista del mundo, la instauración de una ideología justificadora y la convicción explícita de la superioridad del europeo blanco por sobre otros pueblos (Keen 59). Estos criterios demuestran (como declaran sus diarios de navegación), la incapacidad del almirante de ver en las tierras recién encontradas ventajas que no fueran comerciales y de juzgar la generosidad de los nativos como símbolo de debilidad. Asimismo, los condicionamientos mentales del europeo fueron un gran obstáculo desde los inicios del encuentro. La casi desnudez del indígena, por ejemplo, no era vista como obvia respuesta al clima cálido del Caribe, sino como un signo de barbarie y de inferioridad. Su robusta corpulencia y aparente docilidad fueron interpretadas por el invasor como fuente de trabajo esclavo y rápido enriquecimiento. En suma, según Jara y Spadaccini, Colón fue "the inventor of European colonialism in America". "Columbus could only see exchange values. His views of both humanity and nature were conditioned by greed" (12).

La retórica que Colón emplea en sus diarios es también significativa para conocer mejor la naturaleza de su empresa descubridora. El estilo y contenido del primer diario, según sostiene la crítica, inicia la llamada "invención de América", o sea que la realidad del Nuevo Mundo no se representa tal cual es sino de acuerdo a los filtros literarios y objetivos comerciales del almirante (Pastor, *"Silence and..."* 125). En tal sentido, el discurso colombino presenta dos problemas: uno es de exactitud, el otro de autoridad. Es claro que el conocimiento de la nueva realidad era en exceso limitado para los recién llegados, razón por la cual, según Pastor, Colón no descubre lo nuevo sino constata lo que ya cree conocer imponiendo su modelo mental sobre lo que observa. América es para él lo que en realidad no es: las Indias Orientales, Asia, Cipango, Catay y las tierras del Gran Kan. Toda una representación mental-ficcional producto de sus lecturas de Plinio, Marco Polo y otras autoridades literarias del momento.[24]

El otro problema se conjuga alrededor de una intencionada apropiación de la palabra del "otro" (el nativo) y su total eliminación como sujeto del acto expresivo. Es claro que Colón no era el único habitante en tierras americanas, estas estaban pobladas por miles de gentes que conocían muy bien su topografía y habían vivido en ellas por cientos de años. No obstante, a las preguntas del almirante los nativos respondían, pero, curiosamente, sus respuestas coincidían siempre con las fantasías del almirante (Pastor, *"Silence and..."* 127). Por ejemplo, al preguntar por el nombre de un sitio contiguo a la isla de Guanahani, según se explica en uno de sus diarios, los nativos respondieron "Cibao". La resolución de Colón fue pensar que se trataba de "Cipango", la mítica región del Asia, pero los naturales no sabían pronunciar su nombre apropiadamente. Es claro que para el invasor ultramarino los nativos no sabían hablar sus propias lenguas ni conocían sus propias tierras, había que instruirlos en el libro europeo para iluminar su entendimiento. Pastor asegura que Colón, consciente o inconscientemente, contribuye en sus diarios a la invención de América y secuestra la palabra del nativo para así legitimar su propia percepción del Nuevo Mundo y establecer control sobre su representación.

Dentro del mismo esquema de revisión histórica, Buenaventura plantea la obra *Un Réquiem por el Padre Las Casas*. La trama dividida en tres actos muestra el desarrollo de su referente histórico a la manera de crónica de acontecimiento y de "acciones-discusiones" (palabras del autor). La doble función de narrador y protagonista del personaje principal, posibilita el efecto de distanciamiento, el examen de sus propias contradicciones y el análisis de los materiales históricos. Las razones que impulsan al clérigo a desafiar los designios de la corona se basan en su creencia de que "the Indians were subjected to horrible slavery in the name of God and the gospel" y porque "what the Spaniards bring to the heart of Indians is not God's laws but greed, envy and anger..." (Gómez-Moriana 103). La ferviente cruzada de Las Casas en contra de los excesos de los conquistadores logró la promulgación de las llamadas Nuevas Leyes de Indias, cuyo propósito era la total erradicación de la esclavitud del indígena. Sin embargo, contrario a lo esperado, el nuevo decreto incrementó los abusos de los viejos "encomenderos"[25] que, enriquecidos a costa del trabajo esclavo, dificultaban la liberación de los indígenas. Esta situación Buenaventura la expresa de la siguiente manera: Nicuesa, un conquistador–encomendero, dice "hay que apurarse, hermanos, hay que sacar todo el oro que se pueda antes que lleguen las nuevas leyes". El Usurero responde: "nos quedan, a lo sumo, tres meses de vacas gordas" (43).

La explícita hostilidad de los encomenderos para con el sacerdote y las nuevas leyes tiene su propio fundamento. En Española o Isla de Cuba, el joven Las Casas había llegado a América como encomendero y, según se atestigua, había hecho fortuna. De manera que cuando arremete en contra del sistema de encomiendas "había que tacharlo cuando

115

menos de mentiroso cuando más de traidor" (Mir 48). Por otra parte, los viejos conquistadores–encomenderos, orgullosos de sus hazañas y exentos de cualquier culpa moral, "were nonetheless greatly perturbed in their old age by a growing governmental reluctance to allow them to pass on their status and wealth undisturbed to the next generation" (Adorno 252). Las Leyes lascasianas significaban la pérdida de sus privilegios materiales y espirituales, es decir, granjearse un perdón por abusos pasados y obtener la ansiada promesa de vida eterna ya no era tan fácil.

En el histórico enfrentamiento entre Las Casas y el teólogo Ginés de Sepúlveda (1546), aquel logra convencer al rey de que los nativos son seres humanos y poseen alma; por tanto, son capaces de adoptar el cristianismo y ser libres. En torno al debate entre ambos teólogos, Lewis Hanke comenta que "Las Casas takes Sepúlveda to task for misunderstanding Aristotle... Las Casas's position prevailed because of his firsthand knowledge of the New World and the reliance of the Spanish Monarchs on the Dominican's thinking on these issues" (Jara, *"Introduction..."* 22). Sin embargo, a pesar de su noble causa de reivindicar la imagen deteriorada del nativo, Las Casas cae en el error de representarlo en sus escritos como un "buen salvaje": criaturas idealizadas, dóciles, manipulables, de buena disposición a la obediencia, la doctrina y la disciplina. En su libro *Brevísima Relación*,[26] Las Casas representa al indígena como arquetipo de pureza – pacífico, bondadoso y desconocedor del mal – mansas ovejas que con la guía y buenos cuidados de un pastor abrazarían el cristianismo fácilmente. Una visión ilusoria que colocaba a los nativos al mismo nivel de "los hombres de las primeras edades de la humanidad: la oposición entre el 'hombre natural' y el 'hombre civilizado'" (Saint-Lu 28).

Los indígenas de Buenaventura, sin embargo, no son ni la sombra de los de Las Casas. Estos son sujetos pensantes y de fuerte temperamento, conscientes de su opresión y dispuestos a pelear por la libertad y sus derechos. Refiriéndose al histórico alzamiento del indio Enriquillo, acompañado de esclavos negros, Buenaventura escribe:

> **Enriquillo**: Yo soy Enriquillo, reverendo padre, el indio Enriquillo, criado y educado por su reverencia en el convento, en Santo Domingo [...]
> **Las Casas**: Enriquillo... ¡Cuántos insultos y maldiciones recibí por defenderte! ¡Siempre dije que tu rebelión era justa!
> **El Negro**: Su reverencia no me conoció jamás, padre de Las Casas [...] pero ha oído de mí.

Las Casas: Mis enemigos han dicho y repetido mil veces que fui yo quien propuso la esclavización de los negros [...]
El Negro: Son los negros justamente los que más lo acusan. Pero nosotros hemos seguido su ejemplo y en nuestras rebeliones invocamos sus argumentos... (76-77)

La rebelión de los nativos era la respuesta a las permanentes injusticias a las que se veían sometidos. Sabían que el alzamiento significaba la muerte y el endurecimiento de las condiciones de existencia de sus familiares. Pero, en este sistema de sujeción la muerte era una de las pocas soluciones disponibles.

En lo que respecta a la esclavitud del negro, la crítica sostiene que este es uno de los puntos más débiles del discurso lascasiano. Se dice que el arrepentimiento del religioso, mediados del siglo XVI, y su condena a toda forma de esclavismo fueron demasiado tardíos. Para Mir, sin embargo, las cosas deben ser vistas en su propio contexto. Asegura el crítico que para Las Casas, lo mismo que para la humanidad entera de los siglos XVI y XVIII, "una cosa era la explotación del indio y otra la esclavitud del negro": la una estaba sujeta a discusión y es España la primera que lo plantea; la otra, se desarrolló "alegremente" sin que nadie pusiera "en cuestión la legitimidad, más allá de la conveniencia" (49). En la pieza de Buenaventura, el negro es el catalizador de las ambivalencias del religioso y la conciencia acusadora de su unilateralismo racial. Ante la proyectada creación de asentamientos poblacionales – en los que vivirían conjuntamente indígenas y labradores españoles – y escasez de mano de obra nativa, el fraile termina aceptando la contrapropuesta de la corona: "llevar a esas tierras [de América] unos cuantos negros de África" para que el trabajo de las minas fuera hecho "de una manera más racional y más rentable"(*Un Réquiem...* 45-46). Esta componendas suceden al mismo tiempo que el rey nombra a Las Casas uno de sus emisarios asalariados en América, "defensor y procurador de los indios con cien pesos de oro por año" (46). En un momento de lucidez aguda, el fraile cae en la cuenta: "me han vendido el evangelio, Señor, y he tenido que comprarlo... enséñame, Señor, a jugar el juego de estos tahúres sin que pierda mi alma" (46).

Luego, al ser muertos algunos de los labriegos españoles residentes en los asentamientos administrados por Las Casas, Los cronistas Oviedo y Gómara,[27] fervientes detractores de la labor del clérigo, pregonan a todos los vientos que los españoles habían sido asesinados por "los angelicales indios del padre de Las Casas" (48). La defensa de Las Casas es contra-acusar a los cronistas: los españoles que se dedican a escribir sobre las hazañas de España en América "más es lo que ocultan que lo que dicen y suelen vender la pluma o alquilarla" (69). La finalidad de los asentamientos lascasianos de Cumaná y Vera Paz (Chiapas, México) era demostrar que el nativo – a la par de ser conquistado e indoctrinado pacíficamente – podía ser adiestrado en las labores productivas. Sin embargo, como atestigua Helminen, los planes de sometimiento del indígena por las buenas maneras "fueron de naturaleza utópica y tuvieron resultados desfavorables" (61).

El proyecto en verdad era quimérico. El florecimiento de un cristianismo esencialista en el contexto de la posconquista era tan ingenuo como pensar que los españoles transportados a América para labrar la tierra aceptarían de buena gana trabajar amigablemente con los aborígenes. La tentación estaba por doquier; tan pronto como se les dejó por su cuenta, los labradores "se convirtieron rápidamente en conquistadores [y] en salteadores de indios" (Salas 127). De igual manera, era insensato pensar que los indígenas podían ser libres en los territorios que habían perdido por la fuerza. La realidad imaginada por Las Casas era inoperante en el nuevo entorno del indígena; su libertad ya no era posible, como tampoco lo era prescindir de "tan rica mano de obra, fácilmente explotable, y que era la mayor riqueza que proporcionaba entonces la tierra de América" (Salas 127).

El fracaso de Las Casas se debió a la falta de discernimiento de la realidad a la que se enfrentaba y a su incapacidad de negociar acuerdos que no comprometieran su propia integridad. La corona sagazmente encontró la manera de manipular su "sistema de contacto no violento" (Azancot 35), que fue decisivo en la sujeción definitiva de los territorios y sus habitantes. La implementación del sistema lascasiano permitió al rey deshacerse de dos problemas: las constantes demandas de los voraces encomenderos y desacelerar la mortandad de nativos americanos. Al arribar Las Casas a España en 1547 para no volver más a América, las Nuevas Leyes promulgadas cinco años atrás eran "pura letra muerta" (Azancot 35). La pieza de Buenaventura finaliza con un Las Casas amargado pero no por eso menos lúcido en su cruzada en favor del indígena. Ante las acusaciones de Motolinia (otro clérigos detractor de su labor) de dedicarse a escribir "calumnias e insultos contra España", Las Casas se defiende:

> **Motolinia**: [...] Yo sí fui evangelizador de indios, humilde hijo de San Francisco de Asís y no orgulloso, escandalizador bullicioso e inoportuno como usted...
> **Las Casas**: Y los cuerpos, fray Toribio, los cuerpos abiertos de la panza al cuello o quemados o ahorcados, ¿no importaban a su reverencia? ¡Yo sí condené y condeno a los carniceros

y me parece más farsa y más trampa el celo suyo por las almas de los indios y la paga en oro que por ese celo le hizo el Marqués del Valle don Hernán Cortés! (77)

Con el tiempo, el pensamiento lascasiano ha sido objeto de manipulación por parte de proyectos anticolonialistas, en especial, los asociados a los movimientos independentistas latinoamericanos de principios del XIX. El discurso anti-español bolivariano, por ejemplo, hizo suya la retórica de Las Casas convirtiéndola en una especie de norma indiscutible de estudio de la conquista (Helminen 65). No tanto porque el libertador estuviera interesado en reivindicar el derecho indígena – esta no era causa común en la agenda política de los "criollos" americanos – sino porque estos sujetos se sentían "tiranizados" por su "desnaturizada madrastra española" (Saint-Lu 25). Asimismo, a raíz del texto de la *Brevísima*, Fray Servando de Mier, uno de los paladines de la causa criolla, proclamó a Las Casas "hombre celeste", "verdadero apóstol" e "ingenio tutelar de las Américas" (Saint-Lu 24). El propósito de Mier era convertir a Las Casas en un personaje "doblemente providencial, a un tiempo defensor de los indios y redentor de los criollos" (24). Finalmente, ante la continuas apropiaciones del pensamiento lascasiano por parte de las gestas anti-colonialistas, Saint-Lu comenta irónicamente "no se sabe que fray Bartolomé de Las Casas haya recusado nunca el principio de la dominación española en las Indias... lo que sí repudió con mayor vehemencia fue la forma violenta y opresiva que tomaron, de hecho, la conquista y la colonización" (29).

Sanchis Sinisterra y la *Trilogía Americana*

Las piezas de la *Trilogía americana* pertenecen a la dramaturgia de cohesión que Sanchis denomina "fronteriza". Textos híbridos que comparten coherencia y unidad en la presentación de los temas y formulaciones estéticas del autor pero que funcionan como núcleos autónomos en su construcción. Según Pérez Coterillo, las tres piezas presentan una flexible movilidad que les permite internarse en "las bifurcaciones del lenguaje", en el territorio de los "géneros espurios", la hibridación multifacética y los juegos metateatrales ("*Una pasión...*" 12). Efectivamente, *El retablo de Eldorado*, por ejemplo, esta integrado por una compleja intertextualidad y un juego de perspectivas múltiples: Crónicas de Indias, coplas populares, entremeses, personajes prestados de *El retablo de las maravillas*[28] de Cervantes, manejo de tiempos disímiles y teatro dentro del teatro. Los personajes de la obra son cuatro:

Chirinos y *Chanfalla*, los dos pícaros cervantinos, don *Rodrigo*, un viejo indiano maltrecho, y una misteriosa india llamada *Doña Sombra*. Con estos personajes circenses, reflejados en el "espejo de la picaresca", Sanchis se propone revisar las grandes hazañas de la conquista (Pérez Coterillo, *"Una pasión..."* 12).

La pieza es un género híbrido, "tragientremés" en dos partes lo llama el autor, que explora la dualidad referencial, la doble representación teatral y el acceso a dos públicos. El primer público lo integran los habitantes de una villa del siglo XVI, el otro observa desde la sala en el aquí y ahora de la representación. Para complicar las cosas aún más, el autor hace que el público de la villa (al que llamaremos primario) sea a la vez ficticio y real: es ficticio para Chirinos y Chanfalla y para el público de la sala (al que llamaremos secundario), que sabe que es un ardid de los pícaros para engañar a Rodrigo. Para este último, sin embargo, dicho público es real. El trueque de visiones desencadena un entrecruce continuo de múltiples dimensiones que permite la convergencia de ambos públicos en uno solo y el suceder de las acciones en un tiempo que no es ni uno ni otro sino los dos a la vez. De tal manera que el siglo XVI y el presente se observan cara a cara en un espejo de dos temporalidades en el que el espacio escénico de la villa es un teatro de hoy y viceversa. Del mismo modo, la realidad marginal de los cómicos en la España del Siglo de Oro es contrapuesta a la marginalidad de América bajo la conquista, siendo el publico de la sala el que completa el triángulo equilátero. Una dimensión más de la pieza se relaciona con la dualidad interior que aqueja a Rodrigo, un personaje que, al igual que el conquistador Cabeza de Vaca a su regreso de la fracasada misión de la Florida, "without becoming an Indian [he] was no longer quite a Spaniard " (Todorov, *The Conquest of...* 249).

Lo mismo que en Cervantes, el factor que desencadena las acciones en la pieza de Sanchis es el engaño. Chirinos y Chanfalla han prometido a Rodrigo ayudarle a presentar su retablo, integrado por sus aventuras de cuarenta años como soldado en América, para recaudar el dinero que el viejo "tuerto, tullido y loco" (Llanos Salas, *"Retrato de..."* 90) necesita para regresar a América – lugar donde, según dice, se encuentran sus ilusiones perdidas y las riquezas de El Dorado. Pero los pícaros, más que ayudarle, quieren robar una pequeña bolsa que Rodrigo esconde con gran cuidado y que, según ellos, contiene perlas preciosas. Valiéndose del binomio ser-parecer, Chirinos y Chanfalla intentan convencer al viejo de que aunque no ve al público convocado para la representación del retablo, éste se encuentra ahí en la oscuridad de la nada. Es aquí donde el público de la sala juega un doble papel: el de público convocado por los pícaros ("Macarelo y su garrulla" que nunca aparecen) y el público del presente que debe participar en el proyecto a la vez que mantener una distancia crítica. Pero hay más. El humor en la pieza se acrecienta aún más debido a 'la dualidad impostora" del público ficticio: Rodrigo cree que "se trata de los 'nobles señores de la villa'", pero los pícaros saben que se trata del "bajo mundo" representado por Macarelo (Aznar, *"El retablo..."* 403). De pronto, la broma se desploma cuando llegan noticias de que en la villa el Santo Oficio prepara un evento más importante: la quema de herejes en un Auto de Fe.[29]

Según Virtudes Serrano, en la pieza de Sanchis se detectan por lo menos tres núcleos de interés temático: 1) la marginalidad y persecución de los cómicos en el contexto del Siglo de Oro; 2) la revisión crítica de la conquista de América, sobre todo, el impacto que esta ejerció sobre el binomio conquistador-conquistado; 3) el examen de los distintos niveles de alteridad padecidos por personajes víctimas como doña Sombra (*"Introducción"* 67-68). La incorporación de materiales y caracteres dramáticos "menores", expresa el autor, permite sondear los oscuros territorios de la "otra" cara de la verdad y reintegrar lo que ha sido omitido por el discurso oficial. Para Sanchis, los pícaros cervantinos Chirinos y Chanfalla son arquetipos de los cómicos de ese "teatro menor" que en el esplendor del Siglo de Oro eran condenados a la marginalidad debido a la estrechez mental político-religiosa del momento. Citando a Maravall, Sanchis asegura que la escritura del Barroco, por encima de la de otras épocas, exigía "la sumisión a las leyes, la obediencia a los príncipes, a los magistrados y superiores"; el teatro, más que otra disciplina, era utilizado como un "arma de dominio, enajenación, subyugación del pueblo y ocultamiento de crueldades...". Al teatro se le había convertido en "un domesticado organismo de domesticación colectiva" (*"Condición marginal..."* 74). Ante este "espectro oficializado" e "institucionalizado" del teatro se erige un

> teatro marginal... liminal y fragmentario... que se instala en los intersticios de un orden religioso y político tendente a la rigidez y al inmovilismo, que subvierte discreta o descaradamente sus cimientos, que cuestiona sus principios fundamentales, que burla sus sistemas de control y se burla de sus dispositivos punitivos... [Un teatro] que renace una y otra vez, extendiéndose y propagándose como el fuego y como la peste. (76)

Efectivamente, en *El retablo* la amenaza constante del Santo Oficio siempre en persecución de los débiles, los herejes y desafectos al régimen funciona como telón de fondo. Tarde o temprano su brazo exterminador se volverá en contra de los miserables cómicos que como siempre lograrán escapar; pero su justicia ciega estará siempre a la asechanza (Serrano 69). En la obra, cuando los cómicos representan su retablo, la magia del teatro de repente se rompe al entrar Chirinos gritando desaforadamente

> ¡Ahora sí que vienen! ¡Ahora sí que es verdad!...] ¡El alcalde y los regidores... y una docena de cuadrilleros del Santo Oficio!
> **Chanfalla**: ¡Levantemos el campo, que el Santo Oficio viene a hacernos visita, y temo no ha de ser de cortesía!... ¡Presto, presto, Chirinos! ¡Arrambla con lo que más valga, que ello será de hoy más nuestro remedio! (353-54)

El segundo eje temático, según Serrano, tiene que ver con la resolución del autor de interrogar las supuestas verdades que pondera el discurso historiográfico de un imperio colonial basado en la distorsión y la mentira. Sanchis hace que su obra se instale en el corazón mismo de "la tragedia de la conquista" de América, en "el triunfo de la mirada ciega, de la palabra muda, sobre la de aquellos... que trataron de ver y decir la otredad como parte de una nostredad, de un nosotros más amplio, imprevisible" (Serrano 65-66). Lo ocurrido entre la España de los Austrias y la América indígena, asegura el autor, fue un choque traumático de culturas, una "miope relación con lo otro;" una acción aberrante – "protagonizada por españoles violentos y dogmáticos, bárbaros, sadistas, traicioneros y malvados, esclavizadores [y] homofóbicos" – que causó la destrucción de un continente de compleja heterogeneidad cultural (Aznar, "*El retablo...*" 406). A través de la excéntrica personalidad de Rodrigo, víctima de dos realidades que no controla, se revisa minuciosamente la experiencia americana. La figura desarrapada de Rodrigo – viejo conquistador "fracasado quijotesco, desesperado, enfermo, suicida y loco" – personifica fielmente la épica triunfalista del imperio y las atrocidades cometidas en Indias (Aznar, "*El retablo de...*" 395). Los siguientes fragmentos son ilustrativos de la retórica de conquista, no así de los hechos:

> **Rodrigo**: Hay infinitas islas y abundancia / de lagos dulces, campos espaciosos, sierras de prolijísima distancia, / montes excelsos, bosques tenebrosos, tierras para labrar de gran sustancia, / verdes florestas, prados deleitosos, de cristalinas aguas dulces fuentes, / diversidad de frutos excelsos...
> **Chirinos**: En riquezas se ven gentes pujantes, / villas y poblaciones generosas, auríferos veneros y abundantes / meta-

les de virtud, piedras preciosas, margaritas y lúcidos pinjantes / que sacan de las aguas espumosas... (Sanchis, *El retablo... 277*).[30]

Estos versos que cantan las bellezas y riquezas americanas recuerdan la retórica de los diarios colombinos en los que la visión idílica del paisaje se encuentra ligada a los tesoros naturales y humanos. Pero es a través de este ropaje bucólico engañoso, dicen los pícaros a Rodrigo, que se debe vende la utopía de Indias si es que se quiere convencer a alguien de viajar a ultramar para sumarse a la jornada de Eldorado. Sí, dice Rodrigo, aludiendo a las dos caras de una moneda, con esta "mitad basta y sobra para encender los ánimos y levantar los corazones en pos de esa jornada" (276). Pero la conciencia escindida del pobre loco lo traiciona y en vez de hablar de bellezas habla de atrocidades. Ante la necedad e ignorancia de los pícaros, reprende el viejo furiosamente:

> Yo he visto con mis ojos multitudes de hombres perdidos y estragados, muy peores que fieras sin entrañas, cometer mil traiciones y maldades en aquel vastísimo y Nuevo Mundo de las Indias. Como lobos y tigres y leones cruelísimos y hambrientos, ellos cometen tiranías feroces y obras infernales por la codicia y la ambición de riquezas. Por las tales riquezas se ensuciaron infinitas manos en violencias, opresiones, matanzas, robos, destrucciones, estragos y despoblaciones, que han dejado aquellas tierras perdidas y extirpadas para siempre... (275-76)

Este texto más que colombino pareciera referirse a la *Brevísima* de Las Casas. Es claro que Sanchis resemantiza el discurso del clérigo insertándolo en los extraviados laberintos de una identidad fronteriza. Al igual que el Quijote, la utopía de Rodrigo consiste en querer remediar los daños causados por la ceguera mental de los poderosos de su época: "¿Qué he de hacer, sino enmendar este Nuevo Mundo de la desolación que el Viejo le ha causado?" (352). Es ahora o nunca, dice Rodrigo, "Cuarenta años penando por aquellas tierras no me han gastado tanto como lo cinco que llevo muriendo por éstas..." (300). Al final, el noble espíritu del viejo se resquebraja; cae en la cuenta que su empresa reivindicativa no es posible y opta por el suicidio. Antes de morir expresa:

> Y pues del fin y término postrero / no puede andar muy lejos
> ya mi nave, / y el temido y dudoso paradero / el más sabio piloto no lo sabe, / considerando el corto plazo, quiero / acabar

de vivir, antes que acabe / el curso incierto de la incierta vida, / tantos años errada y distraída... (356)

Doña Sombra simboliza la conciencia culpable de Rodrigo, "la tolerancia religiosa y lingüística", la verdad reclamante de la alteridad indígena que busca ser escuchada (Aznar, *El retablo del...*" 406). Ante el deseo de ocultar el genocidio cometido en América, Sombra reclama en Náhuatl: "Pocas palabras para muchas muertes no son palabras verdaderas. Lo contrario sería más justa proporción... ¿No serán suficientes los muertos de Tierra Firme?" Y señalando al público de la sala, reprende a Rodrigo "Ellos quieren saberlo todo. Ellos quieren que tengas el valor de decirlo todo" (Sanchis, *El retablo...* 322). La ambigua relación entre Sombra y Rodrigo, lo mismo que entre Shila y Álvar Núñez, como veremos más adelante, el autor la plantea con la intención de restituir la innegable presencia de la mujer indígena (omitida por la versión oficial) en la vida del conquistador.

Pero Sombra es mucho más que lo que su propio nombre sugiere. Ella es la única que sabe los secretos de la vida y la muerte, viaja libremente en el espacio y tiempo, y percibe la presencia de seres de otras épocas. Por ejemplo, cuando los otros personajes sólo ven (o creen ver) en las tinieblas del proscenio las siluetas de "Macarelo y su garrulla" o las "gentes nobles de la villa", para la india no existe duda de que "ahí en las sombras hay espíritus de otros tiempos que nos miran y ríen de vuestra necedad" (301). De esta manera el autor rompe la rigidez de la tres unidades aristotélicas y reafirma que en el teatro todo es posible; sólo allí se puede verificar la convergencia heteroglósica de los múltiples registros lingüísticos y el cruce de miradas de sujetos pertenecientes a tiempos y lugares distintos. Sombra, además, simboliza el objeto del deseo (sexual y de otros tipos), a veces violento, del colonizador. En un pasaje de la pieza, el autor escribe en las acotaciones: "Chanfalla se abalanza sobre Sombra y, cubriéndole la boca con una mano, la arrastra detrás de la carreta" (299). Más adelante, Sombra "aparece tras la carreta...medio desnuda de torso, forcejeando con Chanfalla, que vuelve a arrastrarla consigo". Luego, Sombra "aparece...con los cabellos en desorden...Echa lumbre por los ojos"; Chanfalla "entra también desastradísimo, medio bajados los calzones, cubriéndose la mejilla con una mano y la entrepierna con la otra, ambas zonas evidentemente doloridas" (300). Con estos simples trazos, humorísticos en este caso, el autor desenmascara un aspecto más de la conducta del español en América.

En el texto *Lope de Aguirre, Traidor* se ausculta la compleja personalidad del conquistador vizcaíno del mismo nombre conjuntamente con el fracaso expedicionario hacia los míticos reinos de Omagua y el

Dorado en la zona del río Marañon (Amazonas). La jornada del Marañon fue un fiasco de grandes proporciones que dejó un saldo de horrorosos crímenes, cometidos en el bando español, incluyendo el asesinato del gobernador Pedro de Ursúa. La culpa de las muertes recae en el adelantado Lope de Aguirre, personaje siniestro y calculador con fuertes ambiciones de poder. En la pieza de Sanchis, los personajes presentan uno a uno los hechos que los condujeron a la muerte. Aguirre, como Rodrigo y Álvar Núñez, es en el bando del vencedor un sujeto anómalo e inadaptado que debe sucumbir por no encajar bien en el espacio del poder. Al revisar las cartas, relaciones y crónicas, Sanchis advierte que la imagen del vizcaíno representada por el documento oficial es la de un "loco sanguinario, un hereje, un blasfemo, un tirano homicida, un absoluto transgresor del orden humano y divino" (Serrano, "Introducción" 46). Para el autor, sin embargo, la visión ideologizada de los hechos que rodean al personaje, impregnada convenientemente de un "partidismo esquemático", no es enteramente confiable. Aún así, afirma el autor que de lo que se trata no es de convertir a Lope en lo opuesto, en un "héroe de la revuelta", un "santo maldito" o un "prematuro libertador" (como algunos lo ven), sino de observar los materiales históricos a través de sus fisuras, considerando la diversidad de discursos que rodean al personaje.[31]

La trama de la pieza está integrada por nueve monólogos independientes, ligados todo por las voces de un coro que hace comentarios y provee información. Los enunciados del coro forman parte de tres ámbitos temáticos: narración de la jornada, retrato de Ursúa y Aguirre, y los jirones que integran los propios monólogos (Sanchis, Lope de... 179). Lope es un personaje ausente en el texto, cuya figura se evoca a través de múltiples referencias. La puesta en escena se ciñe al modelo del "teatro-documento" siendo el público testigo y juez en el interrogatorio al que es sometido el personaje. Las cartas enviadas por Lope desde América al monarca español, cuyo contenido es expuesto en detalle por el coro, es la única defensa en favor del personaje. En sus cartas, Aguirre acusa a Felipe II de corrupto, cruel, egoísta, sanguinario y sediento de riquezas, y le expresa su rotunda decisión de alzarse en contra de él. Este prematuro acto de rebeldía convierte a Lope en uno de los primeros conquistadores españoles que reniega del poder central declarándole la guerra; un acto que, además, en opinión de algunos, convierte a Aguirre en uno de los primeros insurrectos que anuncian ya la emancipación americana del poder español. Para Beatriz Pastor, sin embargo, este juicio último es en exceso desacertado; asegura que un examen cuidadoso del contenido de las cartas revela explícitamente la visión reaccionaria del vizcaíno. Efectivamente, el proyecto ideológico de Aguirre se orienta más hacia un "modelo caduco de sociedad guerrero-medieval" y no de un proto-nacionalismo americano. Para él, el abandono de este modelo era la causa por la que la corona se encontraba en una delicada situación de "degeneración y corrupción" que amenazaba con peores consecuencias (Pastor, *Discursos...* 323-24).

Los emisores de los nueve monólogos que integran la pieza de Sanchis son cinco hombres y cuatro mujeres, todos ellos sujetos periféricos que se aferran a la vida en las hostiles condiciones en que les tocó existir. Para José Luis Gómez, director de una de las puestas en escena de la obra, todos los personajes son sujetos anómalos "que surgen como incandescencias súbitas, muy alterados todos, uno tiene flato, otro tiene fiebre, la otra está muerta, están alucinados" ("*Un sueño de...*" 15). El primer soliloquio es puesto en boca de Juana Torralva, una esclava negra sirvienta de Lope y niñera de su hija Elvira. En la jerarquía de poder, Juana es la que tiene menos derecho a voz; pero es a través de su palabra prohibida que nos enteramos de muchos de los triunfos y desgracias de Aguirre. Juana interpela la autoridad del amo acusándolo de ser el artífice de sus propias desgracias al no saber tomar sabias decisiones. La autoridad soberana es también blanco de acusaciones; se le tilda de engañosa y corrupta y de ser la causa de las violentas rebeliones de Fernando Pizarro, Pedro de Ursúa y la del propio Aguirre. Los cronistas de Indias tampoco salen muy bien parados, Juana, al igual que Las Casas, les acusa de vender la pluma al mejor postor y de demonizar a Aguirre llamándolo 'rebelde', 'motinero', 'loco incurable', etc.[32] No obstante, aunque la buena mujer no desdice las acusaciones en contra de su amo, trata de hacer justicia enumerando algunas de sus nobles cualidades.

El segundo monólogo corresponde al jefe expedicionario Pedro de Ursúa. Ursúa padece de fiebres terribles y encara una gradual presión por parte de sus hombres porque no logra encontrar los fabulosos tesoros prometidos. En su constante delirio, el gobernador se niega a volver a Perú con las manos vacías: "Regresar a Perú... ¿Quién se atreve a pedirme que regrese?" (195). Según Almesto, cronista y miembro de la expedición, la rebelión y fracaso de la empresa al Río Marañon se debió a dos razones: la hostilidad del terreno y la frustración de los hombres. Según el cronista, la selva amazónica dista de ser la naturaleza paradisíaca que presenta Colón en sus diarios. En este lugar inhóspito, los hombres mueren de hambre, de enfermedades, ataques de indios, fuertes tormentas, ríos crecidos, naufragio de naves, etc. (Serrano 196). El peor enemigo es la selva "devoradora de hombres" (un tema documentado eficazmente por el colombiano Eustasio Rivera en su novela *La Vorágine*); su inclemencia es tal que los expedicionarios, al borde de la locura o de la muerte, no ven más remedio que cancelar la búsqueda de los míticos tesoros. Según atestiguan varias crónicas, los innumerables padecimientos caldearon los ánimos de los hombres e intensificaron los resentimientos mantenidos por largo tiempo – rencores que se hacían más profundos dada la desigualdad entre conquistadores triunfantes como Ursúa y la caterva de oscuros hidalgos pobres como Aguirre. A esta crisis habría que agregar la desigualdad en el reparto de mercedes y cargos, y la profunda frustración causada por los fracasos de anteriores rebeliones que habían sido severamente reprimidas (Pastor, *Discursos...* 290). La honorífica relación de vasallaje, tan preciada por los hidalgos españoles, gradualmente fue substituida por una descomunal codicia que desde emplear el engaño para intercambiar baratijas por objetos de valor se llegó al asesinato para poseer toda cosa que brillara igual que el oro.

El tercer monólogo está a cargo de Inés de Atienza, la sacrificada mujer de Ursúa. A través de su horrorizado testimonio, dirigido al cadáver despedazado de su amante, nos enteramos que Ursúa ha sido asesinado por órdenes de Aguirre. Inés se lamenta de su fatal destino de mujer deseada; ahora que se encuentra sola los asesinos de su marido se la disputan como botín de guerra: "Allí, en medio de aquellos perros traidores sin más temor de Dios que cualesquiera bestia, me vi librada otra vez a mi destino, a mi estrella maldita de hembra codiciada por jauría de varones" (*Lope de...* 202). Como sustituto de Ursúa, los alzados han nombrado al señorito Fernando de Guzmán prometiendo al pobre fantoche el reino del Perú cuando triunfe la rebelión. A esta altura de los eventos el objetivo de la expedición ha sido abandonado; ni siquiera se habla de Omagua o el Dorado, ni de poblar nuevas tierras, sino de rebelarse en contra de Felipe II "al grito de 'libertad'" (203). El siguiente monólogo corresponde precisamente a Guzmán. Para él, Aguirre siempre fue un padre protector: "¿No es verdad, Gonzalo, que [Lope] me quiere y me guarda como un padre...?" (214). Estas candorosas palabras contrastan burlonamente si reparamos en la grotesca muerte que le aguardaba. Apunta Almesto que al dejar Guzmán de ser útil a los planes de Aguirre, éste "le dio una estocada que le pasó todo el cuerpo y la cama" (Serrano 214).

El quinto soliloquio corresponde a un soldado Marañon que se encuentra extraviado en la maraña selvática. El texto del soldado se estructura de tal manera que es fácil percibir la intención del autor al introducir un efecto distanciador del tipo actor-personaje-público. El Marañon es conciente de que hace teatro en el teatro: "yo de natural, nunca hablo solo. ¡Ni que estuviera loco!... Pero ahora, me figuro que debo ponerme a hablar en voz alta porque, si no, ¿qué demonios voy a hacer?" (217). Sus enunciados verbales contribuyen a la ambientación escénica y buscan establecer una relación dialógica con el público. Comenta el Marañon:

> pero no: figura que estoy solo, perdido en esta selva de mierda... y que tengo que largar la lengua por un rato... ¿Y voy a tener que explicar quien soy yo, y lo que me pasa, y un montón de cosas, más, a los pájaros y a los monos? Es un decir claro, porque tampoco hay pájaros ni monos... Bueno, vamos a suponer que esos ruiditos son pájaros y monos. (217)

La certeza del soldado de que hace teatro y de que alguien le ha puesto a hablar es un guiño del autor que vuelve la mirada hacia la autorreferencialidad del hecho escénico.

El sexto monólogo corresponde al matarife Antón Llamoso. Este alardea del sucio trabajo que ejecuta para su jefe y confiesa haber experimentado excitación sexual al dar muerte a Inés por órdenes de Aguirre: "¿Querréis creer que, en rajando sus carnes, se me ponía tiesa la candela? Cosas del bajo vientre" (224). Al igual que el soldado marañon, este personaje es conciente que hace teatro y que conversa con el público. Ante la escalada de violencia, Llamoso amonesta efusivamente a los otros soldados: estos no son momentos de ponerse "melindrosos y timoratos... Ya todos bien conocen que éstas son menudencias de las guerras, y guerra es el negocio en que andamos" (224). El séptimo monólogo presenta las plegarias póstumas de Ana de Rojas. Según los cronistas Almesto y Ortiguera, al saquear la isla Margarita, Aguirre mandó a ahorcar a la mujer porque sospechaba que quería envenenarlo y como advertencia a sus detractores ordenó despedazar el cadáver a arcabuzazos (Serrano 229). Desde los umbrales de la muerte, Ana interroga la justicia divina y acusa a Aguirre de ser un "cruel demonio encarnizado": "¿Dónde está tu justicia Señor?... ¿Por qué consientes tales atropellos?... ¿Por qué... no descargas tu furia vengadora sobre esa turba de herejes... ¿No vas a conmoverte? ¿No te queda piedad para tus hijos? ¿Me forzarás, Señor, por tu silencio, a blasfemar de ti?" (230).

Entre los monólogos séptimo y octavo se insertan los fragmentos de las cartas de Aguirre. Desde un principio, el rebelde se declara "mínimo vasallo" del soberano español y haciendo suyas todas las voces de la tripulación, explica las razones que lo condujeron a tomar tan radicales decisiones. La liquidación de Ursúa, argumenta Lope, fue en respuesta a la bajeza, ambición y perversidad del adelantado; la de Guzmán, fue para prevenir sus planes conspiradores e intentos de asesinarle a él mismo. Finalmente, "por no poder soportar más las crueldades" del monarca y las de sus funcionarios en Indias, expresa Aguirre "nos desligamos de nuestras tierras de España" y firma "...rebelde hasta la muerte Lope de Aguirre el Peregrino" (234-35). El octavo monólogo corresponde a Elvira, la hija mestiza de Aguirre, quien presa de miedo balbucea sus últimas palabras antes de ser inmolada por su padre. La muerte de la hija a manos del propio padre (por razones benévolas o egoístas) se ha convertido en un lugar común en la literatura – Valle-Inclán, p.e., utiliza el recurso en *Tirano Banderas*. Aguirre, al verse acorralado, quiere evitar que la furia de sus enemigos recaiga sobre una víctima inocente. Elvira, en su monólogo, a pesar de que es víctima de terrible miedo, conviene que su padre obra por amor.

El último soliloquio corresponde a Pedrarias de Almesto, el cronista oficial de la jornada, cuyo texto intenta cumplir dos propósitos: presentar una recopilación de los hechos y limpiar su nombre de toda posible mancha. Escribe Almesto, "De esta crónica, y del efecto que produzca en los señores Oidores de Nueva Granada, depende que mi nombre quede libre de toda sospecha... y mi cabeza bien sujeta sobre mis hombros" (246). Según él, la búsqueda de Omagua y el Dorado siempre fue una ilusión vana aunque no por eso ajena a sus ojos: "Sí, lo confieso: durante mucho tiempo anduve con esa quimera entre los ojos, herencia fantasmal de mi señor y amigo Pedro de Ursúa" (248). Sobre Aguirre, confiesa el cronista haber sido hechizado por su quimera libertaria: "Yo, Pedrarias de Almesto,... el juicioso y tibio estampaletras, sentí ese viento del Apocalipsis que aquel ángel maldito levantaba a su paso: la ira de Dios" (248). Sin embargo, ahora que todo se ha venido abajo el cronista busca protección y repudia los hechos: "¡Viejo traidor! Nunca he de perdonarle el convertir su propio sueño terrible y justiciero en una absurda danza de la muerte" (248). Sobre la justicia soberana, en relación a la de Aguirre, comenta Almesto con ironía: "La justicia del Rey es más sensata: reviste sus matanzas con grave ceremonial, siempre que puede, y las limpia y sazona con gran despliegue de solemnidad" (249). El cronista finaliza el asunto cambiando simplemente de amo y, según indica la pieza de Sanchis, escribiendo un relato lleno de trampas que más que revelar oculta. Efectivamente, la táctica del historiador al condenar la rebelión y demonizar a los detractores del poder central es ser readmitido nuevamente en el círculo privilegiado y recuperar los favores perdidos. Según Pastor, no es raro que los productores de este tipo de documento conviertan "toda acción de los rebeldes en coacción, intimidación y amenaza, para eximirse así de cualquier forma de responsabilidad y, por lo tanto, de culpabilidad por el desarrollo de los acontecimientos" (*Discursos...* 308-309). Es precisamente en este espacio fraudulento del documento histórico en que Sanchis y Buenaventura insertan sus propuestas dramáticas.

La tercera pieza, *Naufragios de Alvar Núñez o La herida del otro*, se basa en *Naufragios*, de Alvar Núñez Cabeza de Vaca, crónica escrita por el conquistador a su regreso a España después de andar perdido por nueve años en la Florida. La expedición de Pánfilo de Narváez, de la que Núñez era alguacil tesorero, partió de España en 1527 con cuatrocientos hombres; de estos sólo volvieron cuatro: Núñez, Castillo, Dorantes y Esteban (el Negro). El texto de Núñez lo integran relatos de toda índole: la fallida expedición, la hostilidad del territorio, el hambre y métodos de sobrevivencia de los náufragos, las múltiples lenguas y formas de vida de los indígenas, la imposibilidad de comunicación, las distintas formas de esclavitud practicadas por los nativos, etc. Su estructura es sumamente heterogenea; las técnicas narrativas que emplea el autor producen una literalidad tan excesiva que,́ según algunos estudiosos, vuelve difícil clasificar su contenido de veraz y objetivo. Esto se complica aún más debido a la decisión de Núñez de apoyar la narración en un yo protagónico, lo cual convierte el informe en un relato de aventuras más que en un documento de rigor histórico. Se dice que en los nueve años en que Núñez estuvo perdido debieron ocurrirle cientos de cosas, no obstante, él documenta solamente aquellas en las que salió triunfante: ante la aguda estrechez de alimento, por ejemplo, Núñez dice aprender rápidamente a distinguir las raíces e insectos comestibles de los que no lo son; su dura experiencia como esclavo de indios lo vuelve un experto en transacciones comerciales; su alteridad ante el nativo (léase españolidad), le permite desarrollar poderes mágicos que lo convierten en un "Chamán", un médico curandero que revive hasta muertos. En fin, el yo protagónico siempre saca ventaja de las adversidades.

El texto de Núñez, por otra parte, si se considera la seriedad atribuida a las crónicas, como informe histórico presenta serias deficiencias. Pupo-Walker asegura que las crónicas o Relaciones – por su carácter de documentos que sintetizaba la fluidez de las comunicaciones entre funcionarios e instituciones de la corona – eran "documentos informativos preparados por funcionarios, conquistadores y clérigos [que] al pasar los años, se convertían en un estrato fundamental del discurso histórico y cultural que produjeron los descubrimientos y colonización del Nuevo Mundo" (86). Núñez, sin embargo, infla los hechos, señala cosas que posiblemente no ocurrieron y reclama acciones en las que dice haber sido protagonista. *Naufragios*, además, como documento informativo, falla en proveer "'precisión geográfica'..., información sobre climas, hidrografía, fertilidad del suelo, distancias, flora y fauna" (Pupo-Walker 103). Asimismo, llama la atención el interés de Núñez – no la necesidad de reconstruir un proceso histórico específico, como ocurre, por ejemplo, en los escritos de Cortés, Bernal Díaz o el Inca Gracilazo – de experimentar con "formulaciones testimoniales" que se aproximan más al diario de viaje; al recuento de datos sueltos que buscan recuperar la "vivencia inmediata", pero que, sin quererlo, cae en "la glosa, casi desesperada", de aquel que no logra expresar con certeza lo que sabe (Pupo-Walker 87-90). Es posible que estas incongruencias se relacionen directamente con la naturaleza del texto mismo, es decir, ser el informe de un fracaso y no el de una gesta heroica.

En este respecto, Silvia Molloy señala que *Naufragios*, lejos de ser la Relación exaltada de una hazaña victoriosa, es "la historia de un fracaso cuyo signo negativo se busca borrar con la escritura" (425).[33] La maniobra de Núñez es cautivar la atención de su lector primario (el rey) para que este repare en la 'heroicidad' que entraña el acto de sobrevivir en condiciones extremadamente adversas y premie la valentía de preservar la vida cuando se cumple el honroso deber del buen vasallo. Efectivamente, Núñez busca legitimar el reconocimiento y "desde esa posición de diferencia, hacer del relato mismo su servicio"; su testimonio ya no versa sobre las hazañas de "conquistar y gobernar" de un Cortés o un Pizarro sino sobre la retórica de "informar y convencer" de un Aguirre o un Bernal Díaz (Molloy 425-26). En los informes de los primeros, se narra la correlación de eventos al mismo tiempo que se expresa la necesidad de erigir la propia heroicidad del escritor. En cambio, en los segundos, desde una modesta alteridad se busca constatar que los actos nobles existen aún en los grandes fracasos, se reclama heroicidad donde no existe. Esta intención se hace evidente en la construcción del yo narrativo del texto de Núñez. Por ejemplo, cada vez que el narrador se refiere a las malas decisiones de Narváez – el jefe de la expedición a la Florida – éste se distancia del relato argumentando haber suministrado el consejo apropiado pero sin ser escuchado. Ante la carestía de alimento, el resto de la tripulación no vacila en comer carne de perro o humana, pero él se abstiene de hacerlo.

Dos temas que destacan en *Naufragios* son el reconocimiento que hace el protagonista de sí mismo como entidad escindida y la positiva disposición de representar al indígena en términos mucho más realistas. Sobre el primer tema, no pocos estudiosos consideran el mismo título de la crónica como una metáfora de la propia experiencia de Núñez en tierra americana, esto es, el naufragio de la españolidad pura y la adquisición de una identidad nueva oscilante entre un yo español y un yo indígena. Pupo-Walker asegura que el mismo Núñez, sin proponérselo, "alcanzó un proceso de autodescubrimiento" al momento de confeccionar su texto (98). En el proceso de redacción, Núñez cae en la cuenta de que "el desplazamiento traumático de un marco cultural a otro" le fuerza incidentalmente a reconocerse "en la marginalidad extrema de un ser que se siente totalmente ajeno a lo que le rodea". Este hecho posiblemente explique las razones del por qué en tierras de indios Cabeza de Vaca se reconociese así mismo como "chamán y a la vez portador de la promesa evangélica" (Pupo-Walker 98).

Molloy, al igual que Pupo-Waker, considera que en la estructura de *Naufragios* se hace patente "el descubrimiento del yo con respecto al otro [y] el permanente replanteo de una alteridad cambiante que determina sus distintas instancias" (427). En este respecto, es posible que el reconocimiento de ser uno y otro a la vez condujese al autor a reivindicar la negada humanidad del nativo. En su relato, la imagen del indígena no se reduce a la de un simple bruto, practicante de ritos diabólicos, antropófago y traicionero; se dice que éste cuida a sus hijos amorosamente, sufre profundamente la muerte de los suyos, comparte su alimento, practica la tolerancia sexual y siente como propio el sufrimiento de los desvalidos. En un pasaje de su Relación, Núñez expresa, con una mezcla ambivalente de compasión y repudio: "y cierto, ver que estos hombres tan sin razón y tan crudos, a manera de brutos, se dolían tanto de nosotros, hizo que en mí y en otros de la compañía creciese más la pasión y la consideración de nuestra desdicha" (Pupo-Walker 96).

La obra en dos actos de Sanchis se plantea a partir de una intencionada dualidad en su elaboración, el autor construye su texto precisamente en el medio de las fisuras dejadas por el relato de Núñez, en el centro de la dualidad que padece el protagonista. Esta estructura permite observar de forma alternativa lo que ocurre en la vida ordinaria de Alvar – el personajes ficcional de Sanchis que recrea la individualidad de Núñez – y lo que ocurre en sus pensamientos y pesadillas. El tiempo de la obra se inicia cuando Núñez ha vuelto a España (la España del siglo XVI y por extensión la del presente) después de nueve años. Lo mismo que en *El retablo de Eldorado*, la serie de paralelismos son constantes; las acciones se montan sobre dos planos que se entrecruzan y separan indistintamente: uno histórico, apoyado en el texto de Núñez, y otro ficcional, cosecha del autor. Los entrecruces se suceden a varios niveles, pero son los verbales, situacionales y de personaje los de mayor predominio. Los personajes son Shila, Mariana, Claudia, Figueroa, Alvar y los cuatro náufragos.

Al iniciarse la pieza se ve un escenario dividido en dos planos: en el primero se observa a un hombre desnudo moviéndose agitadamente bajo una fuerte tormenta acompañada de truenos y relámpagos; en el segundo, se ve a un hombre que duerme en un camastro febrilmente conmocionado por pesadillas. Este último de pronto se levanta, se despoja bruscamente de la ropa y se tira al suelo a dormir donde parece estar más cómodo. Se trata del mismo sujeto pero en dos situaciones espacio-temporales distintas. Shila es una india que habita en la memoria de Alvar y simboliza la mujer con la que Núñez tuvo amoríos en América pero nunca es mencionada en su escritura.[34] Mariana, la actual compañera del protagonista, contrasta con la humana dulzura de Shila y representa la frívola modernidad e incomunicación que éste padece (98). La mujer indígena, como doña Sombra en *El retablo*, es un alterego, una conciencia acusadora que pone en entredicho la escritura del cronista con la intención de reinstalar la información omitida. Asimismo, los otros sobrevivientes, desde su marginalidad, cuestionan la falta de veracidad histórica del texto de Núñez y exigen la verdad: "Dilo tal como fue", dice Dorantes, "Importa que se sepa todo lo que ocurrió, con pelos y señales... Y sólo tú sabes de letras. Has de contarlo paso a paso..." (100).

Súbitamente, los compañeros de desgracia del protagonista, de simples voces en su memoria, incursionan en la realidad del espacio escénico, pero sólo Núñez y el público podrán verlos. Esteban – el más marginal de todos dada su doble condición de negro y esclavo – es curiosamente el emisario de las víctimas que reclaman fidelidad en el relato. De la misma manera que Bernal Díaz, en su *Verdadera historia*, reclama restituir los méritos negados al simple soldado en los escritos de Cortés, Estebanico increpa a Cabeza de Vaca:

He venido a buscarte... Me han enviado. Se trata de ese libro que escribiste. No están conformes con lo que cuentas... o cómo lo cuentas. Dicen que no se reconocen en sus palabras, que callas muchas cosas, que te ocultas... Yo no se leer. Pero me han enviado a buscarte. "Que vaya Esteban el Negro", han dicho."El puede ir y venir por todas partes. No es de aquí ni de allá, no es de ningún sitio..." (108).

Enseguida, los náufragos, con la intención de corregir lo omitido en el relato, deciden recrear los trágicos eventos tal como sucedieron; pero debido a la negativa de Núñez de participar en la teatralizacion, los otros apropian su palabra. Los tres compañeros de desdicha repiten lo que Núñez dice que ellos dijeron, pero sus palabras y gestos enfatizan la ambivalencia de los enunciados del cronista. No hay duda que el texto propone una crítica metateatral, metahistórica y metaliteraria. Para distanciarse aún más de la voz del historiador, los náufragos utilizan una versión modernizada de *Naufragios* que les permite hacer comentarios humorísticos y rectificar u omitir las palabras atribuidas a cada uno de ellos.

A medida que avanzan las acciones, el escenario se transforma en las costas de la Florida. El espectador ve simultáneamente lo que ocurre dentro y fuera de la mente del protagonista. Cuando éste intenta escaparse del lugar (y de sus recuerdos), Castillo y Dorantes le sujetan; Alvar grita desesperadamente: "¡Soltadme! ¡No Quiero volver! ¡Aquello ya ocurrió! ¡Ya lo viví, lo conté, lo escribí! ¡No quiero soñarlo!" (120). El forcejeo evoca el "trasunto de la lucha espiritual" que sufre el protagonista, lo cual le conduce a negar el recuerdo (120). Ante las ambivalencias textuales de Núñez, Castillo reprende "...todos preferiríamos ser algo más de lo que somos, estar en otra parte..."; y Dorantes ratifica "eso mismo: a nadie le gustan estas medias tintas, este sí pero no, este quiero y no puedo... aquí estamos: hinchando el pecho y apretando el culo para enmendar la Historia con mayúscula" (121). La necesidad de los náufragos de re-inscribirse en la nueva realidad y de enmendar su nimia representación histórica se asemeja a la de las víctimas de Aguirre.

En el segundo acto se da cuenta detallada del fracaso de la expedición de Narváez. "El cuadro general no puede ser más desolador", se dice, de los gallardos y feroces conquistadores lo único que queda es "una tropa famélica, sucia, derrengada" portando ramas en lugar de lanzas y estandartes (135). El espantajo de Narváez desvaría sentado sobre el esqueleto de un caballo, cuya carne ha sido devorada por la hambrienta tropa. Destaca en esta segunda parte el rito de iniciación del mestizaje de Núñez; una india pinta con los dedos una raya oscura en su cara anunciando ya la dividida identidad que le marcará para siempre (141). Para el autor, el rito simboliza "La herida del otro", la co-presencia de dos mundos en uno solo sin ser ninguno a la vez. Sobre este tema, dice el protagonista con amargura en un momento de lucidez, "esta herida se abrió por sí misma, sin ayuda de nadie... Este animal herido no soy yo. Este salvaje desnudo, que durante años sólo ha pensado en salvar el pellejo, no soy yo..."; y confiesa a Shila "saldrías huyendo si supieras todo lo que he perdido, todo lo que he negado. Saldrías huyendo si supieras todo lo que soy capaz de traicionar" (163-64). Al final del acto los hombres se reencuentran con sus compatriotas después de nueve años de extravío, Núñez está casi irreconocible "con la cara, el pecho y los brazos tatuados al modo indígena" (170). De vuelta en España, Alvar reniega de su doble condición y quiere recuperar su compostura europea: "Sintió vergüenza", dice Estebanico, "toda una noche estuvo frotándose la piel con arena" para borrar toda marca que atestiguara la presencia de la otredad. Al final, cada quien recupera su posición social y privilegios perdidos, excepto Shila y Estebanico el Negro (lo no español) que son condenados a continuar vagando sin rumbo por la periferia del anonimato. Estebanico dice a Shila, "Te lo diré más claro: yo no tendría que estar aquí. Ni tú tampoco....Aquí tú y yo sobramos" (175).

Finalmente, una de las técnicas que permiten al autor transgredir las coordenadas espacio-temporales del texto, se relaciona con sus investigaciones en los territorios de la física cuántica. En *Naufragios*, por ejemplo, el personaje de Claudia conversa sin dificultad con el marido que ha partido veinticinco días antes y se encuentra a cientos de millas de distancia. En otro pasaje, Claudia y Mariana discuten las acciones según estas van ocurriendo: la primera, es la mujer de Alvar en el presente, la segunda, pertenece a un lejano pasado. Asimismo, Shila se junta con Alvar en un moderno aeropuerto, la mujer le trae los restos de la hija muerta que ambos procrearon en los tiempos de la Florida. Es claro que en la cabeza de Alvar, lo mismo que en el teatro, todo es posible.

A manera de conclusión

Los proyectos de revisión histórica hasta aquí examinados obedecen a un impulso ideológico y otro experimental por parte de los dos autores. En torno al primer aspecto, el ideológico, pareciera que Buenaventura y Sanchis se sintieran acosados por fantasmas del pasado que reclaman el pago de una deuda. En opinión de algunos críticos, la empresa reivindicadora o de reparación de daños equivale a una especie de exorcismo de los demonios familiares, una búsqueda tenaz de los orígenes para luego renegar de ellos. De cualquier manera, es innegable que a pesar del esfuerzo reivindicativo y de quinientos años de coexistencia Hispano-latinoamericana existen muchas sombras e incertidumbres todavía que atan y desunen a sus gentes y territorios.

Para Buenaventura, la relectura de la historia equivale al desenmascaramiento de las jerarquías de poder que han secuestrado la libertad y cambiado el curso de la historia de los países del continente. Su producción teórico-dramatica parte de la noción de que América Latina ha sido siempre un contexto cultural históricamente intervenido, de allí la necesidad de reconstruir desde los cimientos. Sanchis, por su parte, afirma que existen por lo menos tres vínculos que lo unen a América, siendo el primero de orden familiar. Comenta el autor que un tío suyo, jefe del gabinete de prensa del gobierno de Manuel Azaña, se exilió en México en el año 1939, así que, "desde aquellos años, las famosas cartas de mi tío Joaquín eran como un alimento que iba creando el mito de esa

América generosa abierta a la izquierda española, de esa América pariente nuestra muy próxima" (Monleón, *Testimonio...*" 135). El segundo vínculo es político y tiene que ver con la Revolución Cubana, la experiencia chilena de Allende y la Revolución Nicaragüense. Estos acontecimientos, "fueron creando una serie de expectativas, de modelos de transformación sociopolítica de un dinamismo tremendo y de una gran capacidad de estimulación para los que nos movíamos en la España del franquismo y del inmediato posfranquismo" (136). El tercer vínculo se relaciona con la lectura de las Crónicas de Indias, a través de la cual "comienzo a encontrar... una experiencia de lector fascinante y perturbadora, en la medida que percibo ese choque traumático de culturas, esa terrible y miope relación con lo otro de la que dan cuenta sistemática esos textos" (145).[35]

Sobre el segundo aspecto, el experimental, la estructura de las piezas de Buenaventura se ciñe a los principios del teatro "no coyuntural"; un tipo de teatro que busca combinar la imagen compleja con los planos histórico social e individual y que, además, busca la "desconcientización" y total cancelación de los efectos "perniciosos" del teatro convencional. Según el autor:

> Lo que hay que hacer [con el teatro] es desconcientizar. Es decir, poner a dudar a la persona de la conciencia social que ella tiene. El teatro es una diversión compleja e invita siempre al público a cuestionar la imagen que este público tiene de sí mismo y de la sociedad en la cual vive tanto como nos la hemos cuestionado nosotros al hacerla. La única definición que damos del teatro nuestro es que es un teatro polémico, cuyo objetivo es a través del espectáculo, dudar del mismo y, especialmente después del espectáculo, abrir la polémica y la discusión con el público. (Risk, *"Entrevista con..."* 1983)

En cuanto a Sanchis, cada una de sus obras presenta una temática y estructura dramática distinta pero todas relacionadas con los principios de la "teatralidad menor" o "fronteriza". Una estética "empobrecedora" que prefiere los "aspectos parciales, discretos, quizás insignificantes de la existencia humana" y los grandes referentes temáticos de "ángulos humildes, no totalizadores" (Sanchis, *"Por una teatralidad..."* 9-11). Sus obras casi siempre están pobladas de "personajes mutilados" (de filiación beckettiana), sujetos insignificantes de carácter parcial y enigmático, poco revelador. Podría ser un "tragientremés", como *El retablo* (disfraz fronterizo, diría el autor), en donde lo que "se cuenta no es una simple e irónica burla de las costumbres populares, sino que se intenta mostrar el terrible final de unos seres destruidos por su propio destino" (Serrano 30); o de un texto como *Lope de Aguirre, traidor*, cuya estructura se asemeja a una partitura musical abierta a registros sonoros de diversa procedencia. Una propuesta dramática intercultural, pluri-lingüística y pluri-fonética llena de plasticidad metafórica y de elementos escenográficos[36] que se instala cómodamente en los intersticios del teatro moderno y postmoderno. Pero quizás la obra más compleja del autor, a nivel escénico y temático, es *Naufragios de Alvar Núñez o la herida del otro*. Un texto que se inserta en los parámetros de la dramaturgia de "participación"; o sea, la alternancia entre participación psicológica (expresada mediante visiones y audiciones) y distanciamiento objetivador (que actúa sobre todo en los comentarios y actitudes meta-teatrales que devuelven al receptor su conciencia de "espectador") que permite al receptor la reflexión crítica (Serrano 28-29).

En los tres textos, Sanchis se propone romper las convenciones espacio-temporales y quebrar los estereotipos condicionantes del tiempo "euclidiano" y "newtoniano"; por esta razón, afirma el autor, "decidí leer las hipótesis de la física cuántica" (Fondevila, *L'espai...* 150). El resultado es un juego de simultaneidades y alternancias que dialécticamente se niegan y complementan en el interior de un plano en el que coexisten espacios y tiempos diferenciados, personajes reales y ficticios de épocas distintas. Por medio de este recurso el autor muestra la naturaleza del conflicto interior-exterior que desgarra y divide a personajes como Núñez, la simultaneidad entre la 'otredad' indígena y española "de un hombre que ya no es ni blanco ni negro, ni cristiano ni pagano y sí un extranjero en todas partes, el paradigma del hombre futuro" (Fondevila 150). En suma, las propuestas dramáticas de ambos autores cumplen su función de enfrentar al lector-espectador con una serie de acontecimientos de validez histórica cuestionable, al mismo tiempo que examinan toda una galería de caracteres de agónico semblante que se desplazan perdidos en el tiempo y el espacio sin posibilidad de retorno. Ambos autores comprueban que al refractar el rostro de los "grandes héroes" y del documento oficial en los espejos de la picaresca y del carnaval, puede verse la cara esperpéntica de su muda alteridad.

NOTAS

1. "Tratándose de *Els Joglars*, el convencimiento de que el montaje iba a ser ácido era general. Tan ácido como para atemorizar y procurar el veto, antes de iniciarse los ensayos, del director general de actividades culturales de la Expo 92, Alfonso Riera, quien [según el grupo] se negó a presentar el espectáculo en la

magna manifestación universal y se ganó una mención sobre el escenario" (Fondevila: *"Un descubrimiento..."* 18-22).

2. El montaje de Boadella tiene antecedentes en la pieza *Sinrazón* (1928), de Ignacio Sánchez Mejía, cuya trama también se desarrolla en un manicomio.

3. Es claro que la crítica de *Els Joglars* se dirige al macrocosmos de las políticas coloniales de los imperios y en particular al PSOE por intentar apropiar demagógicamente la conmemoración del evento.

4. Juan Goytisolo utiliza el mismo recurso de carnavalización del poder en la figura de Isabel la Católica en su novela *La reivindicación del Conde don Julian* (1971).

5. "Para los programadores de estos grandes espacios del 92, el teatro no existe en Latinoamérica. No hay un solo espectáculo en el Festival Internacional de Madrid... Sólo uno de los 150 espectáculo que anuncia la Olimpiada Cultural de Barcelona viene de ultramar: *Hamlet, o la guerra de los teatros*, dirigido en San Martín, Buenos Aires, por Ricardo Bartís..." (Pérez Coterillo, *"América, ausente"* 1).

6. Sanchis comenzó a escribir en los 50, pero su obra no es reconocida públicamente sino a partir de la Transición política, más específicamente a partir de la democracia. La obra de Buenaventura, en cambio, obtiene reconocimiento internacional a partir de los 60. Ya desde entonces el autor trabaja con el TEC bajo condiciones socio-políticas radicalmente hostiles debido a que Colombia se debate en una cruda guerra fratricida.

7. Algunos textos importantes sobre estos personajes y eventos son: sobre Malinche: *La aprendiz de bruja* (1956/1983) de Alejo Carpentier; *La Malinche* (1958) de Celestino Gorostiza; *Yo, maldita india* (1984) de Jerónimo López Mozo. Sobre Cortés: *Cortés y la Malinche* (1967) de Sergio Magaña; *La noche de Hernán Cortés* (1991) de Vicente Leñero. Sobre Cuauhtémoc: *Corona de fuego* (1960) de Rodolfo Usigli. Sobre la tragedia de Moctezuma: *Moctezuma II* (1953) de Sergio Magaña. Sobre la conquista de México: *La conquista de Mexico (sic)* (1968) de Luis Valdés; *Ceremonias del alba* (1991) de Carlos Fuentes; *Aztéques* (1991) de Michel Azama. Sobre la conquista del Perú: *Corre, corre Carigüeta* (1984) de Santiago García. Sobre Cristóbal Colón: *Cátarocolón o Versos de arte menor para un varón ilustre* (1968) de Alberto Miralles; *Cristóbal Colón* (1988) de Antonio Gala.

8. Según de Toro, la posmodernidad en el teatro latinoamericano ha estado presente desde los años 60. El problema de su teorización se ha debido al atraso de "la crítica teatral en general y latinoamericana en particular [...], en la carencia reflexiva sobre este campo [pero, ante todo,] en la total ausencia de publicaciones..." (27-28). La tipología que Alfonso de Toro propone para el teatro posmoderno consiste de cuatro modelos: teatro pluridimensional o interespectacular (significados, interpretación, pero no tradicional); teatro gestual o kinésico (no interpretación, puros significantes); teatro de deconstrucción (altamente intertextual e historizante); teatro restaurativo (tradición) (*"Hacia un modelo..."* 19).

9. El modelo crítico deconstruccionista al que nos referimos es el propuesto por Jacques Derrida. Asimismo, se consideran algunas de las reflexiones de Paul de Man en lo relativo a las estrategias de análisis literario. A partir de este momento llamaremos a ambos modelos teóricos simplemente Postestructuralismo.

10. Al examinar las formulaciones lingüísticas empleadas por algunos escritores en la construcción de sus textos, Paul de Man concluye que "'discursive texts', those that we call nonfictional or philosophical, must be read just as attentively as we read fictional or literay texts". Estos textos, según sus estrategias narrativas, "puts the truth or falsehood of its own statement in question" (citado por Arac, *Critical Genealogies*... 247).

11. Ferdinand de Saussure. *Course in General Linguistics* (1916). Según Patterson, Saussure consigue demostrar que la relación entre lengua y realidad del mundo no puede ser entendida como un proceso de simple asociación (es decir, la palabra no es necesariamente la cosa que nombra) sino como uno analógico: "on the one hand is language, with its differential system of making meaning, on the other the object-world of things that becomes available to human agency only in terms of the network of signification that language casts upon it". Saussure, además, intenta demostrar que la relación entre lengua y realidad no es de correspondencia sino de convención: "a statement is true when it conforms to certains norms that govern what a particular way of writing takes to be true" (257).

12. Nos referimos a las propuestas teóricas del post-estructuralismo, post-semiótica, los estudios postcoloniales, post-feminismo, los estudios sobre la alteridad, transculturación, interculturalismo, etc. Todas estos y otros sistemas de análisis constituyen la base teórica del binomio posmodernismo – posmodernidad.

13. Las reflexiones de Saussure sobre las complejidades de la lengua y su relación con el referente real, provocaron el quiebre de las barreras que separaban la subjetividad-objetividad de la literatura y la historia respectivamente abriendo el debate sobre lo que debería ser considerado "objetivo" en el marco de la Historia y otras formas de escritura. Como hemos apuntado ya, Hayden White asegura que, en la base estructural del discurso histórico, perviven formas retóricas asociadas a la literatura. En relación a la filosofía, Derrida apunta que esta "is less a way of thinking than a form of writing that has always, in the name of absolute reason, suppressed not merely its dependence upon the very rhetorical forms it condemns in "literature" but its own inescapable entanglement in language per se". Sobre la historia de las ciencias físicas, Thomas Kuhn sostiene que esta "is a history not of the progressive discovery of a truth lying in wait to be found but of the gradual shift from one explanatory paradigm to another under the pressure of a wide range of social forces" (Patterson 257).

14. José Monleón sostiene que la llamada "muerte de las ideologías" quizás sólo exprese el "descrédito de los dogmas", la "dificultad de aprehender la realidad por palabras equívocas" (*Teatro español y teatros...* 8).

15. La obra de Buenaventura de su etapa más reciente. Floeck asegura que, en el reprocesamiento de los materiales históricos, los autores de esta nueva dramaturgia se diferencian del modelo de "teatro restaurativo tradicionalizante o historizante deconstruccionista" propuestos por Alfonso de Toro para el teatro posmoderno (*Teatro y posmodernidad...* 157-163).

16. Según de Toro, esta modalidad es herencia del teatro épico, cuyo concepto de 'historización' intenta "mostrar un acontecimiento o un personaje bajo su luz social, histórica, relativa y transformable"(*Hacia un modelo...* 30). Según declaraciones de Brecht, en el teatro de lo que se trata es de "mostrar los aconteci-

mientos y los hombres bajo su aspecto histórico, efímero". De esta manera, se incita a "pensar al espectador que su propia realidad es histórica, criticable y transformable" (Pavis 237).

17. La 'función política' en el teatro postmoderno, según Fernando de Toro, es un recurso orientado a la "desdoxificación (opinión pública) de las representaciones artísticas y culturales". Lo que se busca es la "politización" de las obras en "un acto de distanciación (*verfremdungseffekt*). Este acto de desdoxificación está casi siempre vinculado a un acto deconstructivista que ha caracterizado la práctica teórica, crítica y artística de los últimos veinte años" (*"Elementos para..."* 31).

18. La "nueva dramaturgia" a la que nos referimos, incluye los textos de revisión histórica de Buenaventura producidos a partir de los 80, aunque no así aquellos que se insertan en los 60 y 70 que se ciñen al enfoque crítico del realismo social. El nuevo contexto estilístico, que algunos críticos denominan "neorrealismo" o "realismo posmoderno", engloba (hasta cierto punto) las piezas que conforman la *Trilogía Americana* de Sanchis Sinisterra.

19. Para Sanchis es tarea del espectador rellenar los "huecos vacios" o "la zona de los silencios" dejados por el texto. A esta modalidad, el autor la llama "teatralidad del enigma", que consiste en retener un saber propio del autor que no revela en los signos o enunciados escénicos pero que, como espacios en blanco sugerentes, corresponde al receptor rellenar (*"Cambio de folio..."* 86). Para Buenaventura, ese "espacio borrado de lo no-dicho" constituye el de la "connotación", sitio en que el espectador "antagoniza" con el texto.

20. Este fragmento es parte de un texto anónimo escrito en Náhuatl por los habitantes de Tlatelolco (México); el lamento-testimonio es el resultado del saqueo sufrido por la ciudad a manos de soldados españoles en el año 1528 (Rodríguez B., *"América en el teatro..."* 67-97).

21. Según O'Gorman, "America was invented, named, and historicized before its territory and its people had been encountered. It was an imagination that operated by transpatio rather than translatio of the known into the unknown, with unexpected results." (en Jara & Spadaccini, *"Introduction"* 22).

22. Entre las piezas de estos autores figuran: de Lope de Vega: El nuevo Mundo descubierto por Cristóbal Colón, o La famosa comedia de El Nuevo Mundo descubierto por Colón; de Alberto Miralles: Cátaro Colón o Colón, Versos de arte menor para un varón ilustre (1989); de Antonio Gala: Cristóbal Colón (Opera) (1988); y de José Ignacio Cabrujas: Acto cultural o Colón, Cristóbal, el Genovés alucinado (1976). Señala Rodríguez de Laguna que, en lo que concierne a la historia de la literatura occidental, es a Lope de Vega a quien "corresponde el título de iniciador de la tradición temático-teatral de Colón". Un texto que ni siquiera formó parte importante de la célebre producción de Lope, El Nuevo Mundo, "constituye la primera obra dramática de un escritor de envergadura que se apropia del tema de Colón y el Nuevo Mundo como 'encuentro'". La pieza fue escrita entre 1598 y 1604 y formó parte de la primera edición de El peregrino de su Patria (1614), pero desde entonces se mantuvo desconocida hasta el siglo XIX, "aunque fuera de España se divulgó en francés, italiano, holandés e inglés" (15).

23. Keen asegura que no es extraño el supuesto "mesianismo" o "providencialismo" atribuido a Colón, ya que, en efecto, era un sujeto que padecía de una

curiosa mezcla de mística y práctica: "he was convinced that God himself had reveled to him 'that it was feasible to sail from here [Spain] to the Indies, and placed on me a burning desire to carry out this plan'" (55).

24. Djelal Kadir explica "topographics, which expresses the need to make discourse of a place, is the one instrument that defines America. For America is not an entity of the world, but a fiction of a world created by its men and women. America is a discursive entity: it is what has been said about America and what its men and women have told us and the world about it. America becomes such when language discovers its autonomy, when it discovers its ability to serve itself as a system" (citado por Jara & Spadaccini, *Amerindian Images...* 87).

25. El sistema de Encomiendas fue establecido en Nueva España (actual México) en 1523. Según Charles Gibson, como *Encomienda* debe entenderse "the official consignment of groups of Indians to privileged Spanish colonists who were entitled to receive tribute and labor from them". "The legal distinction between 'encomienda' and slavery was that the Indians were not regarded as property by their 'encomenderos'" (Adorno, *"Discourses on..."* 252).

26. La *Brevísima Relación de Destruyción de las Indias* fue publicada por primera vez en 1552. Saint-Lu afirma que la obra provocó tendenciosas interpretaciones que mermaron la credibilidad y honestas intenciones del religioso. Una de las más devastadoras fue la fabricación de la llamada "Leyenda Negra", una suerte de falsificación esencialmente anti-española. El texto también fue fuente de divulgación del mito del "buen salvaje" (27-28).

27. Oviedo y Gómara son personajes en la pieza de Buenaventura. El cronista Gonzalo Fernández de Oviedo vivió en América entre 1514 y 1556. Más que conquistador fue funcionario del rey. Entre sus escritos destaca: *Historia general y natural de las Indias*. Francisco López de Gómara también fue cronista y funcionario. Su texto más importante, *Historia general de las Indias 1511-1560*, es una apología de la conquista y colonización de América. Para Gómara "the colonization... signifies the epic of 'the redemption of the most primitive people on earth'... who until then had lived with 'cannibalism, poligamy, polytheism, not free of cruel human sacrifices...'" (en Gómez-Moriana 103).

28. En el programa de mano, Sanchis expresa su agradecimiento a las contribuciones de los cronistas de Indias – Las Casas, Díaz del Castillo, Alonso de Ercilla, López de Gómara, etc. – y a varios entremesistas y copleros populares. Pero, de forma especial, a Miguel de Cervantes a quien dedica en homenaje sus "humildes páginas".

29. El autor enfatiza el fanatismo religioso, la intolerancia ideológica y otras formas de represión propias de la época a través de la constante presencia del Santo Oficio y sus Autos de Fe. Asimismo, a partir de Buero Vallejo muchas de las producciones teatrales españolas incorporan el tema del fanatismo religioso visto a través de la imagen de la Inquisición.

30. Los primeros dos fragmentos, con ligeras variantes, proceden de Juan de Castellanos; el tercero es cosecha del autor. Según Serrano, estas estrofas pertenecen a la *Elegía I, Canto Primero (estrofas 19 y 21*, pág. 6) de Castellanos.

31. Sanchis puntualiza: "mi intención, mi tentativa, al escribir Lope de Aguirre, traidor han sido otras... He tratado de contrarrestar, o al menos atenuar, el partidismo esquemático mediante el recurso de una severa disciplina formal... Me he

visto obligado a respetar la pluralidad de puntos de vista que coinciden sobre Aguirre, pero también sobre el Poder que se le opone" (Serrano 46).

32. Los cronistas a los que el personaje se refiere son Pedrarias de Almesto y Francisco Vásquez y el titulo de la crónica es *Relación de la jornada de Omagua y Dorado*.

33. Pastor, como Molloy, opina que la Relación de Núñez o "discurso narrativo del fracaso", como ella lo llama, se presenta "como mérito equiparable a una acción cuyo valor no podía ser reivindicado en razón misma de su carácter fracasado; de ahí que la relación pretendiera ocupar el lugar de la acción fallida que narraba y presentarse como servicio de valor equiparable al de cualquier acción coronada por el éxito" (Pastor, *Discurso narrativo...* 307).

34. Pupo-Walker no parece tener duda sobre la intimidad de Núñez con mujeres indígenas. Como "Chamán", nos dice el crítico, Núñez tenía todos los privilegios que quisiese. Estas y otras sugerencias son explícitas en los capítulos XIII y XXXV de *Naufragios*.

35. "Y, en concreto, la realidad de las culturas precolombinas me produce una fuerte conmoción. Nuestra visión occidental del mundo es absolutamente parcial, limitativa, reduccionista. Incluso, el pensamiento científico, al que yo me siento tentado, sólo habla de una parte de la realidad, y en todas esas culturas precolombinas masacradas, diezmadas por la conquista, hay un acervo de visión del mundo, de concepción de la realidad y del hombre que me resulta fascinante. Fascinante también me resulta ese choque entre los dos mundo, la hibridación que produce. Estos, pues, serían los tres vínculos de mi interés por Latinoamérica" (Monleón, "*Testimonio...*" 145).

36. A raíz del montaje que José Luis Gómez realizó de la pieza, Carla Matteini comenta "No cabe duda de que uno de los secretos de la emoción del espectáculo está en el empleo de diversos acentos e incluso lenguas para decir un texto de lenguaje bellísimo e intensa fuerza poética. Gómez confiesa haber buscado durante un año primero los acentos españoles, después los latinoamericanos – un peruano, una mexicana, una colombiana – y un portugués. Toda una riqueza de inflexiones, subrayada por los textos dichos en Euskera y en quechua, componen una envoltura sensorial muy cálida, casi una partitura abierta" ("*Lope de Aguirre...*" 13).

V. FESTIVALES Y CENSURA: RE-DEFINIENDO LA NOCIÓN DE IBEROAMERICANIDAD

Con frecuencia suele olvidarse que el vocablo *festival* equivale a la forma adjetiva de fiesta. A partir de las fiestas religiosas de la antigüedad griega, se celebraban ceremonias anuales en las que se representaban comedias, tragedias y ditirambos con el objeto de promover el encuentro y diversión de actantes y público. De este origen modesto, el festival de teatro ha conservado a través de las épocas cierta dosis de ritualización en sus celebraciones, fenómeno que ha ido desapareciendo dada las radicales modificaciones a las que se han visto sometidos los festivales (incluyendo su orientación ideológica). A pesar de ello, en épocas recientes se ha visto un "resurgimiento del festival sagrado" que evidencia, por una parte, la necesidad de los participantes de reencuentro periódico y el deseo de compartir toda suerte de anhelos; por otra, la voluntad de sondear la vida teatral del momento y revivir las ancestrales sensaciones de formar parte de "una comunidad intelectual y espiritual" congregada en torno a la ritualidad de un culto (Pavis 206).

Así las cosas, habría que preguntarse qué valoraciones encierra en la actualidad el término Festival y si antepuesto al concepto de Modernidad presupone el mismo sentido para los miembros de una comunidad. Asimismo, cabría preguntarse si la celebración de un encuentro se reduce única y exclusivamente al ensamblaje de un regular número de espectáculos presentados en escenarios no convencionales (al aire libre) ante un público heterogéneo. De ser así, ¿habría tantos festivales como temporadas teatrales, al margen de las características de cada espectáculo o, sobre todo, de la posible articulación entre ellos? (Monleón, "*Festivales*" 27). De lo anterior, un hecho es claro. Los festivales de teatro cumplen funciones de fiesta cívica en el marco de una sociedad, indican el momento en que los distintos sectores de la población, sin importar los medios, "expresa[n] un tipo de demanda que ni la empresa privada ni el Estado satisfacen en la práctica teatral cotidiana" a cabalidad (27); la comunidad participante, en especial una que goza de libertades democráticas, tiende a perder su carácter meramente numérico para sumarse a la ruptura del esquema social cotidiano, "la búsqueda de nuevas relaciones entre teatro y colectividad" (27).

En los modernos festivales de teatro, el objetivo es cumplir una relación de doble sentido entre emisores y público: a través de la representación (único medio posible del acto comunicativo) y de las "actividades paralelas" – seminarios, talleres, discusiones, etc. – que se organizan alrededor de los principales eventos. En un lapso de tiempo relativamente corto se intercambian propuestas dramáticas, modalidades, tendencias, ejercicios, etc. Sobre el moderno festival, Monleón apunta:

> la palabra Festival contiene la voluntad de romper por unos días el tono cotidiano, de hacer del teatro una fiesta entre dos tiempos rutinarios... Olvidar cualquier ordenación sistemática. Hay que invertir grandes cantidades de dinero, cuya rentabilidad política resulta imprescindible para los organismos patrocinadores... rentabilidad que se conecta con dos resultados muy precisos: la respuesta masiva del público y la atención de la prensa. (*"Quinto festival..."* 147)

Efectivamente, como señala el crítico, el proceder de estos eventos suele ser casi siempre el mismo: masiva concentración de grupos, inversión onerosa (no siempre recuperable) y el reconocimiento de la crítica y público. Las actividades "paralelas" que se programan alrededor de las celebraciones buscan garantizar los buenos resultados y la organización de futuras programaciones; además, posibilitan la convivencia y el intercambio de experiencias individuales y grupales – a través de seminarios, talleres y foros – que contribuyen a ampliar el horizonte teórico y práctico de los miembros.

Uno de los festivales que sufragó en gran medida el desarrollo del moderno teatro europeo y latinoamericano fue el celebrado en la ciudad francesa de Nancy. Su primera edición (1964) abrió las puertas con el nombre de Primer Festival Mundial de Teatro Universitario; cuatro años después el festival era el lugar de encuentro del teatro profesional a nivel mundial abandonando así su orientación meramente universitaria. La asistencia de teatristas y público fue siempre cuantiosa y por primera vez los grupos latinoamericanos se juntaron con sus contrapartes europeos. A partir de entonces las celebraciones serían cada año hasta que a principios de los ochenta el festival tuvo que cerrar sus puertas arguyendo motivos económicos. Nancy se proponía difundir propuestas teatrales vanguardistas, especialmente, aquellas que combinaban creativamente lo estético con el mensaje político. Esto se debía a que en el festival se daba cita "el teatro marginal e independiente cuyas raíces políticas se explicitaron en [los sangrientos enfrentamientos entre sectores políticos franceses en] mayo del 68" (Monleón, *"Debate sobre..."* 3). En este respecto, Nancy, lo mismo que otros festivales, veía la necesidad de formar parte de su realidad histórica, fuente generadora que definía el quehacer artístico-cultural del momento.

144

Para el director teatral español Miguel Narros, Nancy significó una ruptura en la historia del teatro; apareció en un momento decisivo, un momento de "contestación y de respuesta" al teatro de baja calidad que se hacía en esa época, y permitía ver la nueva estética que se estaba produciendo "al margen de la estética corriente" (Monleón, *Debate sobre...*" 6). Para Salvador Távora, director del grupo teatral La Cuadra de Sevilla, festivales como el de Nancy y, posteriormente el de Manizales (Colombia), "sirvieron tanto al espectador especialista como al no especialista... Aquel tipo de festival cumplía una función política; perdida ésta, nos acercamos peligrosamente a los "Festivales de España" [de la época franquista], que, a menudo, se quedaban en el entretenimiento populista..." (*"Debate sobre..."* 4).[1] Nancy sería sustituido por el festival de la ciudad de Avignon (también en Francia) que contaba con un presupuesto cinco veces superior. La experiencia de Nancy fue crucial para la implementación de otros importantes encuentros que harían historia a nivel mundial en los sesenta y setenta; sin embargo, Pedro Barea apunta que el festival será recordado por sus exuberancias en las "exhibiciones, happenings y muestras percutantes de lo extravagante o lo insólito".[2]

Los encuentros teatrales en Latinoamérica, antes de Nancy, tenían un carácter de muestra nacional-regional más que de festival.[3] Los celebrados en Cuba a partir del año 62, por ejemplo, eran simples exhibiciones ante un público local; grupos nacionales de bajo nivel técnico y profesionalismo se dedicaban al montaje de obras de los distintos países del continente, acompañándose las actividades de un tono político denominado de "descolonización del teatro cubano" y latinoamericano en general (Pianca 62). Entre los años 64 y 68 las "Jornadas de teatro leído", celebradas en la Habana, abrirían las puertas a los teatristas latinoamericanos cuya asistencia sería masiva. No es sino hasta el año 1968, fecha de inauguración del histórico Festival Internacional de Manizales (Colombia), cuando ocurre un cambio de paradigma en lo que a celebración de encuentros latinoamericanos se refiere. En las múltiples ediciones de Manizales se dará cita lo más representativo del teatro latinoamericano y del mundo entero.

1968 constituye, además, un importante punto de enlace en el análisis de las realidades socio-políticas de América Latina y el Caribe. Un año de intensa efervescencia política y represión policial en el que destaca la horrenda masacre de estudiantes y obreros en la Plaza de las Tres Culturas en la Ciudad de México. Asimismo, los ejércitos nacionales de varios países del continente se dedicaban a ocupar violentamente innumerables recintos universitarios y sindicales persiguiendo, encarcelando y asesinando estudiantes y obreros. En París, grandes multitudes se lanzaban a las calles en busca de mejoras económicas y en señal de protesta por los constantes abusos de las autoridades; las consecuencias serían desastrosas y culminarían en el trágico "mayo sangriento". Al deterioro político a escala mundial se suman otras preocupaciones que afectan directamente a América Latina; una de ellas es la creciente presión del neoliberalismo primermundista al imponer cláusulas mucho más estrictas en el pago de la deuda externa de los distintos países. Como consecuencia directa sube la tasa de desempleo, hay recortes en los programas sociales, de salud y educación, aumenta la represión y el exilio masivo, etc. En este clima de agitación, los teatristas latinoamericanos se dan a la tarea de descentralizar la cultura e impulsar la internacionalización del teatro. Surgen así los grandes festivales que contribuyen a la desbalcanización del arte y la cultura en general: el de la Habana, Manizales, San Juan (Puerto Rico), Caracas, Córdoba (Argentina), Quito, México, El paso (Texas), Cádiz (España) y Nueva York, entre otros. Estos periódicos eventos posibilitarán un solidario acercamiento entre los distintos grupos, sean estos aficionados, universitarios, independientes o profesionales de América, España y otros sitios.

En este capítulo nos proponemos examinar el desarrollo de los factores políticos, sociales, económicos y artísticos hasta aquí mencionados en los contextos de España e Hispanoamérica de los años 60 y 80. Inicialmente, inspeccionaremos las tácticas empleadas por algunas de las dictaduras de turno – España, Chile y Argentina – para excluir las voces que cuestionaban sus plataformas políticas e ideología. De igual manera, ventilaremos los procedimientos de autocensura, voluntaria o involuntaria, al que los propios artistas se veían sometidos dando como resultado un marcado empobrecimiento en las producciones. Verificaremos las circunstancias que posibilitaron el surgimiento de un aberrante dogmatismo en las posiciones estéticas e ideológicas de varios de los "trabajadores del teatro" en el espacio mismo de los festivales. Finalmente, veremos de que manera los teatristas, críticos y otros intelectuales de España y América Latina franquearon las barreras que los separaba para así consolidar un trabajo conjunto que lograría verdaderamente internacionalizar el teatro y redefinir el concepto de "Iberoamericanidad" en el marco cultural de los setenta.

España

En la última década del franquismo, el Festival de Sitges era uno de los lugares de encuentro del llamado "teatro de vanguardia" español.[4] Desde sus inicios, Sitges fue organizado como un "modelo de concurso de obras teatrales y, a la vez, [de] certamen para grupos" (Oliva, *El teatro desde...* 357). Pero, según Oliva, en términos de censura Sitges constituía "una trampa en sí mismo" para autores y grupos, es decir, el festival – contrario a la eficiente promoción interna que gozaban los autores y grupos participantes – adolecía de una efectiva política de difusión a nivel nacional. Esta ambigua estrategia de difusión restringida, más una política de múltiple premios, afectó negativamente la producción de innumerables autores, sobre todo, los *simbolista*.[5] Las serias dificultades de estreno que enfrentaban los autores – fueran estos *realistas* o *simbolistas* – los obligaba a considerar todas las opciones siendo una de ellas los numerosos concursos y galardones.[6] Esta posibilidad, obviamente, no estaba exenta de los habituales abusos por parte de organizadores y censura, que se hacían manifiestos de distintas maneras; un ejemplo sería la censura editorial, un organismo que expurgaba de antemano – cuando se tenía la suerte de publicar – todo cuanto juzgaba sujeto a dudas. Enfrentado a esta realidad de cosas, el escritor no tenía más remedio que negociar, modificar, suprimir y/o atender los "sugestivos" consejos de la administración censoril si quería ser escuchado. De cualquier manera, como afirma Abellán, el autor era blanco de todo tipo de arbitrariedades que daba como resultado una permanente autocensura, "consciente, obvia, e incluso, instintivamente" (Abellán, *Censura y creación...* 67). Desde la perspectiva de la censura habían únicamente dos tipos de escritores: aquel que siempre encontraría obstáculos para estrenar y publicar y aquel que sin duda podría hacerlo. Sobre éstos últimos, los irónicos comentarios de Alfonso Paso expresan mejor el tipo de teatro que por ese entonces se favorecía: "cuando uno no sabe hacer teatro, se mete con el gobierno" (Oliva, *El teatro desde...* 220).

En la España franquista, el sector público invertía buena cantidad de recursos en la celebración de certámenes similares al de Sitges. La proliferación de estos eventos, sin embargo, eran estratagemas orientadas a la "promoción controlada de [los] futuros valores" artísticos (Oliva 356). Para los teatristas este hecho no era desconocido, sabían que Sitges al igual que otros eventos similares era un "puerto franco para la censura" (356) en el que todo podía estrenarse, aún con las comunes tachaduras impuestas por la comisión reguladora, pero nada podía exceder sus límites. Efectivamente, muchas de las obras fueron vistas únicamente en los festivales, toda solicitud de representación fuera de estos espacios era simplemente denegada.[7] Entre las dificultades que enfrentaban los autores, sobre todo los premiados, estaba la publicación de la obra y el financiamiento del montaje; este hecho se hacía explicito por los promotores al no comprometerse a costear estrenos o publicar textos ganadores. La falta de compromiso, sustentada en absurdas cláusulas,

147

facultaba que se premiara (inclusive en más de una ocasión) textos de cuestionable valor. Innegablemente, los premios no significaban nada, "ni prestigio, ni fama", ya que a pesar de los muchos galardones la mayoría de autores (o grupos) no publicaban, ni subían a los escenarios que visitaba el gran público (Oliva, *El teatro desde...* 357).

La dual condición del teatro de ser texto y espectáculo a la vez proporcionaba a la censura una doble oportunidad de intervención. Según Abellán, al referirse a la censura teatral hay que tomar en cuenta dos aspectos, "la censura del teatro como representación" y la influencia que esta ejerce "sobre la obra teatral como libro". Sobre el primero, "los datos son inexistentes... sobre el segundo, no sobreabundan" (en Oliva, *El teatro desde...*319). Este dato, señala el crítico, explica el por qué en el período que nos ocupa las puestas en escena eran más comunes que los textos publicados. Si se considera que la meta de toda obra de teatro es la representación (no la publicación) y que los teatristas bajo rigurosa censura están dispuestos a pagar las consecuencias para representar, no es de extrañar la enorme desproporción entre las obras estrenadas y las publicadas. A diferencia de otras épocas – en que se consignan más piezas escritas, inéditas o publicadas que montajes – Abellán asegura que las puestas en escena de esta época eran más numerosas aunque no exista un fiel registro de ellas. En cuanto a la censura espectacular, Monleón afirma que bajo el franquismo todo "cuanto se decía en escena había sido leído y aprobado por un censor antes de iniciarse los ensayos"; enseguida, previamente al estreno, "los censores habían aprobado el ensayo general, tras verificar que las palabras eran autorizadas y que las imágenes o la interpretación no habían añadido nuevas significaciones" (*"Por que ir..."* 6).

Otras opciones de estreno con que contaban estos autores eran los Festivales Nacionales de Teatro Universitario; estos eventos, sin embargo, no siempre se realizaban y cuando lo hacían era bajo extremas restricciones económicas y propagandísticas. Muchos estrenaron en el seno del Teatro Independiente o no tuvieron más remedio que formar sus propios grupos, tal es el caso de *Los Cátaros* (Barcelona), *Tábano* y *Teatro Experimental Independiente* (Madrid); estos dos últimos, formados en el año 68, continuaron las iniciativas de *Teatro Estudio de Madrid* (TEM) de montar a los autores 'malditos' y/o marginados de antes y después de la Guerra Civil (Oliva, *El teatro desde...* 349). Fuera de los recintos señalados, era casi imposible representar en circuitos comerciales públicos o privados. El público que asistía a estos eventos, si bien era fiel y constante, no estaba formado por el "gran público" (como preconizaba la prensa engañosa para cubrir los festivales de pomposa libertad de expresión) sino por un grupo selecto, integrado por los miembros de los grupos, estudiantes universitarios y espectadores locales que asistían con regularidad. En fin, los festivales teatrales de la España de los 60 y 70 obedecían a dos propósitos: ejercer control sobre los productos culturales en formación y proyectar una falsa imagen de democracia y libre intercambio de los bienes simbólicos.

Nacido como "un receptáculo del teatro de vanguardia hecho en Europa" (Villalba García 120),[8] Sitges, al igual que el teatro de vanguardia, gradualmente cayó en tal crisis que ahora resulta difícil catalogar el teatro europeo de la época como línea primera de experimentación. Al retirarse Ricard Salvat como director del festival, Toni Cots, el nuevo director, quiso convertir el evento en un punto de reunión de "la vanguardia teatral europea consagrada" (Villalba García 121) sacrificando así la producción nacional. Al poco tiempo, el proyecto de Cots también se vino abajo. Pérez de Olaguer indica que el contundente rechazo de los teatristas y de los residentes de la ciudad se hizo sentir con tal fuerza que inmediatamente se cambió de rumbo. A partir de los 90, los nuevos promotores desecharon el modelo de "Festival de supermercado" en el que irremediablemente había caído el festival favoreciendo la hibridación en los espectáculos, sin reparar en las disciplinas ni su procedencia (54-55); a la par del teatro se dio cabida a la danza moderna, la danza-teatro, el ballet, la pantomima, etc.

El corto recorrido sobre la trayectoria de Sitges cumple dos propósitos: primero, ver el festival como un espacio operativo que engloba la realidad a la que se enfrentaban otros eventos de naturaleza similar en la España de la época. Segundo, verificar de qué manera el modelo de Sitges, de un espacio de expresión controlada bajo la dictadura, devino, en la etapa democrática, un muestrario-escaparate de productos extranjeros de altos costes que desautorizaba la producción nacional. En cualquiera de los casos, ya sea bajo el panoptismo franquista o bajo el lujoso esplendor de la etapa europeizante, las víctimas siguieron siendo las mismas, los teatristas nacionales, quienes por efectos de las fluctuaciones pendulares de las políticas culturales se enfrentaban una vez más a la imposibilidad de dar a conocer su obra.[9]

Chile

El golpe de estado pinochetista (1973) no sólo puso fin al gobierno popular de Salvador Allende sino al robusto desarrollo que el teatro mantenía hasta ese momento. A partir de entonces, el régimen fascista – a través de sus campañas de represión, censura, persecución, encarcelamiento y muerte – impuso sobre los teatristas que no optaron por el exilio estrictas medidas de vigilancia. Una de las primeras medidas fue censurar toda actividad cultural contraria a las ordenanza oficiales. Los grupos aficionados que pertenecían a las organizaciones de base de la Unidad Popular fueron los primeros en desaparecer; a estos siguieron los teatros universitarios y las pocas agrupaciones profesional independientes que existían. Asimismo, toda actividad de carácter colectivo – festivales, muestras, talleres, etc. – fue prohibida inmediatamente. Según Fernando de Toro, el teatro chileno de este primer período era víctima de un "silencio doble": se evitaba toda referencia al presente lo mismo que al pasado inmediato, al de la Unidad Popular (*"El teatro en Chile..."* 28). La frustración no podía ser peor. Después de tres años de libre expresión (1970-1973), el teatro se enfrentaba de pronto a una situación política en la que los códigos expresivos ni siquiera habían sido pensados. Apunta de Toro que los teatristas de la época se esmeraban desesperadamente por encontrar fórmulas apropiadas de "producir mensajes donde el 'mundo posible' del texto espectacular pudiera, de alguna manera, homologarse al 'mundo real' del espectador sin que esta homologación fuera directa" (28). La infracción de los códigos culturales establecidos podía fácilmente conducir a la cárcel o al cementerio. La experiencia sufrida por el grupo *Aleph* confirma lo anterior. A raíz de la puesta en escena *Al principio existía la vida* – pieza alegórica basada en textos de la *Biblia, El Quijote* y *El principito* – todos los integrantes fueron enviados a la cárcel, incluyendo algunos de sus familiares, 'desapareciendo' muchos de ellos. La dura acción constituía una clara advertencia para todos aquellos que se atrevieran a violar las nuevas normas (Hurtado 90).

Desde sus inicios, la dictadura supo controlar eficientemente la difusión de ideas contrarias a su proyecto político. Los medios informáticos fueron puestos bajo estricta vigilancia y se hicieron circular listas conteniendo los nombre de individuos vinculados al teatro y cine a quienes se prohibía aparecer en pantalla, escenarios u otros sitios públicos (Hurtado 89). A los teatros que no gozaban del respaldo oficial, "se les impuso un impuesto de un 22 % de los ingresos brutos de taquilla" (89). Otras tácticas de la censura eran en extremo ridículas – apunta Juan Rodrigán. Había veces que las autoridades cerraban un establecimiento debido a que "a la última butaca le [faltaba] un tornillo"; esto, según se decía, era un peligroso atentado a la seguridad del ciudadano. Asimismo, aquellos que se atrevían a pegar carteles propagandísticos en sitios públicos eran severamente multados; el acto constituía un delitos que violaba las normas morales, de seguridad y orden público (Monleón, *"Entrevista con el chileno..."* 125).

Una de las más serias dificultades que enfrentaba la programación regular lo constituía el toque de queda (vigente por diez años), el cual obligaba a programar funciones únicas a las horas menos favorables o a no programar siquiera (Hurtado 90). Las obras que normalmente se representaban eran sometidas a un escrutinio tan riguroso que el escritor chileno Sergio Vodanovic comenta: "hay épocas en que la aparición de una comedia liviana, inofensiva y sofisticada es un mejor índice del nivel de represión política que rige en un cierto país, que la pieza más inflamatoria del teatro revolucionario" (Hurtado 90). Efectivamente, este hecho explica el por qué la cartelera pública chilena estuvo por varios años siempre repleta de comedias, sainetes, vodeviles e innumerables piezas de café-concert (90). En suma, como indica el autor chileno Nissim Sharim, la dictadura hizo todo lo posible por asesinar todos los avances hechos en la cultura en general y, de forma particular, la investigación teatral alcanzada hasta ese momento, "dejándonos dos posibilidades: o la simple supervivencia o la inclusión en el ámbito contestatario" (*"Mesa redonda..."* 55).

El teatro chileno debió esperar por varios años para recobrarse del choque inicial y romper la parálisis en que se veía inmerso. Pero descubrir o inventar los mecanismos que permitirían la elaboración y escenificación de materiales alusivos a la realidad social del momento sin arriesgar su propia existencia, no fue tarea fácil. Otro grave problema a resolver era el de los espacios de representación. Ante la estricta prohibición de reuniones colectivas, los teatristas ponían en marcha todo tipo de maniobras para juntarse con el público en recintos universitarios, gimnasios, parques, patios de casa o escuelas, dormitorios públicos; incluso, las cárceles o campos de concentración en donde muchos de ellos se encontraban detenidos (Rojo 114-128). En cuanto al público que frecuentaba este teatro, el escritor chileno Claudio Di Girólomo señala que la dictadura produjo un fenómeno parecido al del "ghetto" que afectaba por igual a quienes hacían teatro como a quienes iban a verlo. El grueso de espectadores – "público cautivo" lo llama Girólomo – lo integraban universitarios, obreros e intelectuales de izquierda que imposibilitados de expresarse políticamente militaban en el teatro. Este fenómeno causaba una inflación de público que no se debía necesariamente a la popularidad del teatro. Según Girólomo, debido el ambiente de asfixia en que se encontraba la cultura,

el teatro se convirtió en una expresión de "marginados para marginados", cuyo resultado fue que como actor, como director, al salir a escena, recibías a priori un aplauso que no sabías bien a qué correspondía. No sabías si aplaudían lo que decías o el modo en que lo estabas diciendo. Se trataba de una catarsis colectiva que permitía expresar aquello que no era posible expresar en la calle. (*"Mesa redonda..."* 55)

La situación del teatro experimentó sustanciales modificaciones a finales de los setenta. A partir de 1977 empezaron a surgir textos y espectáculos de codificada lectura que buscaban revelar lo que los medios informáticos callaban, "hablar de la realidad actual" (de Toro, *"El teatro en Chile..."* 29). De igual manera, a la par de la eclosión de nuevos montajes, la recepción del público se hizo constante y más numerosa; eran cientos de miles los espectadores que asistían a las representaciones de cada temporada (de Toro 29). No obstante, la meta del teatro de esta época ya no era la concienciación del espectador (como lo había sido antes de 1973), sino ser la voz, casi "terapéutica y ritual", de una comunidad largamente amordazada (de Toro 30). A partir de los 80, etapa de recuperación de la democracia, el teatro chileno se enfrentaba a un dilema: seguir siendo un instrumento de crítica frontal del sistema y verse sometido a los necesarios auto-cuestionamientos que acompañan a un cambio político de tales proporciones (Piña 40-43).

Argentina

En 1981, la junta militar argentina que se hizo con el poder cinco años atrás parecía imbatible. El movimiento obrero y estudiantil había sido prácticamente aniquilado, la población vivía en total desasosiego y la cultura había sido silenciada: "treinta mil desaparecidos, un millón de exiliados y miles de presos políticos. [En la Argentina] reinaba la paz de los cementerios" (*"¿Qué es teatro..."* 54). Al igual que en Chile, teatro y teatristas se veían sometidos a condiciones excepcionales: abusivas prohibiciones, censura y autocensura, persecución, desaparecimientos, exilio y muerte. Según Pelletieri, en este duro ambiente de crisis política, el terror generalizado por el "Proceso de Reorganización Nacional" se había hecho extensivo a todas las áreas sensibles de la sociedad (*"El teatro argentino..."* 15). Innumerables autores, directores y actores de cine, radio y TV vivían bajo las flagrantes presiones de la censura. Muchos trabajadores de la cultura sufrían encarcelamiento y torturas; otros habían sido 'desaparecidos' o asesinados. Los afortunados que no habían sido víctimas de estas calamidades buscaban un sitio más o menos seguro desde el cual hacer oír su voz. En su afán de suprimir toda actividad teatral tachada de subversiva, el régimen había eliminado, incluso, la cátedra de dramaturgia contemporánea de teatro argentino que formaba parte de los planes de estudio del Conservatorio Nacional del Arte Dramático. Al parecer, a juicio de la junta militar, era imposible enseñar una disciplina que teóricamente no existía (*"¿Qué es teatro..."* 55). Bajo este clima de terror político, impuesto por el Proceso de Reorganización Nacional, hace su aparición un fenómeno teatral denominado Teatro Abierto (TA) (1981).

Según Guillermo Loyola, "nunca el teatro de un país latinoamericano expresó de una manera tan total y sistematizadora [...] la conciencia resistente de una sociedad bajo vigilancia" (132). Justamente, no hay registro en la historia de los teatros latinoamericanos sobre un modelo teatral multidiscursivo que como TA se haya convertido con tal eficacia en un vehículo de "expresión de resistencia cívica organizada" frente a una situación sociopolítica "represiva y dictatorial" (Loyola 132). Más aún, no hay antecedentes sobre un movimiento con un espíritu abierto a todas las tendencias, incorporado a una misma práctica social, que no intentara ser vanguardia o implantar una nueva poética. Según Osvaldo Dragún, iniciador del movimiento, el objetivo principal de TA era el de un simple "reencuentro del teatro argentino con el público". Por vez primera, los teatristas "más representativos de un país se [reunían] para decidir la realización de una muestra conjunta"; para mostrar la vitalidad del teatro argentino y su resistencia a esquemas fascistas de cualquier orden (Javier 11). La estructura del proyecto también era simple: escenificar 21 obras cortas de autores argentinos contemporáneos, dirigidas por igual número de directores, que pudieran ser presentadas en una misma sala, en horarios no convencionales. Tanto creación como financiamiento serían responsabilidad de los participantes: los autores, directores, actores y técnicos; nadie cobraría un centavo y el costo de las localidades para cada una de las representaciones sería la mitad de las que cobraba el cine. El evento fue tan exitoso desde sus inicios que gradualmente se fueron agregando otras disciplinas: danza abierta, música abierta y poesía abierta (*"Argentina: Teatro abierto..."* 119). La única exigencia de las obras era expresar su repudio a la cultura y a los valores que defendía la dictadura. La respuesta del público fue masiva: el teatro lleno y cientos afuera esperando (*"¿Qué es teatro..."* 53).

Francisco Javier afirma que el trabajo de los participantes estuvo guiado por "el deseo y el amor al arte" (11), mas también por la necesidad de recuperar el espacio y la voz que por tantos años habían sido intervenidos. De acuerdo a la programación, cada obra disponía de media hora y debían presentarse tres por día los siete días de la semana. Los espectáculos debían iniciarse a las 6 de la tarde, tres horas antes de los horarios convencionales, ya que de esta manera se garantizaba la asistencia de todos los participantes y del público trabajador. Los montajes debían ceñirse a la línea de austeridad del "teatro pobre", con escenografía mínima de fácil transportación, y todos los espectáculos serían presentados en una sala única ("*¿Qué es teatro...*" 53). El rechazo del evento por parte de la dictadura no se hizo esperar, a los pocos días tres bombas incendiarias redujeron a cenizas El Picadero, la sala en que se realizaban las representaciones. Las amenazas anónimas de muerte sucesivamente fueron aumentando, registrándose casos de secuestro y tortura de algunos de los participantes. Los violentos atropellos, sin embargo, lejos de amedrentar el movimiento le inyectaron más energía; la simpatía y apoyo de los distintos sectores de la población no se hizo esperar. Ante la desgracia de El Picadero, las promesas de ayuda fueron cuantiosas: 16 salas (incluyendo algunas comerciales) fueron puestas a disposición; 120 pintores donaron algunas de sus obras para recaudar fondos; importantes medios de prensa, desafiando la censura, condenaron la violencia sin hacer reparos en su procedencia. Es así como Teatro Abierto, de un modesto evento cultural, se había convertido en un fenómeno nacional de resistencia a la dictadura.

En los tres años de duración del proyecto (1981-1983), se escenificaron 92 piezas todas ellas acompañadas al final de sus respectivos foros abiertos al público. En cuanto a los temas y estilos, el escritor argentino Máximo Soto apunta que en los distintos ciclos de TA se procesaron "una buena mezcla de realismo y vanguardia, de poesía y prosa, de metafísica y denuncia" (Pogoriles 160-161). Especial atractivo despertaba la multi-referencialidad de sentidos, el minimalismo, la ambigüedad de la imagen visual, el verbalismo codificado, los registros polisémicos y la heterogeneidad en la mixtura de los géneros. Entre los temas de mayor cobertura estaban: las posibles consecuencias en las vidas de los individuos al querer ignorar o desatenderse del miedo y de la represión diaria; el aislamiento y marginalidad que algunos padecían y que amenazaba la locura; los dramas alegóricos que aludían a "un país que se debatía entre los velos de una nostalgia mentirosa y los riesgos de una realidad amenazante" (Pogoriles 160). Algunos montajes utilizaban la intertextualidad y la metaforización histórico-sociopolítica para revisar el pasado y la memoria colectiva, no con el propósito de revivirlos nostálgicamente, sino para interrelacionar sus ocultas conexiones con el presente, poder corregir el curso de la historia y asegurar que la catástrofe que se padecía no volviese a repetirse (Javier 11).

Los distintos ciclos de Teatro Abierto fueron además de gran beneficio para autores y teatristas. Algunos que se dieron a conocer en ese momento pasaron inmediatamente a engrosar las filas del teatro profesional; otros ya conocidos pero prohibidos por la censura consolidaron su prestigio. En el año 1982 la participación fue masiva, 120 directores y más de 1500 actores se registraron. Ese mismo año se hizo una convocatoria a nivel nacional para que los nuevos escritores probaran suerte, la recepción fue enorme: 412 textos fueron presentados y un considerable número de nuevos prospectos invitados a participar (*"¿Qué es teatro..."* 55). El año 84, sin embargo, con la llegada de la democracia, el movimiento entró en una fase de decaimiento. Según los organizadores, el ciclo había cumplido a cabalidad con sus objetivos; en los tres años de duración, TA había desafiado y transgredido las políticas culturales impuestas y defendidas por el gobierno militar. Al desaparecer el enemigo común no era posible seguir manteniendo el espíritu combativo de un teatro pensado y diseñado para contrarrestar un tipo específico de circunstancias. Por esta razón el ciclo programado para el año 84 no se realizó.

La experiencia de Teatro Abierto, en opinión de M.A. Giella, se inserta en la tradición del teatro como valor estético con una clara orientación social, "como práctica grupal democrática" que surge en la Argentina a partir del Teatro Independiente de 1930. En este respecto, TA no era solamente el momento culminante del "sistema de la segunda modernidad [argentina] iniciada en los 60" sino que dialogaba con el "sistema de la primera modernidad" representada por el Teatro Independiente de los años 30; es decir, TA era "la síntesis de ambas fases" (Loyola 132). Pelletieri, como Giella, asegura que TA "representa el momento canónico de la segunda fase del sistema teatral [argentino] abierto en los 60,... la concreción de la utopía fundacional: modernidad creciente, intercambio de procedimientos entre realismo reflexivo y neovanguardia e incremento de la politización que se intensifica alrededor de los años 70" (*"El teatro argentino..."* 14).

Es claro que los impulsadores de TA se ajustan al marco estético e intelectual que caracteriza al Teatro Independiente de los años 60 – uno de los factores claves en el surgimiento del *Nuevo Teatro* latinoamericano – cuya influencia se hace sentir hasta mediado de los 80. Según Pelletieri, los responsables de TA formaban parte de una nómina de intelectuales de izquierda que entendían el arte como un compromiso y cuestionaban su autonomía con respecto a la realidad social y política (15). Un grupo de artistas para quienes el teatro constituía una forma de saber, un hecho didáctico (según explica Brecht en su *Pequeño Organon* para el teatro) orientado a la liberación mental y material del hombre moderno, un sustrato esencial en las tareas de construcción de un mundo mejor. En consonancia con el deterioro de las circunstancias sociopolíticas, lo esencial en la obra de estos teatristas era el mensaje

155

cargado de referencialidad histórico-reflexiva por sobre la simple diversión esteticista, producto de un neo-vanguardismo mal comprendido.

Teatro Abierto siguió existiendo al recobrarse la democracia, sin embargo, se vio dividido en dos vertientes distintas de trabajo: una impulsada por sus fundadores originales, otra por jóvenes teatristas que veían las cosas más en concordancia a la nueva realidad. Los primeros se dedicaron a tareas académicas, a impartir talleres, seminarios, conferencias y a promover actividades que posibilitaran el descubrimiento de nuevos valores (*"Teatro Abierto, noticia...*" 119); la meta de los segundos era conquistar las calles y las zonas periféricas de Buenos Aires y del interior del país. A partir de los 80, el teatro latinoamericano a nivel continental, lo mismo que el español, habían entrado en etapas de desarrollo totalmente distintas. La nueva distribución de poderes que afectaba a la región y el mundo asestó un duro golpe a varias dictaduras: Argentina retornaba a la democrática en 1983; Brasil y Uruguay lo hacían en 1985; en Perú, Bolivia, Guatemala, Nicaragua y Honduras se celebraban elecciones libres; Haití se deshacía del viejo dictador Jean Claude Duvallier y en España el PSOE llegaba al poder en 1982. Ante la nueva situación de cambios, el teatro, una vez más, debía reflexionar sobre sus métodos expresivos y proyección ideológica.

América Latina: festivales y dogmatismo político

Con la apertura de Manizales (1968) se inicia la histórica trayectoria de los grandes festivales internacionales en América Latina. La pequeña ciudad de Manizales – centro oligárquico cafetalero enclavado en las montanas de los Andes colombianos, de difícil acceso en transporte terrestre, y dominado por el conservadurismo político y religioso – fue elegida debido a sus peculiares características: clima agradable, buen servicio de alojamiento e instalaciones técnicas apropiadas (un teatro moderno bien equipado y espacios ideales de representación).[10] A partir de entonces, Manizales sería el punto de partida de un gran proyecto conjunto – continuado por el esfuerzo de los festivales de Ecuador, Puerto Rico, Cuba, Venezuela, Argentina y México – que fortalecería las bases de desarrollo del *Nuevo Teatro* latinoamericano en su etapa inicial.[11] Al igual que Sitges en España, Manizales servía a varios propósitos político-ideológicos: primero, el festival era una maniobra que beneficiaba al gobierno central colombiano al ocultar su imagen autoritaria tras la máscara de protector de la cultura y promotor del libre intercambio de bienes simbólicos. Segundo, para los teatristas la celebración constituía una forma de ruptura del colonialismo cultural al que veían sometidas sus sociedades por las oligarquías de turno. Tercero, era también una eficiente manera de establecer contacto con teatristas de otros países, de intercambiar experiencias, discutir problemas de orden estético, político, social, etc.[12] Cuarto, el evento era, además, una válvula de escape de las comunes frustraciones políticas experimentadas por los participantes en sus países respectivos.

Sin embargo, los conflictos de intereses entre autoridades-teatristas, teatristas-organizaciones políticas y teatristas-teatristas gradualmente transformaron el evento en una insalvable confrontación permanente que se hizo extensiva a otros festivales y a las distintas ediciones de Manizales. Desde los primeros encuentros (1969-1973) las tensiones alcanzaron tal virulencia que en más de una ocasión se temió el cierre temprano o la total cancelación del evento. A nivel externo, la difícil situación política por la que atravesaba el continente se hacía patente en el propio contexto del país y del festival. Por ejemplo, las guerrillas locales, apoyadas por un robusto movimiento estudiantil universitario, hacían escuchar constantemente su voz amenazadora en las ya difíciles jornadas del festival. La decisión de Manizales (1971) de abrir sus puertas al teatro profesional había causado que los teatros universitarios se sintieran excluidos del festival, de ahí la hostilidad de estos últimos. Otro elemento de discordia era el descontento de las autoridades locales por el giro político de acalorado debate que año tras año tomaba la celebración. Argumentaban que el proyecto original de la celebración, un armonioso encuentro de teatro universal y democracia cultural, habia sido abandonado en su totalidad (Pianca 157). La polémica entre residentes, organizadores y participantes poco a poco fue escalando hasta producirse la total cancelación del evento.[13]

Los desencuentros asimismo perturbaban internamente y la intensidad que cobraban dependía en gran medida de las posiciones político-ideológicas que defendieran los distintos grupos o individuos. Algunos de los participantes acusaban al festival de ser una expresión del conservadurismo cultural institucional; de practicar un "sectarismo burgués"; de manejar políticas discriminatorias en la selección de los participantes y de sacrificar aspectos de orden social en nombre de la cultural (Pianca 157). Las acusaciones, tuviesen o no fundamento, menguaban la credibilidad del festival, contribuían a la discordia y confusión de los teatristas, y beneficiaban las rígidas posiciones de las autoridades. Al cierre de la primera etapa, en 1973, Manizales se había convertido en un blanco de amenazas y acusaciones de todo tipo. González Cajio apunta que en 1971, año en que el festival da cabida al teatro profesional, se desató una violenta división que ahogaría el evento a una acalorada polémica tripartita compuesta por el gremio universitario, los grupos profesionales y los organizadores del festival (365). La acritud en las posiciones se hacía presente en todos los ámbitos posibles. Monleón subraya que en los foros abiertos efectuados al final de las representaciones, "no dejaba de producir tristeza el tono dogmático, iluminado, casi tridentino, con que muchos formulaban sus últimas reflexiones"; el "facilismo de las argumentaciones ideológicas"; el uso de "términos absolutos", que impedían de hecho el análisis de los espectáculos y contribuía más al caos y al desencuentro que al diálogo fructífero (*"VI Festival Internacional..."* 8).

Pianca, al igual que Monleón, afirma que "los foros después de las obras eran candentes", impregnados de cuestionamiento y acusaciones directas, de posiciones tirantes y encontradas, plagadas de dogmatismo a todos los niveles (159). En variedad de ocasiones, las enardecidas discusiones ignoraban las propuestas temáticas y estéticas de las obras; el foco de atención giraba en torno a la fuerza y eficacia del mensaje político de la obra con respecto al contexto social de origen. Es decir, si ante los ojos de los inquisidores políticos una propuesta escénica no explicitaba una denuncia "apropiadamente", "se le acusaba de reaccionaria, revisionista, evasiva, culturalista, arte por el arte, etc." La rigidez de criterios era tan excesiva que se creaban comisiones encargadas de contener los enfrentamientos (Pianca 160).[14] En una ocasión, el invitado especial al III Festival (1970), el director polaco Jerzy Grotowsky, "fue atacado y ridiculizado por no compartir su teatro la línea político-militante" que por ese tiempo deslumbraba al llamado teatro latinoamericano de resistencia. Se decía que ante la dura realidad por la que atravesaba el continente, el Teatro Pobre de Grotowsky resultaba ser "ritualista", "intimista" y "elitista"; un teatro evasivo y poco pragmático que no contribuía en nada "a resolver los problemas sociales de gran urgencia" de los pueblos sometidos al colonialismo cultural (Pianca 166). Ante el método de Grotowsky, relativamente desconocido por ese entonces en el ámbito americano, se oponía el teatro de Brecht, la Creación Colectiva, el Teatro Popular, como únicas alternativas para el cambio social. Paradójicamente, a partir de los ochenta, sistemas teatrales marginados como el Teatro Pobre, del Absurdo y de la Crueldad no sólo cautivarán la atención de los teatristas sino que se convertirán en los principales vehículos de busca y afianzamiento teórico del discurso plurivocal del *Nuevo Teatro* Latinoamericano en su etapa de consolidación.

Otros festivales no estaban exentos de las insalvables polémicas que afectaban a Manizales. En el Primer Festival de Teatro de Quito (1972), por ejemplo, las posiciones ideológicas se dividían entre los que promovían un teatro por el cambio radical de las sociedades y los que contemplaban soluciones a largo plazo, más en la línea de "un proceso reformista basado en el desarrollismo".[15] En el Primer Festival de San Francisco, California (1972), la tirantez de los debates causó serios estragos. Luis Valdez, director de la agrupación chicana El Teatro Campesino (ETC), rehusó juntarse con sus contrapartes latinoamericanos argumentando que su grupo no estaba preparado para confrontar el nivel de politización alcanzado por aquellos. El caso es que algunos latinoamericanos acusaban a Valdez y al ETC de traicionar los objetivos originales de la agrupación, esto es, la defensa de los derechos de los trabajadores agrícolas de Delano, California. Lo cierto es que para ETC las circunstancias políticas habían cambiado con los nuevos tiempos; en esos momentos el grupo atravesaba por una etapa de revisión de sus planteamientos teóricos, políticos y teatrales. De la radical militancia política de los sesenta, la agrupación chicana rastreaba sus orígenes ancestrales, su remoto pasado indígena (Pianca 219). El cambio de rumbo de ETC sería, asimismo, fuente de acalorados debates en el interior de TENAZ (Teatro Nacional de Aztlán) – organización que por entonces aglutinaba a casi todos los grupos chicanos de California – que conduciría a la total fragmentación. Y en el V Festival de los Teatros Chicanos y I Encuentro Latinoamericano (mejor conocido como el Festival de CLETA) (1974), celebrado en el suroeste de México, la nueva posición de ETC motivaría una vez más la controversia.

Ciertamente, CLETA fue uno de los encuentros más desastrosos en la historia del teatro hispanoamericano. Las confrontaciones poco amistosas – motivadas no sólo por las ambivalencias ideológicas de Valdez y su influencia en el movimiento chicano, sino por la impaciencia de los teatristas latinoamericanos – causaron serios daños a la ansiada solidaridad político-teatral del continente agudizando los conflictos en el seno mismo del movimiento chicano. Para muchos latinoamericanos que temían volver a sus países por temor a perder la vida, el giro ideológico de ETC era simplemente inconcebible (Pianca 218-219). A raíz de la presentación de *La carpa de los Rascuachis* – que finaliza con un acto cuasi-religioso en el que la Virgen de Guadalupe es paseada y venerada en escena – muchos de los participantes pensaron que el grupo chicano había perdido la razón. El mensaje de la pieza de Valdez, sin embargo, no era esencialmente religioso sino una convocatoria a la distensión y a la armonía, a la vez que una búsqueda alegórica de los orígenes de la nación de Aztlán representada por la imagen de la virgen. Es claro que el origen de la polémica era el desconocimiento de la realidad política de cada quien o, quizás, el dogmatismo partidarista e intolerancia ideológica de las posiciones.

En la segunda y tercera edición de Manizales (1969 y 1970), se buscaban cumplir dos propósitos: reafirmar el carácter social del festival e incorporar el teatro profesional.[16] Ambos objetivos se alcanzaron aunque no sin problemas. Los universitarios, como hemos dicho ya, ante la decisión de Manizales de abrirse al profesionalismo, rehusaron participar y montaron una campaña de difamación que afectó seriamente la credibilidad del festival. Las querellas internas no hicieron más que fortalecer las duras posiciones de la oligarquía local, el clero conservador y el gobierno central quienes finalmente cancelaron el evento indefinidamente. Pero a pesar de las constantes anomalías, Octavio Arbeláes, director del festival en su segunda etapa (a partir de 1984), asegura que el primer Manizales fue una verdadera posibilidad de encuentro del joven teatro latinoamericano. Un teatro que interrogaba con "mirada lúcida el discurrir histórico de nuestro continente", que se interesaba en su pasado y en su propia tradición histórica con el propósito de construir "un discurso propio que proveyera respuestas estéticas y políticas a los retos de los nuevos tiempos" (Arbeláes, "*Manizales...*" 369).

Efectivamente, a Manizales los jóvenes teatristas traían las frustraciones y preocupaciones propias del entorno político de procedencia; la única solución que veían como trabajadores de la cultura era el afianzamiento a nivel continental de un "teatro nacional auténtico y popular" que hiciera frente a la problemática social. En este sentido, Monléon puntualiza que tras el marco de estériles confrontaciones que poblaban los festivales de la primera etapa, "se encerraba la exasperación de los miles de estudiantes y campesinos de América que optaban por la lucha armada". A esto se debía que "los manifiestos [de orden político] nacían cada mañana con la voluntad apremiante del pistoletazo" y que se canonizaran grupos, escritores, directores y espectáculos o fueran introducidos en el infierno ("*VI Festival Internacional...*" 7). Es innegable que las circunstancias sociopolíticas de la época eran confusas y desastrosas. No obstante, la precipitada búsqueda de soluciones conducía a la dogmatización de las posiciones; un grave error de visión que anulaba el rigor estético de las creaciones, la racionalidad de las reflexiones y el diálogo constructivo. Además, se sacrificaba el teatro en dos de sus principios básicos, el entretenimiento y la libre reflexión, convirtiéndolo en un medio de lucha enfrentado directamente a los regímenes políticos. A juicio de algunos estudiosos, el error cometido por este tipo de teatro fue olvidar su condición circunstancial y creer que el mundo podía ser cambiado desde las tablas. Asimismo, falló en ajustarse a un determinado plazo político y perdió la conciencia de ser un "teatro de urgencia" al erigir en normativa poética – "desde la que fustigar al teatro universal de todas las épocas y hecho en las más diversas circunstancias – lo que era sustancialmente una aportación coyuntural al espíritu que por entonces se respiraba" en América Latina (Monleón, *"¿Por qué ir..."* 6).[17] Un error de enfoque que se hizo evidente a principios de los 80 cuando la tan ansiada revolución política que remediaría la problemática social a nivel continental no se produjo; este hecho aumentaría la desesperanza en no pocos intelectuales e indicaría que el idílico mundo que se buscaba, lo mismo que el proyecto de un teatro solidario y transnacional no eran posibles.

El año 1973 es testigo de abundante actividad teatral y de la inauguración de algunos importantes festivales. Entre otros, se realiza la Primera Muestra Mundial de Teatro en Puerto Rico y el Primer Festival Internacional de Teatro de Caracas (FIT). De otro lado, fue un año de lamentables tragedias políticas para el mundo civilizado. En Chile el gobierno popular de Allende es derrocado por los militares y en Argentina muere Perón y con él, el liberalismo político. La situación política en Uruguay no era mejor que la de estos países. En consecuencia, a raíz de la escalada fascista de derecha, el movimiento teatral latinoamericano de la época había descendido a un nivel de derrota similar al que experimentaban las democracias del cono sur bajo las dictaduras. Aun así, Manizales abrió sus puertas una vez más para celebrar el V Festival Latinoamericano y Primera Muestra Mundial de Teatro (1973). Dada la amplitud de los logros y objetivos, el evento llegó a ser conocido internacionalmente como "la locura manizalita". La participación fue masiva: más de 80 elencos con cerca de 4.000 participantes (Pianca 198). Ante la falta de alojamientos, los teatristas se instalaron donde pudieron y varios espacios escénicos fueron improvisados a último minuto. Los diez días que duraron las actividades fueron de verdadera locura. No obstante, a pesar de los positivos resultados y de la energía invertida, el festival fue el último de la primera etapa en celebrarse. Los motivos del cierre fueron los mismos de ediciones anteriores: las confrontaciones externas e internas. Las autoridades eclesiásticas del lugar, por ejemplo, hastiadas de los conflictos negaron el uso de sus instalaciones y condenaron públicamente el evento. La prensa, por su parte, criticó duramente a los colegios de la zona por facilitar sus locales y las organizaciones universitarias acusaban de "doblez" ideológico al encuentro censurando la participación de grupos nacionales (Pianca 201).

Incluso, figuras de gran renombre como Augusto Boal acusaban a Manizales de animar la "colonización de la cultura" al dar cabida al teatro profesional y decía que los organizadores habían optado por "la apertura del mundial" para salvar el Festival. Para Boal, el hecho demostraba "los vicios del oficialismo burgués" que se ocultaban detrás de la máscara de Manizales y no era más que una trampa engañosa que intentaba sacrificar el "teatro alternativo" en nombre de un teatro "abstracto" universalizante. Según esto, los teatristas provenientes de los distintos países eran una especie de "colonizadores" de la cultura y declaraba Boal eufóricamente "que nadie dude de que vienen como colonizadores" (*"El Mundial de..."*). Para los organizadores, sin embargo, la "mundialización" era la garantía de una masiva participación y una manera de restituir la credibilidad de un evento que había caído en un total "regionalismo"; la "internacionalización" significaba mayor prestigio cultural.

A pesar de las fuertes críticas, agrupaciones independiente como los españoles Tábano y La Cuadra de Sevilla se hicieron presentes por vez primera en un festival latinoamericano participando activamente en todas las actividades. Sobre la experiencia de Tábano en suelo americano, Pérez Coterillo comenta que la experiencia del festival y el enfrentamiento con la dura realidad latinoamericana sacudió enormemente a los integrantes del grupo. De forma particular, llamaba la atención el tipo de planteamientos políticos que se hacían en el seno del festival y el énfasis que se ponía en el establecimiento del diálogo directo con la población de "los barrios, las cárceles [y los] sindicatos". Coterillo indica que "de algún modo, se había llegado al convencimiento de que la realidad latinoamericana hacía preguntas fundamentales al grupo sobre qué, cómo y para quién hacer teatro en España" (*"Crónica del..."* 20-29).[18]

Para los detractores como Boal, la mundialización del festival era contraproducente para la formulación de un teatro "esencialmente" latinoamericano y abría peligrosamente las puertas a una "línea extranjerizante, colonialista, que continuaba la vieja tendencia que se buscaba erradicar" (Pianca 204). La polémica mantenida entre Carlos Giménez, director del grupo teatral venezolano Rajatabla, y Enrique Buenaventura ilustra claramente la naturaleza de los conflictos. Para Giménez, el teatro latinoamericano debía abandonar la línea localista-regionalista y seguir el modelo teatral de gran espectáculo, esto es, un teatro que aglutinara las múltiples tendencias sin importar el factor ideológico o estilístico. Según él, el teatro debería estar más en concordancia con el teatro "universal", multi-facético, que incluyera por igual los musicales de Broadway y las obras más políticamente radicales. Buenaventura, por su parte, defendía la continuación de un teatro latinoamericano mucho más arraigado en la tradición de los grandes festivales continentales, es decir, un teatro esencialmente de orientación y extracción popular (Pianca 181). La celebración del Primer FIT de Caracas, cuyo organizador y director fue precisamente Giménez, no hizo más que corroborar la posición del venezolano en torno al futuro que debería seguir el *Nuevo*

Teatro. Para erradicar las viejas polémicas que erosionaron festivales anteriores, el Primer FIT de Caracas optó por eliminar las tradicionales "actividades paralelas": congresos, talleres, seminarios y foros abiertos. El festival de Caracas, según Pianca, se limitó a "mostrar" los espectáculos ante el público, sin preocuparse de las interrelaciones entre productores y receptores ni de las tradicionales relaciones intergrupales (181). Por lo visto, Caracas intentaba deshacerse de los estériles debates proponiendo una forma de encuentro más orientada al espectáculo en sí.

Giménez argumentaba, no sin razón, que Manizales había caído en su propia trampa y había dejado de interesar como festival al acabarse sus fórmulas de teatro político (62). Decía que a partir del primer Manizales (1968) Europa había descubierto en América un teatro revolucionario que no quería o no podía insertar en el proyecto político de sus propias clases dirigentes. Es por ello que a Latinoamérica llegaban críticos, organizadores culturales y dirigentes empresariales de todas partes del mundo no a comprender una realidad compleja sino a exigir lo que el consumo de la época demandaba (61). Caracas, por lo tanto, se planteaba como un modelo alternativo de Manizales, un sustituto del cansado y azaroso teatro político de los setenta. Señalaba Giménez que proyectos como el de Caracas – los festivales de Guanajuato, Ciudad de México, Nueva York, Montreal, y Cádiz – son los que han mantenido el contacto del teatro de América Latina con el mundo desarrollado e impedido el total aislamiento entre los movimientos nacionales del continente (62). En cuanto a la "internacionalización" de Caracas (algunos sarcásticamente la llamaron "europeización"), asegura Giménez que esta no debía tomarse como una "colonización cultural" sino como un esfuerzo de "compartir los valores universales de la humanidad sin renunciar a los propios... Compartir con el mundo nuestras experiencias locales con las gentes progresistas del mundo. La línea que separa la idea de progreso y atraso debe ser borrada a través de la incorporación del discurso europeo – EE.UU. con el latinoamericano" (62).[19]

Con Caracas se cancela el ciclo comenzado con la llamada "reflexión del 68", o sea que la historia del teatro latinoamericano, según Pianca, hace un recorrido en reversa al intentar volver al simple mostrario de obras de las grandes figuras internacionales de todos los tiempos (213). Cualquiera sea el caso, el FIT de Caracas inauguraba un nuevo comienzo, una fórmula viable de salir del atolladero en que irremediablemente había caído el teatro político de los 70. El súbito cambio de dirección abre el campo de las especulaciones y se comienza a hablar de crisis en el teatro. En la mesa redonda celebrada al final del Segundo FIT de Caracas (1974), que reunía a críticos y teatristas de España y

Latinoamérica, ya se hablaba explícitamente del "discurso de la crisis". Se decía que la experiencia de los últimos festivales así lo comprobaba y que en la conciencia de esa crisis estaba "la continuidad y corrección del discurso" (Pianca 238). Curiosamente, "crisis" se denominaba a un teatro que no se ajustaba al primer Manizales, a un teatro que aceptaba la imposibilidad de cambiar el mundo desde la escena.

Carlos Ariel Betancur, director de Manizales 74, admitía ya desde entonces que el modelo de Caracas había "descubierto a tiempo una serie de lacras teatrales cuyo desarrollo debía evitarse" a toda costa (Pianca 240). En cuanto a la retórica política que ahogaba los festivales de la primera etapa, Betancur no veía conexión alguna entre la baja calidad de las producciones de algunos grupos y la consabida "unidad y liberación de América Latina" (Pianca 241). Para él, los problemas de logística, de calidad estética y de disparatada efervescencia política se relacionaban más con el llamado "turismo festivalero" que con el teatro profesional. Betancur se refería a los teatristas aficionados que hacían montajes rápidos, generalmente panfletarios, con un mínimo de reflexión y refinamiento que se hacían presentes en los festivales sin ser invitados ocasionando problemas de alojamiento y programación. Estos grupos por lo general merodeaban en los sitios periféricos de la ciudad anfitriona convirtiendo las calles, mercados y plazas públicas en escenarios. Pero lo más lamentable de estos grupos, decía Betancur, era la pobreza estética de sus producciones que por la premura de explicitar sus mensajes políticos caían en el simple reduccionismo. Para Jack Lang, director del Festival de Nancy, el comportamiento de estos grupos estaba en línea directa con las formas de pensamiento de algunos medios intelectuales, estudiantiles y artísticos, en el sentido de que América Latina era objeto de una mitología: "América Latina combatiente; América Latina guerrillera; Cuba, Chile, etc. Se trataba de una mitología, quizá reforzada por una selección de espectáculos – totalmente justificada, me parece – que sólo [mostraba] unos aspectos de la vida teatral latinoamericana" (Pianca 241). No obstante, la visión "mitológica" a la que se refiere Lang se modifica sustancialmente a partir de Caracas. Sólo entonces, agrega el crítico, se ingresa a "una etapa realista" que no sólo eleva el nivel estético del discurso teatral sino "la propia imagen política de Latinoamérica" que por fin se distancia en buena medida del "entusiasmo delirante de años atrás" (Pianca 241).

Justamente, al cerrarse la primera fase de Manizales (1973) el FIT de Caracas conducirá la actividad escénica por sendas impredecibles aunque no de menor compromiso con la problemática social.[20] En ulteriores ediciones, Caracas abrirá sus puertas a las actividades paralelas y las interdisciplinarias (Ballet, danza moderna, danza teatro), pero la atmósfera de los encuentros será armoniosa y de un alto profesionalismo. La proyección del festival continuará favoreciendo el internacionalismo cultural, el pluralismo estético e ideológico y la unidad en la diversidad. La participación de los grupos se verá sometida a estrictos criterios de selección; los espectáculos elegidos deberán reunir altas cuotas de calidad, ser propuestas renovadoras y, según Giménez, mostrar "una marcada tendencia a la investigación" (Monleón, "*Quinto Festival...*" 148). En los festivales se dará cabida a todo tipo de público y se cubrirán todos los espacios posibles: las salas convencionales, las calles, recintos universitarios, barrios populares, etc. En fin, la meta principal del FIT de Caracas, según palabras de su director, será tantear "las posibilidades del sueño de un teatro latinoamericano [...] sin fronteras, coherente con las improntas continentales y firme en la filiación popular de sus postulados" ("*Quinto Festival...* 149).

España, América Latina y el Iberoamericanismo

A través de la celebración de los FIT de Manizales, Puerto Rico, Córdoba (Argentina), la Habana, Caracas y Cádiz, se realiza entre los 60 y 80 un trabajo teatral conjunto que vinculará a España con los países latinoamericanos. A la apertura de relaciones culturales entre ambos lados del Atlántico (no oficiales o de gobiernos sino de los propios involucrados) se le dio el nombre de "Comunidad Iberoamericana".[21] Según Monleón, la decisión de acogerse al controvertido lema respondía al hecho de que directa o indirectamente afectaba "no sólo a las relaciones entre España y América Latina sino a las de los distintos países latinoamericanos entre sí" ("*Teatro español y...*" 10). Manizales, a pesar de sus constantes anomalías, inició los primeros contactos entre las producciones dramáticas y aportes críticos de destacadas figuras de ambos lados del océano. Según Schaponisk, en Manizales se ofreció un sitio a la "España de la oposición", a "los herederos de los derrotados en la Guerra Civil" (58). España se hizo presente con su mejor teatro independiente – Tábano, La Cuadra de Sevilla, Els Joglars, Buho y otros – y sus críticos, autores dramáticos, directores, periodistas, etc.[22] Antes del año 68 el intercambio entre el teatro español y los latinoamericanos era casi inexistente, pero a partir de entonces la lista de participantes iría aumentando sucesivamente en la medida en que se consolidaban las relaciones y los encuentros.

Todo comenzó a raíz del interés de los organizadores de festivales y de algunos exiliados españoles de incorporar el teatro español antifranquista. Según Salvat, antes de Manizales muchos profesionales del teatro español habían conocido el teatro de América, no en Madrid o Barcelona sino, en Nancy, Venecia o París. La situación era "embarazosa", asegura, pero no podía ser atribuida únicamente a la censura española. Muchos espectáculos no llegaron a los escenarios españoles debido a "la absoluta falta de interés de nuestros profesionales, de nuestros empresarios y de nuestro público" ("*Del descubrimiento al...*" 60). Monleón, al igual que Salvat, afirma que en la España de principios de los 70 se desconocía el teatro latinoamericano posterior a la Revolución Cubana: se desconocían sus "formas de organizarse, la elaboración y selección de los textos, los procesos de cambio político", etc. ("*El teatro latinoamericano y...*" 114). Había algunos textos y autores que sí se conocían y se respetaban, pero, para el espíritu español conservador, "siempre dominante", el nuevo discurso teatral de América Latina no pasaba de ser "un ejercicio político de escaso interés artístico" ("*Teatro español y teatro...*" 10). Manizales se convirtió en un lugar excepcional, allí se planteó la diferencia y se afirmaron ciertos principios básicos: "la Creación Colectiva del TEC y La Candelaria [ambos grupos colombianos]; la solidaridad latinoamericana", etc. (Monleón, "*El teatro latinoamericano y...*" 114). Para muchos españoles era la primera vez que afrontaban los efectos de la relación del teatro con los procesos sociales y la protesta colectiva de "quienes se sienten unidos por una misma conciencia de víctimas del orden económico mundial" (Monleón, "*FIT de Cádiz...*" 95). El festival de Manizales serviría de modelo a Juan Margallo (exdirector de Tábano) para organizar el importante festival de Cádiz que en 1986 abrió sus puertas a la comunidad española. Luis Molina, otro español, extraería lo propio de la misma fuente para organizar los famosos festivales del CELCIT (Centro Latinoamericano de Creación e Investigación Teatral), del cual fue su director, que con el tiempo sentarían las bases de toda una tradición a nivel iberoamericano e internacional (Monleón, "*FIT de Cádiz...*" 95).

A Manizales le siguieron los festivales de Puerto Rico, Caracas, la Habana y otros encuentros. La cita sería anual y "el teatro español aparecía, de un modo lógico, como parte de la Comunidad Iberoamericana" (Monleón, "*Teatro español y...*" 10). Desde la perspectiva oficialista del gobierno español de la transición política (1975-1982), "el teatro latinoamericano seguía siendo una cita oficialmente sospechosa o extemporánea"; esto se debía a que el concepto mismo de América Latina – entendido como una realidad en movimiento, formado por muchos países con su propia dinámica – era una conquista relativamente nueva en España (Giella 67-68). Para el pensamiento tradicionalista español, "Hispanoamérica... en su sentido político, era una especie de realidad inmóvil derivada del pasado", cuya dinamicidad y heterogeneidad no se recupera sino a partir del antifranquismo (Giella 68). En el proceso de re-descubrimiento de las realidades latinoamericanas jugó importante papel el masivo exilio español de la posguerra hacia América, sobre todo, hacia el México revolucionario de Lázaro Cárdenas (1934-40). Muchas importante figuras del teatro español que se oponían a toda suerte de regímenes opresivos – Valle-Inclán, García Lorca, Juan Ramón Jiménez, Casona, Alberti, Rivas Sherif, Margarita Xirgu – mantuvieron una estrecha relación productiva con América Latina. Alberti, por ejemplo, escribió y estrenó buena parte de sus obras en Buenos Aires; *La casa de Bernarda Alba*, pieza póstuma de Lorca, fue estrenada exitosamente en la capital argentina (Monleón, "*Teatro español y teatros de...*" 8-14) y Margarita Xirgu consolidaría su brillante carrera en círculos teatrales argentinos y uruguayos.

En la España de la transición eran dos las vertientes de pensamiento con respecto al teatro latinoamericano: en los círculos oficiales era claro el desinterés y menosprecio; en los progresistas se dispensaba una atención solidaria (Monleón, "*Teatro español y...*" 10). La fundación del CELCIT venezolano fue fundamental en la consolidación de los acuerdos culturales entre España y América Latina. Bajo el auspicio del Ateneo de Caracas y el trabajo de teatristas exiliados, el centro de estudios se encargó de organizar actividades paralelas permanente – seminarios, congresos, conferencias, talleres – con el fin de estimular las relaciones hispano-latinoamericanas y explorar conjuntamente una diversidad de temas relacionados con la teoría y la práctica teatral. En este marco de trabajo, afirma Monleón, "España fue privilegiada... Se nos trató como a un país más de América Latina" ("*El teatro latinoamericano y...*" 115). Por iniciativa del CELCIT, numerosos grupos teatrales, directores, críticos y periodistas españoles fueron invitados a participar por primera vez en conferencias, cursos, talleres y mesas redondas impartidos en los distintos países del continente.[23] Asimismo, por gestiones del CELCIT, se creó en España el CERTAL (1979) (Centro Español para las Relaciones Teatrales con América Latina), bajo la dirección de José Monleón,[24] el cual organizaría eventos culturales en la península con el fin de dar a conocer la compleja diversidad de las realidades latinoamericanas.

No obstante, a pesar de los esfuerzos hacia el trabajo conjunto, era largo y duro el camino aun por recorrer. Uno de los grandes problemas era el controvertido pasado histórico que irremediablemente vincula a ambas regiones. Refiriéndose al espinoso tema, Santiago Trancón puntualizaba en 1982 que entre España y América Latina no eran posibles las relaciones fecundas mientras no se aclarasen las bases culturales y de entendimiento que hubiese en común. Aseguraba que las turbulentas

167

imágenes del pasado continuaban dificultando el entendimiento del presente al seccionarse los criterios entre los que creen en la "labor positiva de la Conquista" y los que "ven en ella sólo atrocidades y desastres" (73). Decía que por ahora lo verdaderamente importante es rehacer la historia que aúna a España y a Hispanoamérica; sólo de esta manera se eliminaría el absurdo tema del "imperialismo castellano" y la ridícula exaltación del "Día de la Raza". Por ahora, algo se ha hecho ya, "pues ya nadie se siente ni continuador de aquel imperio, ni portador de los valores eternos de la raza" (73). Efectivamente, algo se había hecho ya pero habrían de transcurrir varios años para establecer un justo balance de resultados.

La primera actividad conjunta del CELCIT/CERTAL en la Península fue en 1980 y consistió en la inauguración de la Primera Muestra Itinerante de Teatro Latinoamericano. Entre las ciudades seleccionadas estaban Madrid, Badajoz, Murcia Valencia, Pamplona y Sevilla. El Instituto Español de Cultura Hispánica negó su respaldo al evento, pero aún así la Muestra se realizó exitosamente (Monleón, "*El teatro latinoamericano y...*" 116). Parte del proyecto de actividades conjuntas era la puesta en escena de textos latinoamericanos dirigidos por españoles. El montaje de *El día que me quieras*, del venezolano José Ignacio Cabrujas (pero en versión de Gerardo Malla), por ejemplo, fue todo un éxito en Madrid y otras ciudades del interior del país manteniéndose en cartelera por varias semanas. El montajes del grupo teatral El Galpón y la obra de Mario Benedetti (ambos uruguayos), cuyos mensajes eran ataques directos a los regímenes conservadores y dictatoriales de la época, recibieron amplia acogidas en distintos lugares de España (Monleón, "*El teatro latinoamericano y...*" 116). En las tareas de información y propaganda sobre las realidades hispanoamericanas – sus luchas y situaciones políticas – el CERTAL disponía de carteles, películas, música, conferencias, exposición de libros y un amplio despliegue de parafernalia autóctona de cada uno de los países. La repetición anual del evento dependía en gran medida del amplio acogimiento y justo cumplimiento de los objetivos (Monleón 117).

El Primer Encuentro de Teatro España-América Latina, por razones históricas, se celebró en Sevilla. En esta ciudad se encuentra el "Archivo de Indias", pero igual hubiera sido en Huelva, donde se encuentra el "Puerto de Palos", o Moguer, donde está la casa de Juan Ramón Jiménez, el ilustre poeta que murió exiliado en Puerto Rico; o Cádiz, donde se encuentran "Las Cortes" y el cementerio de "Miranda", etc. (Monléon, "*El teatro latinoamericano y...*" 118). El lugar en sí no era tan importante para los organizadores como lo eran sus intenciones cuando expresaban "el recto entendimiento de contemporáneos comienza por el estudio y quizá la nueva interpretación de la historia" (118). La Segunda Muestra de Cultura Latinoamericana continuó la tradición del Primer Encuentro: recorrido por varias ciudades y despliegue abundante de material informativo. La sorpresa de esta segunda muestra fue ver en España por primera vez la compañía de Teatro Ambulante de Puerto Rico, radicada en Nueva York. El estilo dramático de este grupo era tan desconocido en la Península que los intelectuales de oficio, progresistas y todo, no comprendían mucho lo que veían. Una pieza de sofisticada crítica social e intrincada elaboración como *La Calle Simpson* fue catalogada de sainete populista (Monleón, *"El teatro latinoamericano y..."* 118).

El Segundo Encuentro Teatral América Latina-España se celebró en Venezuela (1981), conjuntamente con el FIT de Caracas. Aparte de las figuras más representativas del teatro español y latinoamericano, se encontraba el dramaturgo norteamericano Arthur Miller.[25] De las discusiones surgieron acuerdos que alteraban sustancialmente la producción dramática de ambos contextos; lo mismo que se acordó celebrar ciclos permanentes de trabajo y asambleas para evaluar, a nivel grupal e individual, la crisis en que a veces irremediablemente se ve inmersa la producción dramática (López Mozo, *"Los dramaturgos..."* 56). Justamente, los temas de mayor interés de la reunión giraban en torno a la llamada 'crisis' de la dramaturgia en España y América Latina; la manipulación ideológica de los clásicos por parte de algunos autores; el autor como sujeto creador y su rol en la Creación Colectiva (Lopez Mozo 57-58).

La Tercera Muestra de Cultura Latinoamericana se celebró en España en el otoño de 1982. Lo nuevo de este encuentro fue la sección dedicada a la producción cultural en el exilio – literatura, teatro, cine, poesía y pintura – tanto de españoles como de latinoamericanos. Esta Muestra sería la última del CERTAL y el fin de su propia existencia como organismo cultural. El gobierno socialista que recién asumía el poder favorecía la continuación de las relaciones iberoamericanas, pero decía que estas debían ceñirse a las políticas culturales bilaterales de cada uno de los gobiernos de América Latina y España. Los tres eventos organizados por el CERTAL no estuvieron exentos de fuertes críticas por parte de sujetos conservadores y de algunos liberales que nostálgicamente idealizaban los teatros de América Latina pero que no dudaban en poner en entredicho la calidad de los espectáculos (Monleón, *"Teatro español y..."* 11). Pero a pesar de las sospechas y falta de respaldo del gobierno conservador de la transición política, las actividades del CERTAL en sus dos años de existencia prepararon el camino para un primer acercamiento entre dos realidades tradicionalmente divorciadas histórica e ideológicamente.

El triunfo político del PSOE (1982) y la relativa consolidación de las democracias en territorio latinoamericano posibilitó la apertura de negociaciones que conducirían a la integración y consolidación del teatro iberoamericano. Con el objeto de instituir oficialmente una política cultural estable con las naciones americanas, el gobierno socialista inauguró en Madrid y Sevilla (1985) la Primera Conferencia Iberoamericana de Teatro. Uno de los acuerdos del importante coloquio fue la celebración anual del FIT de Cádiz, comenzando a partir del año siguiente. El mismo año 85 el CELCIT iniciaba los primeros festivales iberoamericanos de teatro en La Rábida, Huelva y, como parte de los convenios, se iniciaban las coproducciones de obras teatrales españolas con compañías latinoamericanas.[26] En 1988, en el marco del VII FIT de Caracas, se llevó a cabo el III Encuentro Teatral América-España, al que asistió José Manuel Garrido, Director General del INAEM español (Instituto Nacional de las Artes Escénicas y Música), cuya presencia daba un carácter oficial al evento. A raíz de los encuentros, Garrido declaraba que una nueva sensibilidad se forjaba a medida que los latinoamericanos se enfrentaban a la nueva imagen democrática de España que su teatro proyectaba. Decía que los tiempos en que las compañías de teatro español viajaban a América obedeciendo criterios comerciales, lo mismo que las circunstancias que habían forzado el exilio de grandes talentos habían quedado atrás; y puntualizaba que Iberoamérica había dejado de ser "la salida natural" de las creaciones comunes de una lengua para convertirse en "la fuente de vitalidad y renovación donde puede recuperar una mirada limpia nuestro fatigado teatro" (Schaposnik 111-112).

Otro de los acuerdos del III Encuentro fue la realización de programas televisivos sobre el teatro iberoamericano – un proyecto que ejecutaría Radio Televisión Española. En 1989 se concluyó la serie *Iberoamérica y su teatro*, grabándose en total 29 segmentos (Schaposnik 60). Igualmente, se puso en circulación una guía teatral iberoamericana – a cargo de Moisés Pérez Coterillo del CDT (Centro de Documentación Teatral) y el INAEM –denominada *Escenarios de dos Mundos*. En la guía-inventario se documenta substancialmente el desarrollo histórico de las prácticas dramáticas españolas, Latinoamericanas y angloamericanas; al mismo tiempo, se publican las primeras antologías de teatro español y latinoamericano, y se inaugura la revista especializada de teatro *El Público* (Schaposnik 60). Parte de los acuerdos de Caracas era, además, la apertura en la Universidad de Cádiz de las Cátedras y Cursos de Actualización del Aula Permanente de Teatro Iberoamericano; lo mismo que el inicio, por parte del CELCIT, de los Cursos de Verano sobre Teatro Iberoamericano en la Universidad Internacional de Andalucía con sede en la Rábida (inaugurados en 1993) (Schaposnik 60).

En el año 1993 se inauguró la Casa de América en Madrid dedicándose la Primera y Segunda Jornadas de la Dramaturgia Iberoamericana al *Nuevo Teatro* mexicano y a los escritores José Ignacio Cabrujas (Venezuela) y Vicente Leñero (México). Otro de los acuerdos fue dar cabida en la programación regular de la Sala Olimpia de Madrid, sede del CNNTE (Centro Nacional de Nuevas Tendencias Escénicas), a los grupos latinoamericanos procedentes del FIT de Cádiz; Guillermo Heras, por su parte, director del CNNTE, impartiría talleres y conferencias en América como parte de las actividades del CELCIT. Efectivamente, el trabajo de Heras en suelo americano culminó con dos montajes: la obra de Alberti *Noche de guerra en el Museo del Prado*, estrenada en Caracas, y la de Rodrigo García, *Macbeth, Imágenes*, estrenada en Buenos Aires (Schaposnik 61). Últimamente, para lograr una completa Iberoamericanización geopolítica, el CELCIT, conjuntamente con el FITEI de Oporto y el Festival Internacional de Almada (Portugal), organizó sendas muestras y festivales teatrales, al mismo tiempo que se iniciaban los preparativos para la celebración de los festivales de Bello Horizonte y Londrina (Brasil). El CELCIT, además, jugó un importante papel en la estructuración y celebración del Festival de Teatro Tres Continentes de Agüimes (Canarias), en cuyas cinco ediciones (1989-1994) participaron alrededor de cuarenta grupos y compañías teatrales latinoamericanas que luego realizarían giras por el interior de la Península.

En lo que respecta al FIT de la ciudad de Cádiz, este nació como una síntesis de los festivales de Caracas y del primer Manizales. Es decir, el festival reunió desde sus inicios espectáculos de reconocida calidad estética y de fuertes vínculos con la problemática social latinoamericana pero exento de los acalorados debates. Cádiz obedecía a la "necesidad" y "organicidad" que, a juicio de Sanchis Sinisterra, exhibían los grandes festivales de Nancy, Avignon y Manizales. Según Sanchis, si se habla de "muerte de los festivales", el fenómeno evoca el carácter fundamental y orgánico del encuentro "en tanto que es algo orgánico, surge de una cierta necesidad y, según aprendíamos de pequeños, crece, se reproduce y muere" (Monleón, *"Debate sobre..."* 10).[27] Asegura el autor que de los dos tipos de festivales que existen – el "festival de feria", "muestra" o de "escaparate" y el "festival útil" – Cádiz, al igual que Manizales y La Habana, se inserta en éste último.[28]

La selección de Cádiz para la celebración del FIT, lo mismo que la selección de Sevilla para realizar la Primera Muestra del CERTAL de 1980, fue guiada por criterios historicistas, esto es, los fuertes vínculos mantenidos por la ciudad portuaria entre España e Hispanoamérica en los tiempos del descubrimiento y conquista. El primer director de Cádiz, Juan Margallo, puntualiza que la ciudad siempre mantuvo fuertes vínculos históricos con América Latina: "desde el campo de las relaciones comerciales hasta la misma necesidad de los [viejos] navegantes de pasar por la ciudad en sus viajes al continente" (Herraiz 19). Asimismo, Cádiz, como ciudad y como pueblo, posee "un ritmo, una imagen y una sensorialidad que resultan profundamente familiares" a muchos latinoamericanos (Monleón, *El festival de Cádiz* 111). Las metas del festival, según Margallo, no son distintos de los de otros festivales internacionales siendo el factor primero el encuentro productivo de los participantes y las aportaciones creativas que éstos puedan hacer al campo del teatro (Herraiz 19). La selección de participantes tiene su base en "la igualdad de condiciones", en la convivencia entre grupos poco habituados a este tipo de encuentro y aquellos con sobrada experiencia (Herraiz 20). En lo que respecta a la "imagen" que del teatro latinoamericano proyectan sus nacionales, la cual impugna el perfil "habitual" que se tiene en no pocos círculos españoles, Margallo apunta

> tendríamos que distinguir, previamente, entre la imagen que el público español en general tiene del teatro latinoamericano y la que tenemos – desgraciadamente – sólo algunos pocos que hemos intentado ir más allá de la realidad superficial o, al menos, parcial que se nos ha querido dar. Esta idea general de que hablo juega con conceptos tales como que este teatro es simple, aburrido o excesivamente politizado. (Herraiz 20)

Según el crítico, la justa comprensión de la palabra y realidad del otro exige el abandono de preconcepciones culturalistas e historicistas impuestas por el discurso del colonizador. En lenguaje teatral, esto significa que una propuesta dramática debería juzgarse de acuerdo al contexto de enunciación y según los criterios de sus emisores.

La preocupación de Margallo se relaciona directamente con las prácticas discriminatorias y reduccionistas que desde un principio interferían en la selección de espectáculos que interesaban a Cádiz. Por ejemplo, para la crítica española conservadora los niveles políticos y agitacionales de muchos de los montajes latinoamericanos eran excesivos y se decía que las producciones carecían de los niveles estéticos e infraestructurales que exigía un festival como el de Cádiz. Ante esta suerte de discernimientos, Monleón advierte que la realidad latinoamericana, lo mismo que su producción dramática, difiere de la europea. Si globalmente Europa y América Latina han sido siempre consideradas dos realidades sociales muy distintas, distinta debe ser la función y organización del teatro y la estética misma de la exposición dramática de cada una de ellas ("*FIT de Cádiz 89...*" 95-96). Sería falso y ridículo, indica Monleón, incluir en la programación de un Festival de Teatro Iberoamericano, en Cádiz u otro sitio, espectáculos latinoamericanos que parecieran producidos en contextos cosmopolitas como los de París o Nueva York. De ser así, como españoles "habría que poner en entredicho nuestro declarado interés por aquellas culturas y aquellos pueblos" (96). De lo que se trata, anota el crítico, no es de revalidar la vieja práctica colonial de imponer modelos y jerarquías, sino de contrastarse con ese otro mundo que se aspira a conocer y/o se quisiera construir una Comunidad de intereses solidarios (96).[29] Margallo, por su parte, afirma que es un error el querer aplicar "el baremo de calidad occidental" a las producciones latinoamericanas; lo más justo y pertinente es recurrir a criterios de valoración ajustados a la realidad de cada país (Valiente 49). Sin embargo, a finales de los 90 las dudas sobre la calidad de los espectáculos latinoamericanos habían desaparecido completamente. José Bablé, uno de los directores de Cádiz, expresaba con vehemencia: "para mí el teatro iberoamericano es el balón de oxígeno del teatro europeo; es la variedad, lo diverso, lo múltiple" (Ortega, "*Entrevista con...*" 38).

A partir de 1993, Sanchis Sinisterra se hizo cargo del festival convirtiéndolo por iniciativa propia en monográfico, esto es, cada edición estaría dedicada al examen del teatro de un solo país y/o a la exploración de un tema en particular. El primer tema escogido fue *La América india*. A través de las obras de seis o siete agrupaciones, más un nutrido programa de actividades paralelas, se hizo un sondeo reflexivo sobre la discursividad que rodea a la América precolombina. El año siguiente el encuentro estuvo dedicado a *La América Negra*; el año 95 a *La América Mestiza*; el 96 a Colombia; el 97 a México; el 98 a Cuba y el 99 a Brasil (Mateo 40). Hay que reconocer, sin embargo, que a partir de los 90 se percibe un considerable decrecimiento en la carga política de los montajes, lo cual no implica desdén por la problemática social, sino interés por otros temas que afectan las prácticas teatrales latinoamericanas en general: p.e., la intertextualidad e interculturalidad; los registros verbales de los distintos pueblos hispanos; la resemantización de los clásicos y de las vanguardias; las hibridaciones entre literatura, teatro y cine, etc.

Conclusiones

A pesar de los múltiples adelantos conseguidos en las relaciones culturales entre ambos espacios geográficos, los cambios en la situación política de cada uno de los países han repercutido negativamente en la relaciones bilaterales. La incorporación de España a la CEE, la obsesión neoliberal que afecta por igual a todos los países en cuestión y la preocupación de los gobiernos por asegurar un sitio ventajoso en la nueva fase económica de la globalización han mermado el interés conjunto en otros campos que no sea el económico. En lo relativo a los Festivales Internacionales de Teatro, estos progresivamente han ido perdiendo credibilidad, financiamiento, participantes y público. Algunos de ellos, como el FIT de Caracas, han optado por la diversificación interdisciplinaria debido a que, según Carlos Giménez, los niveles de creación del teatro latinoamericano han ido envejeciendo, no por falta de talento sino porque "el medio [social] ha operado de una forma tan condicionante que ha fijado la creación". Lo que el teatro necesita angustiosamente, afirma Giménez, es "una profunda renovación" que se oriente a niveles serios de "reflexión y discusión" (De los Ríos, *Entre el realismo...*" 65) .

En torno al FIT de Cádiz, Santiago García, director del grupo La Candelaria, señala que la "manipulación económica" de las autoridades ha contribuido drásticamente al menoscabo de la celebración del eventos (47). Otros festivales, como el de Manizales (en su segunda etapa), se han visto inmersos en los tejes y manejes presupuestario que no han tenido más remedio que postergar o cancelar los eventos en su totalidad. El Festival brasileño de Bello Horizonte redujo sus actividades a un cincuenta por ciento también por razones financieras (García 47). Tal parece que la celebración de los grandes Festivales Internacionales de teatro ha dejado gradualmente de interesar aplicándose por ahora una censura económica.

Pero el teatro de los noventa de ambos lados del Atlántico tampoco ha hecho lo suficiente para revivir el interés del público y restituir la credibilidad de los festivales. Al contrario, pareciera que los nuevos temas apostaran más por el intimismo y el viaje solitario cuando no por el espectáculo que explora la compleja relación con el publico y experimenta con recursos disponibles como son los tecnológicos y multimediales. Monleón comenta con sarcasmo, que el teatro de los últimos años cada día ha ido abandonando la colectividad, nutriéndose más y más de sí mismo y menos de la sociedad. Afirma que los espectáculos llamados "posmodernos" – en los que, según él, el drama más parece un pretexto que una razón de ser – se han repetido las mil y una maneras de contar con ingenio los eternos argumentos del teatro de 'boulevard'; del mismo modo, historias irrelevantes ocupan hoy los escenarios con la suficiencia con que lo hacen los amores de los famosos en las revistas del corazón (*"¿Por qué ir..."* 7). Pero, al igual que Giménez, Monléon certifica que la responsabilidad no recae únicamente en las decisiones de los teatristas, sino, en gran medida, en las particularidades del momento histórico en que se vive. Según el crítico, en la época actual el sometimiento de autores y directores a las demandas del mercado y a los modelos culturales que gozan de subvención, conduce necesariamente a menospreciar la "autoexigencia del autor", a expresar lo que se quiera y a ignorar al público. En este respecto, el equilibrio que debería existir entre la subjetivo y lo colectivo "entre la lealtad a uno mismo y la lealtad a los demás", ha cedido el paso a un pensamiento que rechaza todo lo que no sea rentable (Monleón 7).

Por ahora, asegura Monleón, estamos muy lejos de aquellos momentos en que la historia y los asuntos político-sociales de América Latina cautivaban la atención de muchos intelectuales europeos que buscaban en las realidades latinoamericanas "la carga de utopía" y "la confianza colectiva del cambio" que a su juicio ya se habían perdido en Europa ("¿Por qué ir..." 8).[30] El triunfo de la Revolución Cubana inauguró una época en que las expectativas de cualquier país o comunidad se inscribían en la visión conjunta de un fructífero proceso de cambio para toda América Latina. Sin embargo, las esperanzas en la tan esperada revolución continental gradualmente fueron disipándose traicionadas por los excesos, las envidias, los embargos, los dogmatismos, las represiones militares, el neocolonialismo y el influjo de las grandes corporaciones transnacionales. En suma, reafirmando los criterios de Monléon, América Latina cayó víctima del mismo error de percepción de muchos europeos, al considerar su mundo preso del temor a la inflación y a los impuestos, "menos solidario y más cansado, dispuesto a identificar privatizaciones con progreso" y a pensar que la libertad de los individuos se equiparaba a "la libertad de los mercados" (8). Factores de esta índole fueron determinantes en la parcial pérdida de interés cultural entre España y América Latina convirtiendo el teatro en una víctima más del nuevo orden de cosas.

NOTAS

1. Monléon afirma que los antiguos Festivales de España desarrollaron una tradición populista dominada por el concepto de "gran espectáculo" mucho más que por su rigor. Incluso hoy en día, el criterio de éxito, vinculado estrictamente al número de espectadores, es "otra fijación que hace difícil el trabajo" ("*Debate sobre...*" 9).

2. Según Barea, debido a la paulatina disminución de participantes, la pérdida de espacios y de presupuesto, Nancy cerró sus puertas en 1980. El Festival de Avignon, con un presupuesto seis veces mayor, sería el sustituto.

3. El concepto de "Muestra" es ambiguo ya que presupone una serie de definiciones no compatibles con las que se atribuyen al festival. Para Alfonso Sastre, a la noción de Festival se atribuyen por lo menos cinco definiciones: 'muestra', 'feria', 'congreso', 'motor' y 'concurso'. (*"Sitges 82..."* 2-4). Sinónimos de Muestra' son también 'mostrario' y 'escaparate'. El término Festival, aparte de 'fiesta', 'festividad', 'carnaval', de la manera que lo empleamos en este trabajo, implica una estructuración orgánico-discursiva cuya especificidad radica en la necesidad de comunicación, intercambio estético e ideológico, interdiciplinaridad y multiculturalidad.

4. Además de Sitges, otros festivales (semanas o muestras) como los de Valladolid (1966), Badajoz, Alicante, Tarragona, Vigo y Vitoria se celebraban periodicamente en la Península. Festivales de este tipo, lo mismo que los concursos de premios, proliferaron abundantemente por todo el país como única alternativa de promoción de los *Nuevos Autores* (Oliva, *"El teatro desde..."* 359).

5. Según Oliva, muchas de las obras que se estrenaban no transcendían "los umbrales de Sitges" (*"El teatro desde..."* 358).

6. Oliva apunta que entre los años 1965-1975 la cantidad de premios otorgados fue excesiva. Entre los galardones más importantes destacan el "Lope de Vega" (ayuntamiento de Madrid), el "Calderón de la Barca", "Tirso de Molina" y "Juan del Enzina", promovidos estos últimos por los sectores públicos (*"El teatro desde..."* 356-60).

7. Un ejemplo sería la pieza *Los muñecos*, de Luis Riaza, la cual en 1969 tuvo un exitoso estreno en Sitges para luego caer totalmente en el olvido (Oliva, *"El teatro desde..."* 358). En cuanto a las maniobras de control de la censura, Justo Alonso comenta que los llamados "'Festivales de España' nacieron de la mano de un avispado falangista santanderino que descubrió las posibilidades de utilización de la Delegación de Información y Turismo donde estaba destinado: en vez de despachar autorizaciones de censura o ejercer un implacable control sobre los medios informativos, vio que era más útil despachar entradas". El sujeto "convirtió su delegación en taquilla para que la gente fuera a divertirse. De manera que el Ministerio, enterado del seguro interés del asunto, decidió, a la manera imperial, con mucho asto, crear Festivales para toda España" (*"Debate sobre..."* 11).

8. Villalba García afirma que el propósito de las autoridades a cargo de la celebración era "convertir al festival en un escaparate-muestrario" del teatro europeo más avanzado, "aquel que hace de la búsqueda de nuevos lenguajes un valor artístico propio". La nueva concepción excluía deliberadamente el carácter competitivo que había imperado por largo tiempo.

9. Asegura Monleón que en esa época los festivales españoles, ya sea por la exigencia política del éxito o por la falta de criterio o de cultura de quienes los organizaban, se limitaban a contrastar lo que más sonaba en cada momento, los espectáculos teatrales o no, españoles o extranjeros, que ya habían sido aceptados (*"Debate sobre..."* 9).

10. Para Pianca, es incomprensible que en un lugar de tan difícil acceso se haya construido uno de los mejores teatros de América (*Los fundadores*) y que su existencia haya sido, en cierta medida, responsable de que Manizales se convirtiera entre 1968 y 1973 en la capital del teatro latinoamericano (*El teatro de...* 149).

11. En Brasil, pese a ser un país con escasa tradición en la celebración de festivales, en el marco de la represión militar de los setenta se consolidó el movimiento denominado de *Teatro alternativo*, el cual estaba integrado por el *Teatro Arena* de São Paulo y *Teatro Oficina*. Asimismo, se da a conocer la obra de autores-directores como Gianfrancesco Guarnieri, Augusto Boal, Cesar Viera y Cacá Roset (*Teatro Ornitorrinco*); iniciándose, además, a mediado de los 70, el trabajo conjunto entre los teatros brasileño, latinoamericanos y español (Reyes, "*Fulgor y límites...*" 44).

12. La primera edición del festival estuvo presidida por grandes figuras siendo Pablo Neruda el presidente y Miguel Ángel Asturias el presidente de honor. Los jurados los conformaban Jack Lang (presidente del Festival de Nancy y Secretario de Cultura del ex - presidente francés Mitterrand), Atahualpa de Cioppo (director del grupo teatral El Galpón, de Uruguay), Miguel Ángel Suárez Radillo (crítico teatral español) y Santiago García (director del grupo La Candelaria de Colombia) (Pianca, *El teatro de...* 150).

13. Para los terratenientes de la región, que aportaban directa o indirectamente la mayor parte de los gastos de la celebración, "el Festival se parecía cada vez más a un castigo" que tenía que ser "liquidado". Nacido del seno universitario, Manizales se había convertido en "el espejo hipersensible de las tensiones políticas" que preocupaban al movimiento estudiantil a nivel continental (Monléon, "*VI Festival Internacional...*" 8).

14. Pianca asegura que en no pocas ocasiones jóvenes agrupaciones "se descorazonaban ante los virulentos ataques de los comentarios; temblaban de terror a la hora de los foros y la frustración era total". El ambiente de los foros estaba casi siempre impregnado de un "'terrorismo ideológico' [...]; ruidosa carnicería donde corría la sangre sin misericordia [...] en donde muy pocos pudieron salvar el pellejo..." (*El teatro de...* 170).

15. Un ejemplo de encontradas posiciones, según Pianca, serían los modelos de Manizales y de Caracas respectivamente. El primero se proponía como un teatro esencialmente popular, políticamente comprometido y orientado al cambio social; el segundo, se proyectaba como un teatro despolitizado, "internacionalista" y "universalizante".

16. La segunda edición de Manizales también contó con la presencia de figuras intelectuales de alto relieve siendo Ernesto Sábato el presidente; los jurados estaban integrados por Alfonso Sastre, Sergio Vodanovic (escritor chileno) y Rubén Monasterios, (periodista y crítico teatral venezolano) (Pianca 158).

17. Según Monléon, un teatro orientado esencialmente a "un público adicto y militante" puede sobrevivir únicamente durante el período en que se desarrolla la acción política a la que sirve. En el caso latinoamericano, el plazo de la "inminente revolución" se cumplió y con él expiró el del "teatro de urgencia". Obviamente, la esperada revolución social nunca llegó ("*¿Por qué ir...*" 7).

18. Pérez Coterillo indica que a raíz de la desintegración de Tábano, algunos de los integrantes que decidieron quedarse en América se unieron a la agrupación

argentina Teatro Estudio de Córdoba. De la unión nació el GIT (Grupo Internacional de Teatro), cuyo trabajo fue recibido positivamente en varios círculos teatrales latinoamericanos, especialmente mexicanos. Algún tiempo después, el GIT se instaló en España siendo uno de los colectivos más importantes del país.
19. Dada la proyección del Festival de Caracas y la posición ideológica de Giménez, Pianca concluye que se trata de una visión cercana a la "línea de pensamiento sarmientina".
20. Siguiendo las huellas de Caracas aparece posteriormente el FIT de Bogotá, Manizales en su segunda etapa (1985) y las muestras itinerantes de Panamá, Guatemala y Costa Rica. Más recientemente, los festivales de México, Montevideo, Córdoba (Argentina), el Festival Latino de Nueva York, El Festival de las Américas de Canadá y el FIT de Cádiz.
21. Según Monleón, la "teoría" denominada "Comunidad Iberoamericana" fue formulada por el PSOE tan pronto llegó al poder. Dicha "teoría", sin embargo, era desde hacia años práctica común a ambos lados del Atlántico, pero era esta la primera vez que se decretaba oficialmente. Agrega el crítico que el formalismo reunía dos principios: 1) "el carácter mestizo – precolombino, africano, español y migratorio – de las culturas de aquellos países"; 2) "la integración de las distintas identidades y pueblos en un concepto nuevo, opuesto al pleito de la rendición de cuentas – según el cual, y en función de quien hablara, pasábamos de los conquistadores asesinos a los maravillosos portadores de la Religión y la Lengua – y asentado en la necesidad de aprovechar los elementos comunes para construir, en la confrontación con las fuerzas culturales y económicas del mundo, una especie de supranacionalidad solidaria" ("*Teatro español y teatro latinoamericano*" 11).
22. Según Monleón, la "imagen" proyectada en América por los grupos independientes españoles tenía poco o nada que ver con la 'pobre imagen' que un día dejaron las compañías comerciales en gira ("*El Festival de Cádiz*" 16).
23. Schaposnik afirma que a raíz de las gestiones del CELCIT, varios grupos españoles visitaron América por primera vez; entre ellos estaban el *Teatro Albacín* y la *Compañía de Nuria Espert*. Hacia España se dirigieron los grupos *Rajatabla*, *Teatro Juvenil de Venezuela*, *La Barraca* y *TRAC* (ambos de Chile). Además, un considerable número de Investigadores y directores americanos fueron invitados a participar en las Jornadas Hispanoamericanas de Teatro de Extremadura y el Festival de Sitges (59).
24. El objetivo primordial del CERTAL, según Monléon, más allá de establecer lazos de trabajo conjuntos, era abrir las puertas de España a los nuevos visitantes para así comenzar a borrar la "imagen oscura" que del país se tenía "después de tantos años de fascismo" (*Teatro español y teatro latinoamericano*" 10). El comité ejecutivo del CERTAL estaba integrado por Alberti, Nuria Espert, José Luis Alonso de Santos, Fermín Cabal, Alberto Miralles y Ramón Ballesteros (Schaposnik, 60).
25. Debido a que la lista de participantes es extensa se proporcionan únicamente algunos nombres: Luis Molina (CELCIT) y José Monléon (CERTAL). Los ponentes: Domingo Miras, Jerónimo López Mozo, Joseph M. Benet i Jornet, Lauro Olmo, Luis Matilla, Fermín Cabal y Alonso de Santos (todos españoles) y los latinoamericanos: Manuel Galich (Cuba), Grégor Díaz (Perú), Guillermo

Schmidhuber (México), Gilberto Pinto (Venezuela), Sergio Arrau (Chile) y Carlos José Reyes (Colombia).

26. Entre 1987 y 1990, diecisiete fueron los dramaturgos españoles estrenados por grupos de Colombia, Ecuador, Perú, Venezuela, Puerto Rico, República Dominicana, Honduras, Uruguay, Cuba, Argentina, Bolivia y Chile.

27. En opinión de Sanchis, los encuentros que han dejado huella en la historia contemporánea del teatro han tenido siempre esa condición de festivales orgánicos. Los festivales de España, sin embargo, se ajustan más a lo que sucede en la vida artística y cultural del país: "muy poca gente hace arte por necesidad. Los productos artísticos no se producen por necesidad, sino porque hay medios, hay dinero, porque 'hay que hacer cultura'" ("*Debate sobre...*" 10).

28. Apunta Sanchis que el primer tipo de festival se organiza como una "coartada del poder" orientada a mostrar "el amor que se tiene por la cultura y el arte". En estos eventos lo que importa no es lo ético ni lo artístico sino el despliegue de las "grandes figuras del teatro universal" para beneplácito de unos pocos. Frente a estos "macrofestivales exhibicionistas" existe un modelo de "festival útil", en el que importan más las discusiones productiva entre las gentes de teatro, quienes pueden conocerse y establecer vínculos permanentes (Monleón, "*Testimonio: Un teatro para...*" 146-47).

29. Escribe Monléon, "quien piense que el arte es una expresión autónoma e independiente del proceso donde se produce, quien busque en América espectáculos desconectados de la pobreza y la explotación de aquella zona, quien quiera, desde Madrid, o desde cualquier otro lugar de nuestro continente, dibujar el rostro del teatro latinoamericano – de América Latina – según sus sociedades y expectativas de europeo, está proponiendo un fraude. Es, en definitiva, el mismo que se utiliza siempre para ocultar y ennoblecer el colonialismo" ("*FIT de Cádiz 89...*" 96).

30. Para Monléon, la llamada "frustración política de Europa" – resuelta en la "mal llamada crisis de las ideologías" (que no es otra cosa que una "aplastante vigencia de la ideología neoliberal") – ha buscado en la reciente historia de América Latina "la confianza colectiva en el cambio" que para muchos se había perdido ya ("*¿Por qué ir...*" 8).

179

OBRAS CITADAS

Abellán, Joan. "Quince años de puesta en escena española." *ADE 50/51* (1996): 144-151.

Abellán, Manuel L. *Censura y creación literaria en España (1939-1976).* Barcelona: Ediciones Península, 1980.

Adorno, Rolena. "Discourses on Colonialism: Bernal Díaz, Las Casas, and the Twentieth-Century Reader." *Modern Language Notes*, Vol. 103. Nº 2 *(Hispanic Issue)* (1988): 239-258.

Amestoy Egiguren, Ignacio. "Un realismo posmoderno." *ADE 50/51* (1996): 91-93.

Antei, Georgio. "Teatro colombiano: Una interpretación." *Las rutas del teatro.* Bogotá: Centro Editorial Universidad Nacional de Colombia, 1989.

Arac, Jonathan. *Critical Genealogies: Historical Situations for Postmodern Literary Studies.* New York: New York Columbia UP, 1987.

Arbeláes, Octavio. "Manizales, un espacio de encuentro." *Escenarios de dos Mundos: Inventario Teatral de Iberoamérica.* Tomo I. Madrid: Centro de Documentación Teatral, 1988. 369-372.

_____. "Debate sobre Festivales." *Primer Acto (Separata)* 219. (1987): 1-24. Participantes: José Monléon, Domingo Miras, Javier Estrella, Salvador Távora, Ramón Herrero, Roger Salas, Jesús Campos, Justo Alonso, Miguel Bayon, Miguel Narros, José Sanchis Sinisterra y Pilar Yzaguirre.

Aristotle. *Poetics.* Trans. S. H. Butcher. 39th Ed. New York: Hill and Wang, 1991.

Artoud, Antonin. *The Theatre and its Double.* Trans. Mary Caroline Richards. New York: Grove Press, 1958.

Aszyk, Ursula. "La cuestion de la vanguardia en el teatro español durante el periodo de transición política." *Entre Actos: Diálogo sobre teatro entre siglos.* Eds. Martha T. Hasley y Phyllis Zatlin. Pennsylvania: University Park, 1999. 137-146.

Aznar Soler, Manuel. "Introducción." *José Sanchis Sinisterra: Ñaque o de piojos y actores y ¡Ay,Carmela.* Madrid: Cátedra, 1991. 9-120.

_____. "La deuda beckettiana de Ñaque." *Pausa* 5 (1990): 8-10.

_____. "'El retablo de Eldorado' de José Sanchis Sinisterra." *Teatro español contemporáneo: autores y tendencias.* Eds. Alfonso de Toro & Wilfried Floeck. Kassel: Reichenberger, 1995. 391-414.

Azor, Ileana. "Notas para una periodización del teatro latinoamericano." *Conjunto* 70 (1986): 3-13.

Bajtin, M. *The Dialogical Imagination.* Ed. Michael Holquist, Trans. Caryl Emerson and M. Holquist, Seventh Ed. Austin, TX: Texas UP, 1990.

_____. "Polyphony: Authoring a Hero." *Creation of a Prosaics.* Trans. Gary Saul Morson and Caryl Emerson. Stanford, CA: Stanford UP, 1990. 231-268.

_____. "Laughter and the Carnavalesque." *Creation of a Prosaics*. Trans. Gary Saul Morson and Caryl Emerson. Stanford, CA: Stanford UP, 1990. 433-470.

Barthes, Roland. "From Work to Text." *Modern Literary Theory: a Reader*. Eds. Philip Rice and Patricia Waugh. London: Hodder & Soughton, 1989. 166-172.

_____. "The death of the Author." *Modern Criticism and Theory*. Ed. David Lodge. London: Longman, 1992. 166-172.

Barea, Pedro. "Nancy 80." *Pipirijaina* 15 (1980): 51-65.

Bellini, Giuseppe. *Nueva historia de la literatura hispanoamericana*. Madrid: Castalia, 1997.

Berenguer, Angel. "José Ruibal y la tradición del teatro de resistencia." *Teatro Español Contemporáneo: autores y tendencias*. Eds. Alfonso de Toro & Wilfried Floeck. Lassel: Editions Reichenberger, 1995. 191-216.

Bové, Paul A. "Discourse." *Critical Terms for Literary Study*. Eds. Frank Lentricchia and Thomas McLaughlin. Chicago: The Chicago UP, 1990. 50-65.

Boal, Augusto. "El mundial de Manizales." Documento mimiografiado distribuido en la Muestra Nacional de Buenos Aires (1973) y en el FIT de Manizales (1973).

Buenaventura, Enrique. *Teatro*. Colombia: Instituto Colombiano de Cultura, 1977.

_____. "La dramaturgia en el Nuevo Teatro." *Conjunto* 59 (1984): 32-42.

_____. "Teatro y cultura." *Primer Acto* 145 (1972): 12-16.

_____. "Notas sobre dramaturgia: tema, mitema y contexto." *Asociación Argentina de Actores*. Colombia: Publicaciones TEC, 1988. 7-12.

_____. *El arte nuevo de hacer comedias y el Nuevo Teatro*. Cali: Comisión de Publicaciones del TEC Nº 5, (s. f.): 1-2.

_____. "La dramaturgia del actor." *Asociación Argentina de Actores*. Colombia: Publicaciones del TEC, 1988. 25-33.

_____. "Metáfora y puesta en escena." *Asociación Argentina de Actores*. Colombia: Publicaciones del TEC, 1988. 37-50.

_____. "El enunciado verbal y la puesta en escena." *Asociación Argentina de Actores*. Colombia: Publicaciones TEC, 1988. 53-62.

_____. "La tortura." *Los papeles del infierno: Teatro de Enrique Buenaventura*. Colombia: Instituto Colombiano de Cultura, 1977.

_____. "Trayectoria y originalidad del teatro colombiano." *Diógenes* V (1987): 57-61.

_____. "Cristóbal Colón." *Teatro Inédito*. Colombia: Biblioteca Familiar Presidencia de la República, 1997.

_____. "Un Réquiem por el Padre Las Casas." 2da. Versión (1988). *Máscaras y Ficciones*. Colombia: Universidad del Valle, 1992. 29-31.

_____. "Personajes caleños: Enrique Buenaventura." CaliEscali.com. 20-03-2000. http://www.caliescali.com/personaje-buenaventura.php3.

Buero Vallejo, Antonio. "El estado actual del teatro en España. Entrevista con algunos autores." *Estreno* (1990): 9-12.

"Cambio de folio: Turno de la palabra." *El Público* 91 (1992): 83-95.

Casas, Joan. "La insignificancia y la desmesura." "Prólogo." *José Sanchis Sinisterra: ¡Ay, Carmela!: Elegía de una Guerra Civil en Un acto y Un epílogo*, 1989. 8-14.

Castilla, Alberto. "'Tirano Banderas', versión de Buenaventura." *Latin American Theatrical Review* 10/2 (1977): 65-71.

Counsell, Colin. *Sign of Perfomance: An Introduction.* London : Routledge, 1996.

De los Ríos, Edda. "Entre el realismo y el posmodernismo: una entrevista con Carlos Giménez." *La Escena Latinoamericana* Nº 4 (1990): 63-66.

De Marinis, Marco. "Hacia una teoría de la recepción teatral." *El teatro y sus días*. Ed. Osvaldo Pelletieri. Buenos Aires: Galerna, 1995. 27-35.

_____. *El nuevo teatro: 1947-1970*. Barcelona: Paidós Ibérica, 1988.

De la Parra, Marco A. "El teatro del cambio." *Primer Acto 240* (1991): 45-49.

De Quinto, José María. *Crítica teatral de los sesenta*. Ed. Manuel Aznar Soler. España: Universidad de Murcia, 1997.

De Toro, Alfonso. "Cambio de paradigma: El *Nuevo Teatro* Latinoamericano o la constitución de la postmodernidad espectacular." *Espacio 9* (1991): 111-131.

_____. "Hacia un modelo para el teatro postmoderno." *Semiología y teatro latinoamericano*. Ed. Fernando de Toro. Buenos Aires: Galerna/IITCTL, 1990. 13-42.

De Toro, Fernando. "El teatro en Chile: ruptura y renovación. Perspectiva semiológica de los fenómenos de producción y recepción en los últimos doce años." *Conjunto 70* (1986): 23-32.

_____. *Theatre Semiotics: Text and Staging in Modern Theatre*. Toronto: Toronto UP, 1995.

_____. "Elementos para una articulación del teatro moderno: Teatralidad, desconstrucción, postmodernidad." *Del rito a la modernidad: Quinientos años de teatro latinoamericano*. Ed. Sergio Pereira Poza. Instituto Internacional de Teoría y Crítica de Teatro Latinoamericano. IITCTL. Santiago - Bauhaus. Chile, 1994. 27-37.

Diago, Nel. "El autor dramático en el teatro español contemporáneo. La crisis de un modelo." *Teatro Español Contemporáneo: Autores y Tendencias*. Eds. Alfonso de Toro & Wilfried Floeck. Kassel. Editions Reichenberger, 1995. 77-95.

Domenech, Ricardo. "Reflexiones sobre la situación del teatro." *Primer Acto 42* (1963): 4-8.

Duque, Fernando & Jorge Prada. "Panorama de la creación colectiva en el Nuevo Teatro Colombiano." *Diógenes* (1989).

Eidelberg, Nora. *Teatro Experimental Hispanoamericano 1960-1980. La realidad social como manipulación*. Minneapolis: Prisma, 1985.

Fernández, José Ramón. "Quince años de escritura dramática en España: un camino hacia la normalidad." *ADE* 50/51 (1996): 80-86.

Fischer-Lichte, Erika. "El descubrimiento del espectador: cambio de paradigma en la comunicación teatral." *Semiótica y teatro latinoamericano*. Ed. Fernando de Toro. Buenos Aires: Galerna/IITCTL, 1990. 101-110.

Floeck, Wilfried. "El teatro español contemporáneo (1939-1993). Una aproximación panorámica." *Teatro Español Contemporáneo: Autores y Tendencias*.

Eds. Alfonso de Toro & Wilfried Floeck. Kassel: Editions Reichenberger, 1995. 1-47.

_____. "Teatro y posmodernidad en España." *Entre Actos: Diálogo sobre teatro entre siglos*. Eds. Martha T. Halsey y Phyllis Zatlin. Pennsylvania: University Park, 1999. 157-163.

Fondevila, Santiago. *José Sanchis Sinisterra: L'espai Fronterer (El espacio fronterizo)*. Barcelona: Institut del Teatre, 1998.

_____. "Un descubrimiento de locos." *El Público* 89 (1992): 18-22.

Foucault, Michel. "What is an Author?" *Modern Criticism and Theory: A Reader*. Ed. David Lodge. London: Longman, 1992. 196-210.

_____. "Preface". Gilles Deleuze and Felix Guattari. *Anti-Oedipus: Capitalism and Schizophrenia*. Minneapolis: Minnesota UP, 1983.

García, Santiago. "La necesidad del Festival de Cádiz." *Primer Acto* 275 (1998): 46-48.

García Lorenzo, Luciano. *Documentos sobre el teatro español contemporáneo*. Madrid: Alcobendas, 1981.

_____. Con María Francisca Vilches de Frutos. "La temporada española 1983-1984." *Anales de la literatura española contemporánea* 9, 1-3 (1983): 201-243.

Garrido Guzmán, José Manuel. "Abrir causa a la utopía." *Escenarios de dos Mundos: Inventario Teatral de Iberoamérica*. Tomo I. Madrid: Centro de Documentación Teatral, 1988. 111-113.

Giella, Miguel A. "Entrevista con José Monleón. Teatro latinoamericano: entre la política y el arte." *La Escena Latinoamericana* Nº 4 (1990): 67-71.

Giménez, Carlos. "Festivales, ¿para qué?, ¿para quiénes?" *Escenarios de dos Mundos: Inventario Teatral de Iberoamérica*. Tomo I. Madrid: Centro de Documentación Teatral, 1988. 60-63.

Gomez, José Luis. "Un sueño de libertad anegado en sangre." *El Público 89* (1992): 15-17.

Gómez, Moriana, Antonio. "Narration and Argumentation in the Chonicles of the New World." *1492-1992: Re/Discovering Colonial Writing*. Eds. René Jara & Nicholas Spadaccini. Minneapolis: Minnesota Prisma Institute, 1989. 97-120.

González Cajio, Fernando. "Festivales, encuentros y muestras." *Escenarios de dos Mundos: Inventario Teatral de Iberoamérica*. Tomo I. Madrid: Centro de Documentación Teatral, 1988. 364-368.

Helminen, Juha P. "Bartolomé de Las Casas en la Historia." *En el Quinto Centenario de Bartolomé de Las Casas*. Madrid: Instituto de Cooperación Iberoamericana, 1988. 61-69.

Herraiz, Juan Pedro. "Entrevista con Juan Margallo: Apostar por el reencuentro." *Primer Acto* 215 (1986): 18-22.

Hurtado, María de la Luz. "Chile 1973-1987: un nuevo contexto, el gobierno militar." *Escenarios de dos Mundos: Inventario Teatral de Iberoamérica*. Tomo II. Madrid: Centro de Documentación Teatral, 1988. 88-100.

_____. Con Carlos Sochsenius. *Teatro chileno en la década del 80*. CENECA, 1980.

Jara, René & Nicholas Spadaccini. "Introduction: Allegorizing the New World." *1492-1992: Re/Discovering Colonial Writing*. Eds. Jara & Spadaccini. Minneapolis: Minnesota Prisma Institute, 1989. 9-50.

_____. *Amerindian Images and the Legacy of Columbus*. Eds. René Jara & Nicholas Spadaccini. Minneapolis: Minnesota UP, 1992.

Jaramillo, María. *Nuevo Teatro Colombiano. Arte y Política*. Colombia: Editorial Universidad de Antioquia, 1992.

Jauss, Hans Robert. "Estética de la recepción y comunicación literaria." Trad. Beatriz Sarlo. *Espacio* 5 (1989): 21-31.

_____. *Aesthetics Experience and Literary Hermeneutics*. Trans. Michael Shaw. Introdution by Wlad Godzich. Minneapolis: Minnesota UP, 1982.

Javier, Francisco. "El teatro argentino de los últimos años (1976-1984)." *Conjunto* 69 (1986): 11-15.

Keen, Benjamin. *A History of Latin America*. 4th Ed. Boston: Houghton Mifflin Company, 1992.

Kurapel, Alberto. "Nuevas direcciones en la escritura dramática y la puesta en escena latinoamericana." *De la colonia a la Postmodernidad*. Eds. Peter Roster y Mario Rojas. Buenos Aires: Galerna/IITCTL, 1992. 365-368.

Lévi-Strauss, Claude. *The Savage Mind (La Pensée Sauvage)*. London: Widenfeld and Nicolson, 1966.

_____. *Mitológicas*. México: Fondo de Cultura, 1968.

López García, Angel. "An Image of Hispanic American from the Spain of 1992." *Amerindian Images and the Legacy of Columbus*. Eds. René Jara & Nicholas Spadaccini. Minneapolis: Minnesota UP, 1992. 709-728.

Llanos Salas, A. "Retrato de soldado tuerto, tullido y loco." *El Público* 92 (1992): 90-91.

López Mozo, Jerónimo. "Los dramaturgos se reúnen." *Pipirijaina* 19-20 (1981): 55-68.

_____. "El *Nuevo Teatro* Español durante la transición: una llama viva." *Entre actos: diálogo sobre teatro entre siglos*. Ed. Martha T. Halsey y Phyllis Zatlin. Pennsylvania: University Park, 1999. 17-22.

Loyola, Guillermo. "Revisión crítica de Teatro Abierto." *Conjunto 95-96* (1993-1994): 132- 133.

Luzuriaga, Gerardo. Ed. *Popular Theater for Social Change in Latin America*. Los Angeles, CA: UCLA Press, 1978.

_____. *Introducción a las Teorías Latinoamericanas del Teatro: de 1930 al presente*. México: Universidad Autónoma de Puebla, 1990.

Lyotard, J. F. *The Postmodern Condition: A Report on Knowledge*. Trans. G. Bennington and B. Massumi. Manchester: Manchester UP, 1984.

_____. *The Lyotard Reader*. Eds. A. Benjamin Oxford, Basil Blackwell, Matejka, L. and Titunik, I. R. Cambridge, Mass.: MIT Press, 1989.

Mateo, Nieves. "El FIT desde el ojo del pez." *Primer Acto* 275 (1998): 39-41.

Matteini, Carla. "Lope de Aguirre, traidor, de José Sanchis Sinisterra: Naufragio de la quimera." *El Público* 89 (1992): 10-14.

_____. "El vuelo de la mariposa negra." *El Público* 91 (1992) 82.

McAlister, Lyle N. *Spain & Portugal in the New World: 1492-1700*. Minneapolis: Minnesota UP, 1987.

185

McLellan, David. *Ideology*. 2th Ed. Minneapolis: Minnesota UP, 1995.

"Mesa redonda en Santiago." *Primer Acto* 240 (1991): 55-56.

Mir, Pedro. "Vigencias de Las Casas en el pensamiento americano." *El Quinto Centenario de Bartolomé de Las Casas*. Madrid: Instituto de Cooperación Iberomericana, 1986. 41-60.

Miralles, Alberto. "El nuevo teatro español ha muerto ¡Mueran sus asesinos!" *Estreno V.* XII-N⁰ 2 (1986): 21-24.

_____. *Nuevo Teatro español: una alternativa social*. Madrid: Editorial Villalar, 1977.

Miras, Domingo. "Los dramaturgos frente a la interpretación tradicional de la historia." *Primer Acto* 186 (1988).

Mollá, Juan. *Teatro español e Iberoamericano en Madrid*. Selecciones e introducción de Luis T. González del Valle. Boulder, CO: Society of Spanish and Spanish American Studies. Boulder, 1993.

Molloy, Sylvia. "Alteridad y reconocimiento en los *Naufragios* de Alvar Núñez Cabeza de Vaca." *Nueva Revista de Filosofía Hispánica* 35.2 (1987): 425-449.

Monleón, José. "Entrevista Con Carlos Ariel Betancur y Luis Molina: la crisis de un discurso." *Primer Acto* 173 (1974a): 65-68.

_____. "Entrevista Con Jack Lang." *Primer Acto* 174 (1974b): 69-71.

_____. "Entrevista con Sanchis." *Primer Acto* 186 (1980): 93-95.

_____. "Quinto Festival Internacional de Teatro: Caracas." *Primer Acto* 188 (1981): 145-155.

_____. "VI Festival Internacional del Teatro de Manizales: un festival distinto." *Primer Acto* 203-204 (1984): 6-8.

_____. "Manizales, espejo de una cansada marcha." *Primer Acto* 209 (1985): 110-114.

_____. "El Festival de Cádiz." *Primer Acto* 215 (1986a): 16-17.

_____. "Cádiz, viejo puerto de encuentro." *Primer Acto* 216 (1986b): 110-113.

_____. "Chile vive." *Primer Acto* 217 (1987): 120-121.

_____. "Festivales." *Primer Acto* 219 (1987) 27.

_____. "Debate sobre festivales." *Primer Acto 219 (Separata)* (1987) 1-24.

_____. "Entrevista con el chileno Juan Radrigán: Rebeldía social y metafísica." *Primer Acto* 217 (1987): 125.

_____. "El teatro latinoamericano y su difusión en España." *Escenarios de dos Mundos: Inventario Teatral Iberoamericano*. Tomo I. Madrid: Centro de Documentación Teatral, 1988. 114-119.

_____. "FIT de Cádiz 89: Presencia real de América Latina." *Primer Acto* 230 (1989): 94-99.

_____. "Teatro español y teatros de América Latina." *Conjunto* (1991): 8-14.

_____. "Testimonio: un teatro para la duda. Entrevista con José Sanchis Sinisterra." *Primer Acto* 240 (1991): 132-147.

_____. "Teatro español y teatro latinoamericano." *Estreno* 18.1 (1992): 6-11.

_____. "¿Por qué ir hoy al teatro?" *TEATRO/CELCIT* N⁰ 6 (1995): 5-8.

186

_____. "Creación Colectiva: la pasión de los setenta." *La Escena Latinoamericana* Nº 4 (1990): 1-10.

_____. "Del teatro de cámara al teatro independiente." *Primer Acto* 123-124 (1970): 8-14.

Moraña, Mabel. "Descubrimiento, Postcolonialidad y Postmodernidad." *Estudios* Nº 1. Caracas: Universidad Simón Bolívar, 1993. 41-47.

O'Connor, Patricia. "La primera década postfranquista teatral: un balance." *Gestos* 3 (1987): 117-124.

_____. "El teatro español de cara al milenio." *El teatro y sus claves.* Ed. Osvaldo Pelletieri. Buenos Aires: Galerna, 1996. 187-191.

Oliva, César. *El teatro desde 1936.* Madrid: Alhambra, 1989.

_____. "Cuarenta años de estrenos españoles." *Teatro español contemporáneo: antología.* México: Fondo de Cultura Económica, 1992a. 11-54.

_____. "El teatro." *Darío Villanueva y otros: los nuevos Nombres: 1975-1990. Historia y crítica de la literatura española IX.* Al cuidado de Francisco Rico. Barcelona: Editorial Crítica, 1992b. 433-458.

Ortega, Isabel. "Entrevista con José Bablé, director del Festival Iberoamericano de Teatro en Cádiz: Dificultades para realizar el Festival de Teatro Iberoamericano en Cádiz en el 98 y que podría ser mejorado." *Primer Acto* 275 (1998): 38.

Pastor, Beatriz. "Silence and Writing: The History of the Conquest." *1492-1992: Re/Discovering Colonial Writing.* Eds. René Jara & Nicholas Spadaccini. Minneapolis: Minnesota Prisma Institute, 1989. 121-163.

_____. *Discursos narrativos de la conquista: mitificación y emergencia.* 2da. Edición. N.H: Ediciones del Norte, 1988.

Patterson, Lee. "Literary History." *Critical Terms for Literary Study.* Eds. Frank Lentricchia and Thomas McLaughlin. Chicago: Chicago UP, 1990. 250-262.

Pavis, Patrice. *Diccionario del teatro: dramaturgia, estética, semiología.* Barcelona: Paidós, 1998.

Pelletieri, Osvaldo. "El teatro argentino entre la dictadura y la democracia." *Conjunto* 99 (1994): 12-19.

_____. "La modernidad dramática y teatral de Latinoamérica." *Teatro Latinoamericano de los setenta, Autoritarismo, Cuestionamiento y Cambio.* Comp. Osvaldo Pelletieri. Argentina: Corregidor, 1996. 21-53.

Perales, Rosalina. *Teatro Hispanoamericano Contemporáneo.* V.I. México: Ediciones Gaceta, S.A., 1989.

Pérez Coterillo, Moisés. "Crónica del Festival de Manizales." *Primer Acto* 161 (1973): 20-29.

_____. "La invención del futuro." *El Público* 86 (1991): 105-111.

_____. "Los milagros de la década." *El Público* 82 (1991): 8-12.

_____. "Una metáfora audaz y solidaria." *El Público* 89 (1992): 23-25.

_____. "Una pasión americana." Introducción a la *Trilogía Americana* de José Sanchis Sinisterra. *El Público* 21 (1992): 11-14.

_____. "América ausente." *El Público* 89 (1992) 1.

Pérez de Olaguer, Gonzalo. "Sitges Teatre Internacional, continua la incógnita." *El Público* 80 (1990) 54-55.

187

Pérez-Rasilla, Eduardo. "El teatro español durante los últimos doce años: notas para un análisis." *ADE* 50/51 (1996): 138-143.

_____. "Introducción." *¡Ay, Carmela! y El lector por horas de José Sanchis Sinisterra*. Madrid: Colección Austral, 2000. 9-81.

Pérez-Stanfield, María P. *Direcciones del teatro español de posguerra: Ruptura con el teatro burgués y radicalismo contestatario*. 1983.

Pianca, Marina. *El teatro de Nuestra América: Un proyecto continental 1959-1989*. Minneapolis: Institute for the Study of Ideologies and Literature, 1990.

Piga, Domingo. "El teatro popular: consideraciones históricas e ideológicas." *Popular Theater for Social Change in Latin America*. Ed. Gerardo Luzuriaga. Los Angeles, CA: UCLA Press, 1978. 42-68.

Pogoriles, Eduardo. "Teatro Abierto: una respuesta política y cultural." *Escenarios de dos Mundos: Inventario Teatral Iberoamericano*. Tomo I. Madrid: Centro de Documentación Teatral, 1988. 160-161.

Pina, Juan Andrés. "Chile: la voz de los 80." *Primer Acto* 240 (1991) 40-43.

Pupo-Walker, Enrique. "Introducción." *Los Naufragios de Alvar Núñez*. Ed. Pupo Walker. Madrid: Castalia, 1992.

"¿Qué es teatro abierto?" *Conjunto* 60 (1984) 51-55.

Ragué-Arias, María-José. *El teatro de fin de milenio: de 1975 hasta hoy*. Barcelona: Ariel S.A., 1996.

Reyes, Carlos José. "Fulgor y límites de la Creación Colectiva." *Escenarios de dos Mundos: Inventario Teatral Iberoamericano*. Tomo I. Madrid: Centro de Documentación Teatral, 1988. 42-54.

_____. "Teatro Latinoamericano de Creación Colectiva." *Tramoya* 15 (1979): 75-107.

_____. "Una historia del teatro colombiano." *Tramoya* 15 (1979): 30-44.

_____. "La Creación Colectiva: una nueva organización interna de trabajo." *El teatro latinoamericano de Creación Colectiva*. Comp. Francisco Céspedes. La Habana, Cuba: Casa de las Américas, 1978. 75-107.

_____. "Prólogo." *Teatro Inédito de Enrique Buenaventura*. Colombia: Biblioteca Familiar de la Presidencia de la República, 1997.

Rial, José Antonio. "Ensayo de una crónica imposible." *El Público* 79 (1990): 88-90.

_____. "'Noche de guerra en el Museo del Prado': La parábola de Alberti contra la barbarie del usurpador." *El Público* 77 (1990): 122-123.

Rizk, Beatriz. *Buenaventura: La dramaturgia de la Creación Colectiva*. México: Editorial Granada, 1991.

_____. "El Nuevo Teatro en Latinoamérica." *Conjunto* 61-62 (1984): 11-31.

_____. "I Taller Internacional del Nuevo Teatro, Cuba 1983." *Latin American Theatre Review* (1983): 73-80.

Rodríguez B., Orlando. "América en el teatro del Siglo de Oro." *El Público* 90 (1992): 67-97.

Rodríguez Buded, R. "Autores nuevos y Teatro Independiente." *Yorick* 26 (1967): 15.

Rodríguez, Franklin. "Apuntes para una poética del Teatro Latinoamericano." *Semiótica y Teatro Latinoamericano.* Ed. Alfonso de Toro. Buenos Aires: Galerna/IITCTL, 1990: 181- 209.

Rodríguez de Laguna, Asela. "Cristóbal Colón en el teatro hispánico." *Estreno* 18.2 (1992): 15-18.

Rojo, Grinor. "El teatro chileno bajo el fascismo: cuatro piezas de la segunda mitad de los años sesenta I." *Conjunto* 55 (1983): 114-128.

_____. "Teatro chileno bajo el fascismo: cuatro piezas de la segunda mitad de los años sesenta II." *Conjunto* 56 (1983) 72-92.

_____. "La actividad teatral de Chile." *Conjunto* 56 (1983): 93-94.

Rueda, Ana y Eugene van Erven. "Entrevista con Guillermo Heras." *Gestos* 6 (1988): 111- 120.

Ruiz Ramón, F. *Estudio sobre el teatro español clásico y contemporáneo.* Madrid: Cátedra & Fundación Juan March, 1978.

_____. "Apuntes sobre el teatro de la transición." *Reflexiones sobre el nuevo teatro español.* Ed. Klaus Pörtl, Max Niemeyer. Verlas Tübingen, 1986. 90-105.

_____. "Prolegómenos a un estudio del Nuevo Teatro Español." *Primer Acto* 173 (1974): 4-9.

Saint-Lu, André. "Vigencia histórica de la obra de Las Casas." *En el Quinto Centenario de Bartolomé de Las Casas.* Madrid: Instituto de Cooperación Iberoamericana, 1986. 21-39.

Salas, Alberto M. "La obra de Las Casas." *Historia Crítica de la Literatura Hispanoamericana. Época Colonial I.* Barcelona: Grijalbo, 1988. 122-128.

Salvat, Ricard. "Del 'descubrimiento' al reconocimiento: el teatro latinoamericano entre 1965-1975." *La Escena Latinoamericana* Nº 4 (1990): 53-62.

_____. "Simposium: teoría, metodología e historia del teatro iberoamericano." *Primer Acto* 240 (1991): 22-29.

_____. "Apuntes para la historia del Festival de Teatro de Sitges." *Pipirijaina* 24 (1983): 8-17.

Sanchis Sinisterra, José. "De la chapuza considerada como una de las Bellas Artes." *Nuevas Tendencias Escénicas: la escritura teatral al debate* (Ponencias y Coloquios del encuentro de autores teatrales). Madrid: Centro Nacional de Nuevas Tendencias Escénicas, 1985. 121-130.

_____. "Las dependencias del teatro independiente." *Primer Acto* 121 (1970): 172.

_____. "Prólogo a Ñaqueo de piojos y actores." *Pausa* Nº 2 (1980): 67.

_____. "Manifiesto de El Teatro Fronterizo." *Primer Acto* 186 (1980): 88-89.

_____. "Condición marginal del teatro en el Siglo de Oro." *Primer Acto* 186 (1980): 73-83.

_____. "Presente y futuro del teatro." *Documentos sobre el teatro español contemporáneo.* Ed. Luciano García Lorenzo. Madrid: Colección 'Temas', Alcobenas, 1981. 58-66.

_____. "Teatro en un baño turco." *Congrés Internacional de Teatro de Catalunya.* Actes IV. Barcelona: Institute del Teatre, 1987. 141.

_____. "Los dramaturgos,... la pasión y la escritura." *El Público* 90 (1991) 57.

189

_____. "Beckett dramaturgo: La penuria y la plétora." *Pausa* Nº 5 (1990): 8-18.

_____. "Por una teatralidad menor." *TEATRO/CELCIT* Nº 5 (1995): 9-11.

_____. "Naufragios de Alvar Núñez o La herida del otro." *Trilogía Americana*. Ed. Virtudes Serrano. Madrid: Cátedra, 1996. 91-176.

_____. "Lope de Aguirre, traidor." *Trilogía Americana*. Ed. Virtudes Serrano. Madrid: Cátedra, 1996. 177-249.

_____. "Teatro fronterizo, Taller de dramaturgia". *Pipirijaina* 21 (1982) 30.

_____. "El retablo de Eldorado." *Trilogía Americana*. Ed. Virtudes Serrano. Madrid: Cátedra, 1996. 251-357.

Sastre, Alfonso & José María de Quinto. "Manifiesto de T.A.S.: Teatro de Agitación y Propaganda." *Documentos sobre el teatro español contemporáneo*. Ed. Luciano García Lorenzo. Madrid: Alcobenas, 1981. 85-88.

_____. "Sitges 82: declaraciones de un neófito." *Pipirijaina* 24 (1983): 2-3.

Serrano, Virtudes. "Introducción." *Trilogía Americana de José Sanchis Sinisterra*. Madrid: Cátedra, 1996. 9-90.

Smiley, Sam. "Independent Theatre: 1964-1987." *The Contemporary Spanish Theater: A collection of Critical Essays*. Ed. by Martha T. Halsey and Phyllis Zatlin. Lantham: UP of América, 1988. 215-223.

Schaposnik, Elena. "Veinte años de integración teatral iberoamericana: Dos décadas en la acción del CELCIT." *TEATRO/CELCIT* Nº 6 (1995): 58-61.

Sosnowski, Saúl. *La cultura de un siglo*. Madrid: Alianza Editorial S.A., 1999.

Speirs, Ronald. "The Theatre of Bertolt Brecht. Theory and Practice." *Twentieth-Century European Drama*. Ed. Brian Docherty, 1994. 26-41.

Taylor, Diana. "Destruir la evidencia: la supresión como historia en 'La Maestra' de Enrique Buenaventura." *Gestos* 10 (1990): 91-99.

"Teatro Abierto, noticia última." *Primer Acto* 217 (1987): 119.

"Teatro chileno: incertidumbre y cambio, debate. Mesa redonda en Santiago." *Primer Acto* 240 (1991): 50-63. Participantes: José Monleón, Héctor Noguera, María de la Luz Hurtado, Nissim Sharim, Claudio Di Girólomo, Gustavo Meza, Ricard Salvat, Delfina Guzmán, Andrés Pérez, Alfredo Castro e Inés Margarita Stranger.

Todorov, Tzvetan. *The Conquest of America: The Question of the Other*. Trans. Richard Howard. New York: Harper & Row, 1984.

Trancón, Santiago. "El diálogo entre América y España." *Primer Acto* 195 (1982): 73-74.

_____. "Turno de la palabra: II Congreso Internacional de Dramaturgia." *El Público* 91 (1992): 83-95.

Trastoy, Beatriz. "Sociedad y Creación Colectiva: el teatro de Enrique Buenaventura." *Espacio V*. 2-4 (1988): 87-93.

Ubersfeld, Anne. *L'école du espectateur*. Lire le théâtre 2. París: Editions Sociales, 1981.

Valiente, Pedro. "V Festival Iberoamericano de Teatro, Una inyección de energía." *El Público* 81 (1990): 48-50.

Vásquez Pérez, Eduardo. "La audacia colectiva frente a los mitos y la colonización cultural." *Teatro Popular y cambio social en América Latina*. Ed. Sonia Gutíerrez. Costa Rica: Educa, 1979.

Vasquez Zawadski, Carlos. "Introducción." *Enrique Buenaventura: Máscaras y ficciones*. 1992.

Velasco, María. "La creación colectiva y la colonización cultural en América Latina." *Gestos* 7 (1989): 75-91.

Versényi, Adam. *Theatre in Latin America, Religion, Politics and Culture from Cortés to 1980*. Cambridge: Cambridge UP, 1993.

Vilches de Frutos, Francisca. "La generación simbolista en el teatro español contemporáneo." *Entre actos: diálogo sobre teatro español entre siglos*. Ed. Martha T. Hasley y Phyllis Zatin. Pennsylvania: University Park, 1999. 127-136.

_____. "La temporada teatral 1982-1983 en España." *Anales de la literatura española contemporánea* 8 (1983): 143-161.

_____. "La temporada teatral española 1984-1985." *Anales de la literatura española contemporánea* 10 (1985): 181-236.

_____. "El Centro Nacional de Nuevas Tendencias Escénicas 1986-1987: una apuesta por el futuro." *Gestos* 6 (1988): 126-130.

Villalba García, Ángeles. "Sitges Teatre Internacional, XIX Edición." *Gestos* 5 (1988): 120- 125.

Villegas, Juan. "Historizacing Latin American Theatre." *Theatre Journal* 41.4 (1989): 505- 514.

_____. "El discurso teatral y el discurso crítico: el caso de Chile." *Anales de la Universidad de Chile*. 5ta. Serie, 1984. 317-336.

_____. *Para un modelo de historia del teatro*. University of California Irvine: Gestos, 1997.

Vives Azancot, Pedro. "El pensamiento lascasiano en la formación de una política colonial española." *En el Quinto Centenario de Bartolomé de Las Casas*. Madrid: Instituto de Cooperación Iberoamericana, 1986. 31-39.

Volek, Emil. "La conquista de América en el teatro posmoderno." *El teatro y sus claves*. Ed. Osvaldo Pelletieri. Buenos Aires: Galerna, 1996. 257-269.

Wallace, Penny A. "Enrique Buenaventura's Los papeles del infierno." *Latin American Theatrical Review* 9/1 (1975): 37-46.

Weiss, Judith A. *Latin American Popular Theatre. The First Five Centuries*. Albuquerque: New Mexico UP, 1993.

Wellwarth, George E. *Spanish Underground Drama*. Pennsylvania: The Pennsylvania State University Press, 1972.

White, Hayden. "The Historical Text as Literary Artifact." *The Writing of History: Literary Form and Historical Understanding*. Eds. Robert Canary and Henry Koziski. Wisconsin: Wisconsin UP, 1978. 41-62.

_____. *Metahistoria*. México: Fondo de Cultura Económica, 1992.

Wright, Elizabeth. *Postmodern Brecht. A Re-Presentation*. London: Routledge, 1989.

Zamora, Margarita. "Historicity and Literariness: problems in the Literary Criticism of Spanish American Colonial Texts." *Modern Language Notes* 102 (1987): 334-346.